本书受安徽财经大学著作出版基金资助

新时代中青年学者文库

新时代
激发非公有制经济
活力研究

XINSHIDAI
JIFA FEI GONGYOUZHI JINGJI
HUOLI YANJIU

刘越 著

中国财经出版传媒集团
中国财政经济出版社

图书在版编目（CIP）数据

新时代激发非公有制经济活力研究 / 刘越著. -- 北京：中国财政经济出版社，2019.8

ISBN 978-7-5095-9116-1

Ⅰ. ①新… Ⅱ. ①刘… Ⅲ. ①中国经济－非公有制经济－研究 Ⅳ. ①F121.23

中国版本图书馆 CIP 数据核字（2019）第 167887 号

责任编辑：彭　波　　　责任印制：党　辉
封面设计：卜建辰　　　责任校对：黄亚青

中国财政经济出版社 出版

URL：http：//www.cfeph.cn

E-mail：cfeph@cfemg.cn

社址：北京市海淀区阜成路甲 28 号　邮政编码：100142

营销中心电话：010-88191537

北京财经印刷厂印装　各地新华书店经销

710×1000 毫米　16 开　16.25 印张　313 000 字

2019 年 10 月第 1 版　2019 年 10 月北京第 1 次印刷

定价：68.00 元

ISBN 978-7-5095-9116-1

（图书出现印装问题，本社负责调换）

本社质量投诉电话：010-88190744

打击盗版举报热线：010-88191661　QQ：2242791300

序　言

安徽财经大学经济学院副教授刘越是本人在上海财经大学指导毕业的博士。他最近完稿的《新时代激发非公有制经济活力研究》一书，客观地阐述制度变迁影响非公有制经济发展活力的机理分析，尤其是安徽省非公有制经济活力演变及演变机理，全面深入分析供给侧结构性改革背景下安徽省非公有制经济发展面临的机遇与挑战，力求构建科学合理的综合评价指标体系，并重点对安徽省非公有制经济发展作出全面系统的研究和评价。全书主题鲜明、结构合理、资料详实，论述规范，值得关心和研究民营企业的读者和专家研读。

在这里，我借此机会发表关于民营企业发展有争议的两个问题：

第一个问题，所谓“国进民退”是不存在的。

今年是改革开放40周年。40年来，我国民营经济从小到大、从弱到强，不断发展壮大。截至2017年年底，我国民营企业数量超过2700万家，个体工商户超过6500万户，注册资本超过165万亿元。概括起来说，民营经济具有“五六七八九”的特征，即贡献了50%以上的税收，60%以上的国内生产总值，70%以上的技术创新成果，80%以上的城镇劳动就业，90%以上的企业数量。在世界500强企业中，我国民营企业由2010年的1家增加到2018年的28家。我国民营经济已经成为推动我国发展的重要力量。

统计资料证明，最近一二十年国有经济在整个国民经济中的占比不断缩小，民营经济占比的“56789”也表明了，而且有识之士的民营企业家也说出了真相。全球最大的汽车玻璃专业供应商福耀玻璃集团董事长曹德旺近日讲：“如果‘国进民退’存在的话，我认为这是国资被动的行为。国资企业本身没有权力做出这个决定，是地方政府为了拯救这些民营企业，让国资出手把这些企业先收下来，国企不听不行，必须执行，这是‘国进民退’真正的真相。”

2012年我在《光明日报》头版发表的记者访谈用的大标题就是“国进，民也进”。当时一位副总理阅后还作了赞同性批示。对此，还是最近习近平总书记在民营企业座谈会上讲得好：“我国公有制经济是长期以来在国家发展历程中形成的，积累了大量财富，这是全体人民的共同财富，必须保管好、使用好、发展好，让其不断保值升值，决不能让大量国有资产闲置了、流失了、浪费了。……

同时，我们强调把公有制经济巩固好、发展好，同鼓励、支持、引导非公有制经济发展不是对立的，而是有机统一的。公有制经济、非公有制经济应该相辅相成、相得益彰，而不是相互排斥、相互抵消。”

第二个问题，须引导和鼓励民营企业实行员工分享或共享新体制机制。

西方企业理论的核心是“股东中心主义”，资本所有者天然拥有企业的所有权和控制权，劳动者只是被企业雇用的从属者，在分配方面自然也是资本所有者享有企业的剩余利润，而劳动者只得到工资。改革开放以来，我国非公有制企业在分配中也遵循了这一思想，导致企业中资本所有者和劳动者的收入差距过大，成为我国总体贫富悬殊的一个极为重要因素。刘国光（2010）和程恩富（2010）指出，我国国民收入差距拉大的主要原因在于初次分配中的资本收入和劳动收入不均衡，资本收入增长过快而劳动收入增长缓慢。近年来，中央出台的一些文件也屡屡强调要提高劳动者收入，如《中共中央关于全面深化改革若干重大问题的决定》指出：“着重保护劳动所得，努力实现劳动报酬增长和劳动生产率提高同步，提高劳动报酬在初次分配中的比重。”党的十九大报告再次强调：“坚持在经济增长的同时实现居民收入同步增长、在劳动生产率提高的同时实现劳动报酬同步提高。”而要提高劳动者的收入比重，从微观层面就要从根本上改革企业分配制度，让员工也能够参与企业利润的分享。

习近平总书记提出的“以人民为中心”的发展观和共享发展理念为企业员工参与共享指明了方向，我国企业的改革发展须遵循习近平总书记和党中央的要求，科学扬弃西方企业理论，把共享发展理念深入贯彻到企业分配实践中。

员工分享是具有理论依据的。在传统的资本主义生产关系下，资本家掌握着利润的分配权并实际占有企业的利润。马克思在《资本论》中论述了利润的本质——工人创造的剩余价值，剩余价值由工人创造但被资本家无偿占有，这不仅引发劳资双方利益冲突，还导致周期性的资本主义经济危机，剩余价值理论为劳动者参与企业利润分享奠定了理论基础。德国经济学家屠能最早对分享经济进行了分析。他认为政治斗争不能从根本上解决资本主义的基本矛盾，主张在经济领域实行分享经济制度来克服资产阶级与无产阶级的对立，提出工资不仅要包括劳动者必要的生活资料，还应包括一部分投资的利息并与企业的经营绩效挂钩，让每一个劳动者都能够分享企业的利润。

威茨曼（Weitzman，1984）正式提出了分享经济理论，他把员工的报酬分为固定工资制和分享制两种模式，相应地资本主义经济也分为工资经济和分享经济两种。在固定工资之下，当经济状况不景气和社会总需求萎缩时，厂商只能通过裁减工人来降低成本，而这种决策势必引发社会普遍失业，并进一步减少总需求，加剧经济恶化程度。而在分享制模式下，工人的工资与某种能够恰当反映厂商经营的指数（通常为利润）相联系，企业的劳动成本与企业的经营状况直接挂钩，当经济不景气时工人工资自动地减少，企业无须解雇工人甚至还可能增加雇佣量，从而使经济朝着更高的就业水平挺进，最终实现充分就业。

李炳炎（1987，2009，2017）提出和不断阐发社会主义分享经济理论，认为中国特色社会主义分享经济的主体共同占有着分配对象，分配只是内部利益的调节，合理有效的分配能够带来正向的收益。这一理论的核心是净收入分成制。所谓企业净收入是指已实现的企业净产值，由销售收入扣除物耗成本求得，由此得到的净收入在国家、企业、职工个人三方经济主体中根据一定比例进行分享。净收入分成制的特点是将劳动者的工资从企业成本中扣除，企业职工劳动收入总额在净销售收入基础上分成获得，故其可随净收入而全额浮动，变“剩余”关系为分享关系，使国家、企业及职工成为利益共同体（彭仁贤、韩江波，2013）。谭劲松、李思思（2017）认为缩小收入差距，实现共享发展，是当前中国收入分配制度改革的重要目标。“共享发展”不是平均主义、平分财富、劫富济贫，而是存在合理差距和差别的共享，员工分享是共享发展的重要内容之一。

我和白红丽曾运用全国私营企业调查2010年和2012年的数据，对我国民营企业是否选择实施员工分享制度进行了统计分析，并对其分享选择的影响因素进行了实证检验，得出主要结论如下：一是2009年我国民营企业实施员工分享制度的比例约为9.9%，2011年的比例约为12.7%，总体平均为11.4%，绝大部分民营企业都没有实施员工分享制度。二是在民营企业的分享选择的影响因素中，企业主具有中共党员身份的，企业选择实施员工分享制的概率更大；民营企业家族占股比例越大，企业选择员工分享的概率越低；企业主独自决策的民营企业，比其他决策体制的企业有更低的分享选择概率；企业规模越大、员工人数越多，则越有可能实施员工分享制度。这一研究表明，我国民营企业的员工分享状况不容乐观，选择实施分享制度的民营企业占比过低，需要进一步鼓励民营企业实施员工分享制度，提高民营企业的分享比例。

以上理论和策论可供广大读者参考。

程恩富

2018年11月

（注：程恩富系著名经济学家，现任中国社会科学院学部委员、学部主席团成员，中国社会科学院大学学术委员会副主任、首席教授，全球学术团体——世界政治经济学学会会长、中华外国经济学说研究会会长、全国人大教科文卫委员会委员）

目　录

第一章　引言 …………………………………………………… (1)

第一节　研究背景 …………………………………………………… (1)
第二节　选题意义 …………………………………………………… (10)
第三节　研究目标 …………………………………………………… (12)
第四节　研究思路与框架 …………………………………………… (13)
第五节　研究方法 …………………………………………………… (15)
第六节　本书的创新点 ……………………………………………… (16)

第二章　经济活力研究述评 ……………………………………… (18)

第一节　相关概念界定与理论基础 ………………………………… (18)
第二节　学者研究经济活力述评 …………………………………… (37)

第三章　安徽省非公有制经济活力演变及演变机理 …………… (48)

第一节　安徽省非公有制经济活力演变 …………………………… (48)
第二节　安徽省非公有制经济活力演变机理 ……………………… (74)
第三节　案例分析 …………………………………………………… (77)

第四章　安徽省与中部地区其他省份非公有制经济活力比较 … (83)

第五章　供给侧结构性改革背景下安徽省非公有制经济发展面临的机遇与挑战 …………………………………………………… (91)

第一节　供给侧结构性改革对非公有制经济的影响机制 ………… (91)
第二节　供给侧结构性改革背景下安徽省非公有制经济面临的机遇 …………………………………………………… (95)
第三节　供给侧结构性改革背景下安徽省非公有制经济面临的挑战 …………………………………………………… (104)

第六章　经济活力综合评价指标体系构建与测度方法选择 …………………（108）

第一节　经济活力综合评价指标体系构建 ……………………………………（108）
第二节　经济活力综合评价指标体系测度方法选择 ………………………（117）

第七章　近年来安徽省非公有制经济活力的总体评价 ………………………（120）

第一节　经济活力理论与经济活力数理模型构建 …………………………（121）
第二节　近年来安徽省非公有制经济活力的总体评价 ……………………（126）

第八章　近年来安徽省各个地区非公有制经济活力评价 ……………………（135）

第一节　安徽省各个地区非公有制经济活力的探索性空间数据分析 ………………………………………………………（135）
第二节　安徽省各个地区非公有制经济活力指数空间分析 ………………（138）
第三节　芜湖市非公有制经济活力分析 ……………………………………（140）
第四节　蚌埠市非公有制经济活力分析 ……………………………………（155）

第九章　国家、安徽省出台的促进非公有制经济发展的政策措施实施效果与偏差分析 ……………………………………………（182）

第一节　国家、安徽省出台的促进非公有制经济发展的政策措施 ……………………………………………………………（182）
第二节　国家、安徽省出台的促进非公有制经济发展的政策措施实施效果 ……………………………………………………（194）
第三节　国家、安徽省出台的促进非公有制经济发展的政策措施实施效果偏差分析 ………………………………………（204）

第十章　进一步激发提升安徽省非公有制经济活力的相关对策建议 ……………………………………………………………（206）

第一节　新时代安徽省非公有制经济发展战略 ……………………………（206）
第二节　新时代安徽省非公有制经济发展理念 ……………………………（208）
第三节　新时代安徽省非公有制经济发展路径 ……………………………（210）
第四节　新时代安徽省非公有制经济发展措施 ……………………………（212）

第十一章　结论 …………………………………………………………………（218）

附录 ………………………………………………………………………………（222）
参考文献 …………………………………………………………………………（227）

第一章 引 言

第一节 研究背景

进入21世纪以来，尤其是自2008年美国金融危机以来，我国经济发展的国际国内环境发生了很大变化，经济发展的不确定性因素增加，不利于我国非公有制经济的进一步发展。而且随着我国资源约束加剧，生态环境不容乐观，国民经济必须加快经济结构调整，加快转型升级步伐，实现从数量扩张型向质量增长型转变，我国经济发展进入了新时代。另外，2018年以来，美国政府执意采取贸易保护措施，悍然发动对中国的贸易争端，这无疑限制了我国非公有制经济发展空间。因此，结合当前国内国际形势，很有必要研究在新时代如何进一步激发我国非公有制经济活力，进一步促进非公有制经济健康快速发展，增强我国经济实力和竞争力。

一、当前我国非公有制经济发展面临的困境与相关观点

2018年9月12号，署名为吴小平的《私营经济已完成协助公有经济发展的任务，应逐渐离场》的文章出现在网上。文章虽然不长，只有1000字左右，文章内容并不是后来被简化的“民营经济离场论”，而是说在国际竞争条件发生巨大变化背景下，应该发展“一种全新形态、更加集中、更加团结、更加规模化的公私混合制经济”，以便更好地参与国际竞争。[①]

当天，一家央媒就发表了反驳性文章，用语犀利，充满了斗争的火药味：“对这种蛊惑人心的奇葩论调应高度警惕。”之后，国内主流媒体一拥而上，痛

---

① 如何看待吴小平先生的“私营经济应逐渐离场”的论调？[EB/OL]. [2018-09-16]. http://www.yidianzixun.com/article/0K37NlNt.

批吴小平的《私营经济已完成协助公有经济发展的任务，应逐渐离场》这篇文章。①

2018年10月21日，习近平在给民营企业家的回信中讲道，支持民营企业发展是党中央的一贯方针，这一点丝毫不会动摇。希望广大民营企业家把握时代大势，坚定发展信心，心无旁骛创新创造，踏踏实实办好企业，合力开创民营经济更加美好的明天。②

2018年11月1日，习近平总书记在民营企业座谈会上，听取10位企业家代表发言，就一些问题同民营企业家们深入交流，深入分析当前民营经济发展遇到的困难和问题，为民营经济破解难题开出药方，明确提出了大力支持民营企业发展壮大的6个方面政策举措，极大鼓舞了民营经济战胜困难的信心，有力振奋了民营企业家经营发展的精气神。③

党中央历来支持和鼓励民营企业发展，党的十八大以来党中央出台一系列扶持民营经济发展的改革举措，实施促进金融市场健康发展的一系列措施，支持民营经济发展，提振了市场信心。但也要看到，一些民营企业在经营发展中遇到不少困难和问题，有的民营企业家形容为遇到了“三座大山”：市场的冰山、融资的高山、转型的火山。应该承认，当前一些民营经济遇到的困难是现实的，甚至相当严峻，必须高度重视。只有正确认识民营经济的发展困难，才能有针对性地解决困难，推动民营经济实现更大发展。

正确认识民营经济的发展困难，就要准确把握困难的成因。当前民营经济发展遇到的困难和问题，成因是多方面的，是外部因素和内部因素、客观原因和主观原因等多重矛盾问题交织的结果。习近平总书记从国际经济环境变化、我国经济由高速增长阶段转向高质量发展阶段、政策落实不到位等方面进行了深入分析，作出了高度概括，给人以深刻启示。从外部看，全球经济复苏进程中风险集聚，民营企业占我国出口总额的45%，一些民营出口企业必然会受到影响；从国内看，我国经济向高质量发展阶段迈进，必然给企业带来转型升级压力，部分民营企业遇到困难和问题是难免的，是客观环境变化带来的长期调整压力；从政策环境看，我们出台的支持民营经济发展的政策措施很多，但不少落实不好、效果不彰。同时，也有企业自身的原因，有的民营企业经营比较粗放，存在不规

① 李北方．国家是“民营经济”的男朋友吗？［EB/OL］．［2018－10－16］．https：//mp. weixin. qq. com/s/hf1Oc9－TAImW0COeFut09Q.

② 习近平回信勉励广大民营企业家，［EB/OL］．［2018－10－21］．http：//www. xinhuanet. com/politics/2018－10/21/c_1123590755. htm.

③ 习近平总书记在民营企业座谈会上的讲话再次提振民营经济信心，［EB/OL］．［2018－11－05］．http：//china. cnr. cn/yaowen/20181105/t20181105_ 524404610. shtml

范、不稳健甚至不合规合法的问题，在加强监管执法的背景下必然会面临很大压力。

正确认识民营经济的发展困难，就要增强战胜困难的信心和动力。正如习近平总书记所强调的，这些困难是发展中的困难、前进中的问题、成长中的烦恼，一定能在发展中得到解决。我国基本经济制度写入了宪法、党章，这是不会变的，也是不能变的，所有民营企业和民营企业家完全可以吃下定心丸、安心谋发展。现在，有些部门和地方对党和国家鼓励、支持、引导民营企业发展的大政方针认识不到位，工作中存在不应该有的政策偏差，在平等保护产权、平等参与市场竞争、平等使用生产要素等方面还有很大差距。对这些问题，各地区各部门要根据实际情况加以解决，不断为民营经济营造更好的发展环境，帮助民营经济解决发展中的困难，支持民营企业改革发展，变压力为动力。民营企业自身也要练好内功，聚焦实业、做精主业，提高经营能力、管理水平，增强在风浪中搏击的本领。

“我相信，只要我们坚持基本经济制度，落实好党和国家方针政策，民营经济就一定能够实现更大发展。”习近平总书记给广大民营企业家打气鼓劲，也对各级党委和政府提出了明确要求。认真学习贯彻习近平总书记重要讲话精神，深入研究解决民营企业、中小企业发展中遇到的困难，着力抓好6个方面政策举措落实，我国民营经济一定能够走向更加广阔的舞台，呈现更加旺盛的生机和活力。

而且最近国内多地纷纷出实招解决民营企业融资难题。北京、上海、浙江等地政府部门和地方监管部门陆续部署和出台了新一轮的支持民营经济政策措施，其中，金融支持民营经济成为多地政策发力重点。在拓宽民营企业融资渠道方面，推动银行资金向民营企业倾斜、直接为民营企业提供流动性支持、完善融资担保制度等成为各地政策清单上的重要选项。①

中国人民银行营业管理部将设立70亿元人民币的再贴现额度专项支持小微和民营企业。通过循环使用，每年可支持小微、民营企业获得不少于120亿元的票据融资。另外，针对当前民营上市公司面临的股权质押流动性危机，北京西城区、朝阳区和海淀区均提出设立市场化基金支持民营上市公司发展。

上海市委市政府明确提出“三个100亿”真金白银支持民营企业融资。包括将建立规模为100亿元的上市公司纾困基金，为优质中小民营企业提供信用贷款和担保贷款100亿元，逐步扩大中小微企业政策性融资担保基金规模至100亿元。

---

① 解决中小民营企业融资难 国内多地出台了经济救济政策，[EB/OL].［2018－11－06］. http://www.885.com/a/322855.html.

浙江银保监局筹备组负责人表示，浙江银保监局筹备组日前制定出台相关文件，对民营企业要提高授信业务考核权重，落实尽职免责和容错纠错机制，在信贷准入等方面给予精准支持。不得简单压贷、抽贷、断贷。

业内人士表示，上述政策切中民营企业融资痛点。国家金融与发展实验室副主任曾刚在接受《经济参考报》记者采访时表示，政策性融资担保基金主要是为了解决民企信贷问题。民企生存能力偏低，信用风险高，这部分超额风险需要政策性担保机构来分担。曾刚说："地方政府设立基金并入股相关企业旨在化解上市民企股权质押流动性危机。现在上市公司股权质押面临爆仓风险，一方面银保监会出台政策，让银行对股权质押灵活处理，不要一味平仓。另一方面地方政府也出招，这些均有利于化解民营企业股权融资困境和压力。"

中国民生银行首席研究员温彬也表示，相关政策旨在引导商业银行改变理念，不要对民营企业设置歧视性的市场准入。另外，引导银行在风险识别、考核激励等机制体制上进行创新，满足市场多元化需求。

不过，业内人士也表示，金融机构在为民营企业提供更多金融供给的同时，也必须把控风险。曾刚表示，金融机构必须判断企业融资需求是否合理。"一些有合理融资需求、以前可能被市场错杀了的民营企业，应该是支持的重点。但一些过度扩张脱离主业，或是不符合经济结构调整方向而将要被淘汰的民营企业，则不该被支持。"

最近一段时间，"民营经济"叫苦不迭，跟宏观经济调控，为防范系统性金融风险、"去杠杆"有关。负债率高的企业很难从商业银行拿贷款了，遭遇现金流危机。而碰到这种情况，只抱怨国家不把他们当"自己人"合适吗？为什么不问问自己的信用水平为何那么低？

在 2018 年 11 月 1 日民营企业座谈会上，习近平总书记不仅给"民营经济"打气，也直言不讳地批评了一些不良现象。他说：我国民营经济遇到的困难也有企业自身的原因。在经济高速增长时期，一部分民营企业经营比较粗放，热衷于铺摊子、上规模，负债过高，在环保、社保、质量、安全、信用等方面存在不规范、不稳健甚至不合规合法的问题，在加强监管执法的背景下必然会面临很大压力。①

最近题为《以所有制中立启动改革再出发》文章也引发舆论极大关注。"所有制中立"是什么呢？国务院副秘书长彭华岗在一次会议上表示：在 B20 阿根廷会议上，有人提出"列入国企扭曲竞争"的议题，某种意义上而言该种说法忽

---

① 习近平：在民营企业座谈会上的讲话，[EB/OL]．[2018－11－01]．http：//www.gov.cn/xinwen/2018－11/01/content_5336616.htm.

视了国企经过改革以后已经完全融入市场、同其他所有制企业公平参与市场竞争的客观现实。因此，提倡“所有制中立”，反对因企业所有制的性质不同而设置不同规则，反对在国际规则制定中给予国企的歧视性待遇。很明显，彭华岗说得很清楚，“所有制中立”是中国在国际上的一个倡议，反对因为所有制不同而歧视中国国有企业，应该将一碗水端平。①

而《以所有制中立启动改革再出发》这篇文章在一笔带过这层含义后就开始曲解所有制中立的本意，认为社会主义市场经济需要对国有经济和民营经济一视同仁，实现所有制中立。文中指出在中国民营经济被歧视了，还列出了被歧视的四种形态：出生歧视、地位歧视、安全歧视、扭曲的所有制反向歧视。

该文为民营经济鸣冤叫屈，为其讨要相对于国有经济的“所有制中立”。但该文不肯从民营经济自身查找问题的根源，也没有深入思考民营经济有没有能力要求文章所定义的所有制中立。现实中，我国国有企业除了正常照章纳税外，还向国家上缴利润，提升全民福利，而民营企业向国家上缴利润吗？谈论责任的时候，就不谈“所有制中立”了，公有制就是公有制，私有制就是私有制；而谈到市场机会时，就要求“所有制中立”，要求门槛降低，开放准入等。

提出“离场论”的那篇文章中指出，“有好处就各种公关，没好处就四散奔逃，一旦补贴就各种集中，一旦真集中就哭爹叫妈”，这是民营经济的真实写照。该文也指出私营企业有其优势，其劣根也非常明显。

马克思主义者认为尽管目前国有企业或多或少存在这样或那样的问题，如生产关系资本雇佣化、管理层道德风险等，但国有企业毕竟是中国人民经过长期艰苦奋斗积累起来的共同财富，是中国共产党执政的经济基础，是保证市场经济社会主义方向的压舱石。因此，国有企业的前景不是赶紧砸碎了，分光吃光，而是必须要做大做强做优，是我国社会主义市场经济的主导。

全国政协十三届一次会议新闻中心在人民大会堂金色大厅举行首场记者会，邀请民主党派中央和全国工商联领导人集体接受媒体采访。

全国工商联主席高云龙介绍，民营经济对我们国家的经济社会发展做出了突出贡献。我们有个“56789”的说法：民营经济对国家财政收入的贡献占比超过50%；GDP和固定资产投资、对外直接投资占比均超过60%；企业技术创新和新产品占比超过70%；城镇就业占比超过了80%，全国城镇就业数是4.25亿人，非公有制企业就业数3.4亿人，这就是80%；这两年特别是去年对新增就业的占比贡献超过90%，所以贡献还是非常大。对稳定增长、促进创新、增加就

① 寒竹．感慨民企步履艰难的人，未必真的知道民企的需求，［EB/OL］．［2018-11-14］．https：//baijiahao.baidu.com/s？id=1617068898916431280&wfr=spider&for=pc.

业、改善民生等方面非公有制经济都做出了突出贡献。①

很多人质疑“56789”的真实性②。如有人反问：既然私企用了80%的劳动力，才创造了60%的产值，那就说明国企用20%的劳动力创造了40%的产值，明明国企效率是私企的2.6倍，怎么能说国企效率低下呢？如果说这是因为私企税负高于国企，那就更不靠谱了。不是说私企创造了60%的产值和50%的税收吗？那是不是说，国企以不到30%产值，却上交了50%的税收呢？

实际上对“国企没效率论”程恩富教授很早就用客观数据证明其谬误性：私企职工工资仅有国企职工平均工资的60%，更别说其他劳动保障福利了；中国低收入群体的主体主要由私企职工组成。如果将私企职工的工资提高到国企职工的水平，恐怕至少一半的私企将倒闭关门！这就是私企的高效率！

与此形成鲜明对比的是：私企搞好了，是市场的本事，与政府无关；私企搞不好，是政府的罪过，与市场无关。

二、本人前期积累的相关研究成果

本人最近主持了一项关于非公有制经济方面的课题，参与了一项关于非公有制经济方面的课题，主持了一项关于民营经济方面的课题。积累了大量研究素材。

2014年度安徽省哲学社会规划一般项目——安徽省非公有制经济活力综合评价与提升研究（AHSKY2014D43，已结项）项目下来后，项目成员小规模调研开展了很多次，同时利用每年的寒暑假深入安徽省各个市的代表性非公有制企业发放调查问卷并与企业主要领导座谈，了解企业的发展过程及其发展中遇到的突出问题。调研结束后，及时整理分析调研数据。

2017年度安徽省领导圈定课题——安徽非公经济发展研究（SLDQDKT17－17，已结项）项目下来后，项目成员小规模调研开展了很多次，全体成员及9名硕士研究生参加的大规模集中调研有三次：2017年6月15日到6月21日，深入蚌埠市的安徽丰原集团有限公司、安徽五建公司、华润雪花啤酒蚌埠公司、安徽苏晟贸易公司、安徽皖酒集团等30多家非公企业代表发放调查问卷并与企业主要领导座谈，了解企业的发展过程及其发展中遇到的突出问题。

---

① 卢泽华．全国工商联主席谈民营经济贡献：有个“56789”说法，［EB/OL］．［2018－03－06］．https：//baijiahao. baidu. com/s？id＝1594177979700483428&wfr＝spider&for＝pc.

② 赵磊．特朗普为何惧怕国企？［EB/OL］．［2018－03－06］．http：//blog. sina. com. cn/s/blog_62e473890102y3a5. html.

2017年7月20日到7月28日，深入合肥市的安徽国购投资集团、安徽省文一投资控股集团、合肥华泰集团股份有限公司、安徽华力建设集团有限公司等40多家非公企业代表发放调查问卷并与企业主要领导座谈，搜集企业发展历程及其经营中遇到的难题及国家、省、市出台的促进非公经济政策执行落实情况和实施效果。2017年8月25日到8月31日，深入芜湖市的广东美的集团芜湖制冷设备有限公司、安徽亚夏实业股份有限公司、安徽鑫科新材料股份有限公司、安徽伟星置业有限公司、芜湖东旭光电装备技术有限公司、芜湖恒信内饰制造有限公司、耐世特凌云驱动系统（芜湖）有限公司、长信科技等50多家非公企业代表发放调查问卷并与企业主要领导座谈，深入了解企业的发展现状及经营中存在的突出问题。

调研期间我们向调研企业发放了150份问卷，经主要负责人填写后，全部回收，经整理有效问卷为147份，并对调研问卷进行了整理分析。

2017年度安徽省领导圈定课题——安徽非公经济发展研究（SLDQDKT17－17，已结项），项目成果已获得安徽省两位省领导批示，效果很好。

我校一项研究成果获两位省领导批示①

近日，由我校科研处处长盛明泉教授和经济学院刘越副教授等人共同完成的2017年度省领导圈定课题《安徽省非公有制经济发展研究》的结项报告，获省委常委、统战部长刘莉和省政协副主席李卫华批示。

刘莉批示为："研究比较深入全面，既有理性思考，也有实践总结，掌握了大量第一手资料，提出的问题一针见血，对策建议符合实际、具有可操作性，为我们做好新的社会阶层人士和非公有制经济领域统战工作提供了有力的支持。感谢省社科院和课题组的同志们所做的工作！请学刚、张翔同志阅研，结合工作实际，推动研究成果转化。"此前，该项课题调研报告精简版《推进新常态下我省非公经济发展》发表在第31期《咨政》上，李卫华批示为："该调研报告有一定的参考价值，请省发改委、经信委、工商联参阅"。

《安徽省非公有制经济发展研究》是2017年度省领导圈定课题（项目负责人：盛明泉；校内成员：刘越、任志安、廖信林、李勇刚、张春强、盛安琪、周洁、吴琪、闵路路、张娅楠、蒋世战）的结项成果。课题研究期间，研究团队先后赴合肥、芜湖、蚌埠三市25家企业开展专题深度调研，研究提炼形成的结项报告和调研报告对安徽省非公有制经济发展的总体情况进行深入剖析，发现新常

① 李勇刚．我校一项研究成果获两位省领导批示，［EB/OL］．［2018－03－23］．http：//kyc. aufe. edu. cn/2018/0323/c3324a112129/page. htm.

态下安徽省非公经济发展面临成本偏高、民间投资增幅下降、创新能力不足等突出问题，提出了大力实施“3456”计划，促进全省非公经济发展的思路对策。

（撰稿：经济学院 李勇刚；审核科研处 李景宝）

2018 年蚌埠市社会科学规划重点项目——新时代蚌埠激发民营经济发展活力对策研究（BB17B001）项目下来后，项目成员小规模调研开展了很多次，全体成员及 4 名硕士研究生参加的大规模集中调研有三次：2018 年 6 月 15 日到 6 月 21 日，深入蚌埠市丰原集团有限公司、安徽五建公司、华润雪花啤酒蚌埠公司、大富科技、凯盛集团、豪威科技等 20 家民营企业代表发放调查问卷并与企业主要领导座谈，了解企业的发展过程及其发展中遇到的突出问题。2018 年 7 月 20 日到 7 月 28 日，深入安徽五建公司、安徽皖酒集团、安达节能科技有限公司、晟光科技股份有限公司、泰富重装、高科能源、安徽豪威商用显示科技有限公司等 25 家民营企业代表发放调查问卷并与企业主要领导座谈，搜集企业发展历程及其经营中遇到的难题及国家、省、市出台的促进民营经济政策执行落实情况和实施效果。2018 年 8 月 25 日到 8 月 31 日，深入蚌埠市丰原集团、安徽苏晟贸易公司、安徽皖酒集团、意义环保设备有限公司、城市药业有限责任公司、天宇机械工具有限公司、三环电子科技有限公司、浩中机械、强力重工、昊方机电、汇精模具等 25 家民营企业代表发放调查问卷并与企业主要领导座谈，深入了解企业的发展现状及经营中存在的突出问题。

改革开放以来，尤其是进入 21 世纪以来，安徽省非公有制经济迅速发展，对安徽省经济社会的发展做出了巨大贡献，是安徽省国民经济非常重要的组成部分，已经与公有制经济形成“一荣俱荣、一损俱损”的协调发展格局。随着我国国民经济的进一步发展与社会主要矛盾的转化，我国经济社会发展进入了新时代，与此同时，安徽省经济社会发展也进入了新时代。在新时代，随着国际国内宏观环境的变化，尤其是中美贸易争端持续发展，大有愈演愈烈之势，给国内经济发展带来一定的不确定性。在此背景下，如何科学评价安徽省非公有制经济取得的成绩及正确评估安徽省非公有制经济发展面临的突出问题，对进一步激发安徽省非公有制经济发展活力，大力促进非公有制经济发展，有助于助推安徽省经济社会协调发展进程，提升其经济发展质量，实现城乡协调发展，增加就业，提高人民生活水平，尤其是有助于加快实现安徽省“两个一百年”奋斗目标以及更好地完善其市场经济体制。但随着国际国内发展环境的变化，尤其是国内资源环境约束进一步加大，国内及安徽省都在大力实施供给侧结构性改革，这既给安徽省非公有制经济进一步发展带来了难得的发展机遇，与此同时安徽省非公有制经济也面临一些严峻的挑战。

第一，本书科学界定了经济活力、非公有制经济、民营经济、制度、制度变迁等科学内涵以及相关理论基础。第二，从非公有制经济规模日益壮大；非公有制经济对社会经济的贡献不断提升，“稳定器”作用凸显；非公有制经济发展环境不断优化；非公有制企业创新能力提升，“倍增器”作用凸显；非公有制产业集群规模不断增大等方面系统分析了安徽省非公有制经济发展活力演变，可以看出安徽省非公有制经济取得的巨大成就。从严格推进政策落实落地，进一步提升了企业获得感；加快推进创业创新发展，进一步增强了市场主体活力；积极推进创新金融服务，进一步拓展了企业融资渠道；加快推进公共平台建设，进一步夯实为企服务基础；积极推进扩大开放合作，“走出去”“引进来”协同发展；认真推进完善协同联动机制，进一步凝聚了发展合力；全面深化改革，进一步优化营商环境；加强帮扶指导力度，进一步培育“专精特新”等方面分析安徽省非公有制经济快速发展的经验。从非公经济发展符合生产力标准；政府“有为”与“不为”有机结合；非公有制企业自身方面：非公有制企业不断提升自我；非公企业加快产业优化，走专业化、多元化、国际化之路；非公有制企业更加注重经济与社会、环境等协调发展；非公企业充分利用国内国际“两种资源”与“两大市场”等深入分析安徽省非公有制经济活力演变机理。以安徽中鼎控股（集团）股份有限公司为典型案例分析安徽省非公有制经济活力演变及面临的问题。第三，从非公企业数量比较、非公企业规模（注册资本）比较、非公企业吸纳就业比较、非公企业产业结构比较、非公经济增加值比较、非公经济纳税比较、非公经济固定资产投资比较、非公经济进出口贸易比较等八大方面全面分析安徽省与中部地区其他省份非公有制经济活力差异。第四，深入分析了供给侧结构性改革背景下安徽省非公有制经济发展制约因素以及供给侧结构性改革背景下安徽省非公有制经济面临难得的发展机遇。从供给侧结构性改革可进一步提高非公有制经济的全要素生产率、供给侧结构性改革有助于非公有制经济更好地实现供需平衡、供给侧结构性改革为非公有制经济发展提供良好的制度环境、供给侧结构性改革有助于非公有制经济加快转变发展方式等方面分析供给侧结构性改革对非公有制经济的影响机制。从去产能方面，为非公有制经济参与培育新动能提供了机遇：处置“僵尸企业”，适时化解过剩产能实现企业脱困，深化国资国企改革，优化国有资本布局；降成本方面，有助于进一步降低非公有制企业成本，提升其经济效益：切实降低制度性交易成本、降低人工成本、进一步降低企业税费负担、降低企业财务成本、降低电力价格、降低物流成本；补短板方面，尤其在提升企业创新能力方面，有助于提升非公有制经济的发展质量：全省系统推进全面创新改革试验、大力发展战略性新兴产业、加大力度提升企业创新能力、支持企业技术改造和设备更新、激励大众创业万众创新；去杠杆方面，有助于进一步降低非公有制企业风险，提升其抗风险能力：切实扩大企业直接融资规模、有效防范和化解金融风险等方面系统分析供给侧结构性改革背景下安徽省非公有制经济面临的机遇。从企业规模有待扩大、竞争力不强、融资难问题仍然比较突出、创新能力有限、资源约束进一步加剧、发展环境亟须优化等方面深入分析供给侧结构性改革背景下安徽省非公有制经济面临的挑战。第五，安徽省非公有制经济发展水平综合评价与差距分析。第六，国家、安徽省、安徽省各个市近年来出台的促进非公有制经济发展的政策措施实施效果与偏差分析。第七，结合安徽省经济社会发展实际，为促进非公有制经济更好更快更优发展，安徽省非公有制经济应坚决实施“四大发展战略”、充分遵循“五大发展”理念、着重突出“六大发展路径”、加快推进“九项措施”，进一步深化安徽省非公有制经济发展，优化安徽省所有制结构，完善其基本经济制度。

第二节　选题意义

十八届三中全会明确提出要激发我国非公有制经济活力和创造力，改革开放以来安徽省非公有制经济活力迅速提升，但通过研究发现其还有许多亟须解决的突出问题，例如，与发达地区非公有制经济活力相比安徽省差距比较大，安徽省各个地区非公有制经济活力差距悬殊。本书的研究有助于进一步完善优化安徽省所有制结构，提升安徽省整体经济活力，所以本书的研究具有重要的现实和理论意义。

一、现实意义

（一）有助于安徽省经济资源的合理优化配置

新时代进一步激发提升安徽省非公有制经济发展活力，科学促进安徽省非公有制经济发展，有助于促进安徽省公有制经济尤其是国有经济与非公有制经济和谐发展，充分发挥各自优势，实现资源优势互补，提升安徽省经济资源的合理优化配置，提高资源配置效率。

（二）有助于安徽省经济实现高质量发展

新时代进一步激发提升安徽省非公有制经济发展活力有助于安徽省非公有制经济加快结构调整与发展方式转型。新时代安徽省非公有制经济要结合自身优势加快产业结构调整步伐，实现三次产业协调发展，同时要结合国际国内市场变化，加快由粗放型向集约型转变，由劳动密集、资源密集向知识技术密集转变，加强核心技术研发，助推安徽省经济向高质量发展。

（三）有助于提升安徽省整体经济实力与竞争力

根据发达国家与地区经济发展经验，非公有制经济发展比较快的地方，整体经济发展就相对比较好。新时代进一步激发提升安徽省非公有制经济发展活力有助于进一步提升安徽省整体经济实力与竞争力，而且研究新时代安徽省激发非公有制经济活力可以为安徽省经济空间开发和提升经济增长质量提供决策依据。

（四）有助于加速推进安徽省城镇化进程，增加农民收入，缩小城乡收入差距

随着安徽省非公有制经济的快速发展，有利于加快安徽省农村土地流转进程，也有利于促进在城镇已有较稳定职业和住所的农业人口通过有偿流转放弃土地，脱离农村，从而加快安徽省城镇化进程。与此同时，安徽省非公有制经济的快速发展可以为农村剩余劳动力提供更多的就业机会，吸引农村剩余劳动力从事非农工作，增加非农收入，使农民收入多元化；同时，安徽省非公有制经济发展也有利于推动农业结构调整，拓宽农民增收渠道，促进农业收益增长和农民收入增加。因此，本书的研究有助于加快安徽省农业现代化、城镇化、新型工业化与信息化协调发展，进一步增加农民收入与缩小城乡收入差距，加快乡村振兴步伐，进一步提升安徽省整体经济发展质量与效益，加快安徽省经济共享进程。

二、理论意义

（一）有助于丰富完善经济活力与制度变迁等理论

本书进一步界定了经济活力内涵，理论分析了制度变迁与非公有制经济发展活力的内在机理，并构建了三级综合评价指标体系，对安徽省及其各市近年来非公有制经济发展活力进行科学评价，结果表明制度变迁对提升安徽省非公有制经济发展活力贡献非常大，这有助于深化对经济活力与制度变迁的认知，进一步揭示改革开放以来安徽省经济飞速发展的深层次原因以及各个地区经济增长质量差异的根源。同时，本书的研究揭示安徽省及各个地区非公有制经济活力演化趋势与存在的问题，可为经济活力理论、制度变迁理论与区域经济差异理论的发展提供一个典型案例。

（二）有助于丰富完善非公有制经济理论

在吸收借鉴国内外非公有制经济发展经验和经营理念基础之上，并结合安徽省实际情况，构建一个具有安徽省特色的新时代安徽省非公有制经济发展活力综合评价指标体系，并对其进行科学评价，在此基础上，结合新时代安徽省经济社会发展实际，提出一些科学可行、易于操作的对策以进一步激发提升新时代安徽省非公有制经济发展活力，有助于丰富完善非公有制经济理论。而且本书构建的评价安徽省非公有制经济活力的综合指标体系与研究方法，对同类研究具有参考价值。

（三）有助于丰富完善安徽省基本经济制度

虽然改革开放以来安徽省国民经济发展非常迅速、经济实力得到很大提升，但安徽省所有制结构仍存在一些亟待解决的突出问题，尤其是21世纪安徽省所有制结构需要进一步优化以更好地服务其经济发展。本书的研究有助于进一步科学合理地评价安徽省非公有制经济，对进一步深化安徽省国有经济改革也有借鉴意义，研究新时代安徽省激发非公有制经济活力有助于进一步完善优化安徽省所有制结构，丰富完善安徽省基本经济制度，实现所有制理论的重大提升，加快发展生产力。

第三节　研究目标

一、制度变迁影响非公有制经济发展活力的机理分析

本书将理论分析制度与制度变迁影响非公有制经济活力的机理，并构建科学合理的指标体系以实证检验安徽省制度变迁影响安徽省非公有制经济活力的效果。

二、安徽省非公有制经济活力演变及演变机理

本书将全面客观地分析近年来安徽省非公有制经济活力演变情况，从中探寻近年来安徽省非公有制经济活力取得的巨大业绩及面临的突出问题。之后深入科学分析安徽省非公有制经济活力的演变机理。

三、全面深入分析供给侧结构性改革背景下安徽省非公有制经济发展面临的机遇与挑战

本书将深入阐释供给侧结构性改革对非公有制经济的影响机制，在此基础上结合安徽省非公有制经济实际，全面详细分析供给侧结构性改革背景下安徽省非公有制经济发展面临的机遇与挑战。

四、构建科学合理的综合评价指标体系以对安徽省非公有制经济发展活力进行评价

借鉴国内外已有研究成果构建科学合理的综合评价指标体系，并运用合理的评价方法与模型综合评价近年来安徽省及安徽省各个市非公有制经济活力演变及存在的问题。

五、国家、安徽省出台的促进非公有制经济发展的政策措施实施效果与偏差分析

采用描述性分析与统计分析相结合系统分析国家、安徽省近年来出台的促进非公有制经济发展的政策措施实施效果与偏差，从中探寻近年来安徽省非公有制快速发展及当前面临的突出问题的深层次原因。

六、提出切实可行易于操作的相关对策建议，进一步激发提升安徽省非公有制经济活力

面向安徽省非公有制经济发展实际，创新性地提出一些有针对性的对策建议，主要包括发展战略、发展理念、实现路径、体制改革和制度创新等方面的内容以进一步激发安徽省非公有制经济发展活力，提升安徽省整体经济实力与竞争力。

第四节 研究思路与框架

本书的研究将沿着“理论构建—问题阐释—多维剖析—策略设计”的逻辑

思路展开。第一，从安徽省非公有制经济规模、安徽省非公有制经济对社会经济的贡献不断提升，“稳定器”作用凸显、发展环境不断优化、创新能力提升，“倍增器”作用凸显、产业集群规模不断增大等五个方面来系统分析近年来安徽省非公有制经济演变情况与演变机理以及新常态下安徽省非公有制经济发展存在的突出问题。第二，安徽省与中部地区其他省份非公有制经济活力比较，从非公企业数量、企业规模（注册资本）、企业吸纳就业、企业产业结构、经济增加值、纳税、固定资产投资及进出口贸易等八个方面全面比较安徽省与中部地区其他省份非公有制经济活力差异，从中可以发现安徽省非公有制经济发展的优势与短板，为后面进一步分析打下基础。第三，系统分析供给侧结构性改革背景下安徽省非公有制经济发展面临的机遇与挑战。第四，安徽省及各个市非公有制经济发展水平综合评价与差距分析。第五，国家、安徽省近年来出台的促进民营经济发展的政策措施实施效果与偏差分析。第六，面向安徽省非公有制经济发展实际情况，创新性提出一些有针对性的对策建议，主要包括发展战略、发展理念、实现路径、体制改革和制度创新等方面的内容以进一步激发安徽省非公有制经济发展活力，提升安徽省整体经济实力与竞争力，具体如图 1－1 所示。

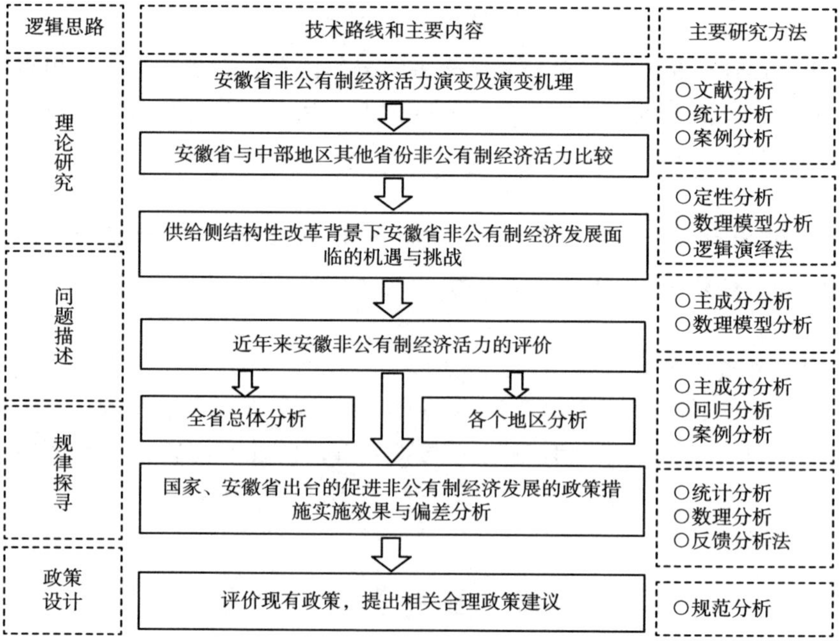

图 1－1　本书的研究思路与框架

第五节 研究方法

一、理论研究与实践应用研究相结合

本书将制度变迁理论和经济活力理论结合起来，通过理论研究建立科学、完整的经济活力理论，进一步激发提升安徽省非公有制经济发展活力。

二、规范分析法与实证分析法相结合

实证分析体现在安徽省非公有制经济发展现状分析，构建三级综合评价指标体系并采用多种分析方法对安徽省近年来非公有制经济发展活力进行科学评价，国家、安徽省、安徽省各个市出台的促进非公有制经济发展的政策实施效果。规范分析法主要涉及供给侧结构性改革背景下安徽省非公有制经济发展面临的机遇与挑战，结合安徽省非公有制经济发展实际提出一些切实可行的对策建议来进一步激发其经济活力。

三、比较研究法

比较最近几年安徽省与中部地区其他省份以及安徽省内其他地区非公有制经济发展活力的差距以及通过实证分析揭示制度变迁在安徽省及各个地区经济活力中的不同作用，进一步拓展解释安徽省经济发展活力的差异。

四、调查研究法

包括座谈、访谈、问卷调查等方法。对安徽省非公有制经济发展现状、存在的突出问题及制约因素、面临的机遇与挑战等进行实地调查，搜集分析相关资料。

五、案例分析法

以安徽中鼎控股（集团）股份有限公司为典型代表，分析安徽中鼎控股

（集团）股份有限公司的经济活力演变，供给侧结构性改革背景下安徽中鼎集团面临的机遇、挑战及应对办法。

第六节　本书的创新点

一、学术思想创新

从理论上科学界定经济活力、制度变迁与供给侧结构性改革的科学内涵、进一步拓展经济活力、制度变迁与供给侧结构性改革基础理论，深入分析制度变迁与供给侧结构性改革影响非公有制经济活力的内在机理与机制，揭示安徽省非公有制经济快速发展及当前面临的突出问题的深层次原因，为新时代背景下如何实现安徽省非公有制经济快速健康发展提供重要的切入点，取得理论与实践相结合的效果，进一步丰富完善了经济活力、制度变迁与供给侧结构性改革理论与所有制理论，具有一定的学术思想创新性。

二、研究视角与研究方法的创新

科学构建三级综合评价指标体系对安徽省及各个地区近年来非公有制经济活力进行科学评价，其中二级指标体系包括经济成长性、协调性、创新性、潜力性、分享性、资源环境友好性和制度变迁 7 个方面和 40 个三级指标，选择合适模型来测度近年来安徽省非公有制经济活力指数，分析安徽省各个地区非公有制经济活力指数差异，从中可以发现制度与制度变迁对安徽省及各个地区非公有制经济活力的提升具有非常重要的意义。此外，系统分析近年来国家、安徽省出台的促进非公有制经济发展的政策措施实施效果与偏差分析，可以揭示安徽省发展非公有制经济，政府大有作为，尤其在当前国际国内的大背景下，要进一步激发安徽省非公有制经济活力，政府的适时适度作为就显得更为重要。因此，本书在研究非公有制经济的研究视角与研究方法上具有一定的创新性。

三、学术观点的创新

进一步激发安徽省非公有制经济活力，纠正国家、安徽省出台的促进非公有制经济发展的政策措施实施效果与偏差，科学设计进一步激发安徽省非公有制经济活力的战略、理念、路径，提出科学可行、易于操作的政策建议，进一步激发安徽省非公有制经济活力，丰富完善安徽省所有制结构，丰富完善安徽省基本经济制度，进一步提升安徽省国民经济发展质量与效益，这在学术观点上有一定的创新性。为此，安徽省非公有制经济应坚决实施“四大发展战略”、充分遵循“五大发展”理念、着重突出“六大发展路径”、加快推进“九项措施”以进一步激发新时代安徽省非公有制发展活力。

第二章　经济活力研究述评

第一节　相关概念界定与理论基础

一、相关概念界定

（一）经济活力[①]

1. 活力的内涵

所谓活力，汉语词典定义其为旺盛的生命力，行动上、思想上或表达上的生动性，它表现为生命及其组织（从细胞到社会）适应环境的发展能力。活力的英文单词为 vigor，vitality，energy，指旺盛的生命力，充满青春的活力。

活力最早来自亚里士多德的活力论，他认为事物是由质料与形式构成的，形式构成事物本质，在事物的形成发展进程中起决定作用。近代活力论倡导者主要有赫耳蒙特、施塔尔、沃尔夫等，他们主张用一种超自然的精神力量来解释各种生命现象，认为生命运动是由凌驾于生命物质之上的力量引起的。此种观点否定了生命的物质性，将无机界与有机界对立起来。19 世纪以来，随着有机合成的发展，人类的认知突破了无机与有机的界限。20 世纪，德国胚胎学家和哲学家杜里舒将活力论界定为生命过程的自主理论，并用胚胎学研究成果证明了其理论。他提出卵是一个和谐、等潜能的系统，其蕴涵着一种可调节生物发育的精神实体，也就是活力或隐德莱希，以保证生命体胚胎完整性并使其拥有自修复与再生能力。

1686 年，德国数学家莱布尼兹提出力可以用它产生的效果来度量。莱布尼

---

① 该部分有一些内容已经公开发表在《海派经济学》上，参见刘越、张榆新、闵路路："绿色城镇化提升我国经济活力"，载于《海派经济学》2017 年 15 卷第 3 期。

兹所说的力指的是重力与高度的乘积 Gh，也就是力所做的功。他根据伽利略的自由落体定律计算出 Gh 与 mv · v 成正比，所以莱布尼兹主张用 mv · v 来度量力，并把它取名为活力。

而把力与能区分开来的是英国物理学家托马斯 · 杨。1807 年杨认为重力与高度的乘积可以表示力的作用效果，但不能用 mv · v 来度量力。他认为用“能”代替“活力”比较合适。但在之后很长时间里人们并没有接受杨的提议。1829 年，法国物理学家克里奥利使用“活力”这个词，但是他用 0.5mv · v代替了 mv · v。19 世纪 50 年代以后，物理学界广泛承认与采用“能”这个术语。

1695 年莱布尼兹引入并认为运动应用质量与速度的平方来衡量，并称为活力，以区别于静止物体的压力或死力。19 世纪 20 年代末，力学引入功的概念后，科里奥利提议把它称为活力。之后英国首先把活力改为功能，W. 汤姆孙和 P. G. 泰特（1867）的《自然哲学论》中说：“一个运动着的物体的活力或动能同质量和速度平方两者成正比。”①

事物的活力外在于实物本身生机勃勃、生生不息的状态，它是事物永葆青春、奋发向上的动力源，事物保存其活力的本性来自事物内在矛盾性。从活力概念的演变可以看出，活力的运用与生物学、物理学，以及与关于生命物体的研究息息相关，其核心内涵在于生物有机体内旺盛的生命力。在经济社会视域，活力是人类社会有机体生存和快速发展的内生力量，是经济社会变化发展的原动力。

2. 经济活力的内涵

经济活力是一种价值判断，国内外学者从不同视角来界定经济活力的内涵。国外研究经济活力主要集中于以下两个方面：（1）企业能力论。Prahalad 等（1990）在《哈佛商业评论》发表了《公司核心能力》之后，企业能力论迅速发展。Meyer 等（1993）指出核心能力是企业在制造、市场营销、研发等方面的综合能力。埃里克森等（1996）从经济学与社会学视角来界定企业能力：它是企业组织资本与社会资本综合作用的结果，前者反映其组织协调生产的技术能力，而后者表明其所处的社会环境，即外部环境。Teece 等（1997）认为企业能力是动态的、发展的，提出企业能力演化论。（2）企业资源论。Wernerfelt（1984）在《企业资源基础论》中指出企业活力关键在于其能获得优质的生产资源。Barney（1993）指出企业资源主要涉及物质资本、人力资本与组织资本等。

国内学者界定经济活力内涵大致如下：陈建一（1992）指出经济活力是经济运行过程中：少束缚；兼容性强；科技含量高；可变革，适应性强；可连通；高

① 朱照宣：《中国大百科全书（第一版）74 卷，活力》，中国大百科全书出版社 1987 年版，第 217 页。

效率；有竞争力，优胜劣汰机制健全；既有前劲，又有后劲；可学习；可抗各种灾变；可测可控等。刘树人等（1995）认为企业活力就是企业通过自身素质与外部环境的交互作用，能充分发挥企业经营者与职工的积极性、主动性、创造性，在竞争中能实现良好循环的自我发展状态。周扬明（1998）认为企业活力即指企业的生命力，它体现在企业产品竞争力、市场应变力、科研开发能力、资产增值力、领导人进取力、职工向心力等。经济活力与可持续发展组织2004年将经济活力定义为：一个社区的经济竞争能力、适应能力，以及对私人企业和公共企业的吸引能力；具有经济活力的社区能够为居民提供满意的就业等经济活动以及长期可持续性的生活质量；能够随时发现机遇和把握机遇，致力于居民福利的增加；能够鼓励和承认社区居民和企业的创新、勤奋、品德高尚，以及参与社区活动。凯文·林奇认为经济活力主要表现为区域成长性，而且更多地表现为经济成长性、对外来资本和各种生产要素的吸引力方面。蒲宇飞（2013）认为要避免所有制结构刚性化及其导致的资源错配，核心是要实现国有经济与民营经济的协调发展，大力发展动态混合所有制经济。

本书认为经济活力是指一个国家或地区经济能够实现持续增长的机制与能力。它涉及两个方面：一是对生产要素（劳动、资本、土地、企业家才能、科技、创新等）的凝聚力与吸引力；二是资源配置与资源利用的效率。此外，经济活力在不同层面表现不同：国家层面，能否自觉调整经济结构与优化协调各种比例关系，保持国民经济适度增长，逐步提升人民生活质量与水平；企业层面，企业能否具有自我约束、自我发展、自我积累与自我改造等能力；劳动者层面，能否充分调动劳动者生产生活的积极性、主动性与创造性等。其中企业层面的经济活力是经济活力研究的基础与核心。

（二）非公有制经济

非公有制经济是相对于公有制经济而言的。在我国现阶段非公有制经济是与公有制经济并存的所有制经济结构形式，是我国社会主义市场经济的重要组成部分。非公有制经济包括个体经济、私营经济、外资经济等。

个体经济是由劳动者个人或家庭占有生产资料，从事个体劳动与经营的所有制形式。它是以劳动者自己劳动为基础，劳动成果直接归劳动者所有和支配。私营经济是以生产资料私有与雇用劳动为基础，以取得利润为目的所有制形式。它也是我国社会主义初级阶段一种非常重要的非公有制经济。外资经济是我国为发展对外经济关系与吸引利用外资建立起来的所有制形式。它包括中外合资经营企业、中外合作经营企业中的境外资本部分，以及外商独资企业。它也是我国社会主义初级阶段一种很重要的非公有制经济组成部分。

改革开放以来，我国逐渐形成了以公有制为主体、多种所有制经济共同发展的具有中国特色的基本经济制度。非公有制经济是我国社会主义市场经济的重要组成部分，它已成为我国国民经济中非常重要的力量。

到目前为止，国内有中华全国工商业联合会、工业和信息化部中小企业司非国有经济处、中国民私营经济研究会、中国非国有经济研究会、中国非国有经济网、中国非国有经济发展年会、中国非公有制经济发展论坛、北京大学民营经济研究院等部门或研究机构研究我国非公有制经济。

在我国社会主义初级阶段，对非公有制经济存在、发展及其地位、作用的认知及相关方针政策经历了一个曲折变化的演变过程。

1949 年 9 月 29 日颁布的《中国人民政治协商会议共同纲领》规定，对我国国营经济、合作社经济、农民和手工业者的个体经济、私人资本主义经济和国家资本主义经济，实行“以公私兼顾、劳资两利、城乡互助、内外交流的政策，达到发展生产、繁荣经济之目的”的方针。由于实行在国营经济领导下多种经济成分并存的所有制制度，调动了多种经济成分的积极性与主动性，1949 年后国民经济在极其困难的情况下迅速恢复与发展。

1949 年后，国家对民族资产阶级采取了“团结、批评、教育”的政策；对私人资本主义经济采取了“利用、限制、改造”和平赎买的政策，到 1956 年我国完成了对资本主义工商业的社会主义改造。那时我国私人经济基本消失，仅存的一些个体经济对国民经济的影响很小。之后 20 多年间，非公有制经济在我国基本被彻底排斥。

1978 年 12 月，十一届三中全会后，非公有制经济开始逐渐恢复并迅速发展。

1980 年 8 月中共中央转发《进一步做好城镇劳动就业工作》的文件指出，个体经济是“从事法律许可范围内的，不剥削他人的个体劳动。这种个体经济是社会主义公有制的不可缺少的补充，在今后一个相当长的历史时期内都将发挥积极作用”。1981 年 6 月中共中央《关于建国以来党的若干历史问题的决议》明确指出：“国营和集体经济是中国基本的经济形式，一定范围的劳动者个体经济是公有制经济的必要的补充。”1982 年 12 月《中华人民共和国宪法》（以下简称《宪法》）第十一条规定：在法律规定范围内的城乡劳动者个体经济是社会主义公有制经济的补充。1984 年《中共中央关于经济体制改革的决定》第一次系统阐述了党在现阶段对发展个体经济的基本指导方针，指出“坚持多种经济形式和经营方式的共同发展，是我们长期的方针，是社会主义前进的需要”。

1987 年 11 月，党的十三大明确提出鼓励发展个体经济、私营经济。1988 年 4 月，宪法修正案确定了私营经济的法律地位和经济地位。《宪法》第十一条增加了“国家允许私营经济在法律规定的范围内存在和发展。私营经济是社会主义公有制经济的补充。国家保护私营经济的合法权利和利益，对私营经济实行引导、监督和管理”。1992 年 12 月，党的十四大明确了我国经济体制改革的目标是建立社会主义市场经济体制，并提出要以公有制包括全民所有制和集体所有制为主体，个体经济、私营经济、外资经济为补充，多种经济成分长期共同发展。1997 年 9 月，党的十五大确立“以公有制为主体、多种所有制经济共同发展，是我国社会主义初级阶段的一项基本经济制度。”“非公有制经济是中国社会主义市场经济的重要组成部分。对个体、私营等非公有制经济要继续鼓励、引导，使之健康发展。”

1999 年 3 月，《中华人民共和国宪法修正案》明确规定：“在法律规定范围内的个体经济、私营经济等非公有制经济，是社会主义市场经济的重要组成部分。”2005 年，国务院《关于鼓励支持和引导个体私营等非公有制经济发展的若干意见》是一部全面促进非公有制经济发展的重要的政策性文件，对于推动非公有制经济跨入历史发展的新阶段，实现更快更好发展，具有重要的现实意义和深远的历史影响。2013 年 11 月 12 日，《中共中央关于全面深化改革若干重大问题的决定》进一步明确：公有制为主体、多种所有制经济共同发展的基本经济制度，是中国特色社会主义制度的重要支柱，也是社会主义市场经济体制的根基。公有制经济和非公有制经济都是社会主义市场经济的重要组成部分，都是我国经济社会发展的重要基础。必须毫不动摇巩固和发展公有制经济，坚持公有制主体地位，发挥国有经济主导作用，不断增强国有经济活力、控制力、影响力。必须毫不动摇鼓励、支持、引导非公有制经济发展，激发非公有制经济活力和创造力。

（三）公有制经济

公有制经济是生产资料归劳动者共同占有的经济形式。到目前为止，人类历史上有两种公有制经济：原始公社制经济与社会主义公有制经济。前者是当时生产力水平比较低，个人无力单独同自然界作斗争，为了生存与发展，大家必须共同劳动，获取生活资料，共同享有；后者主要包括生产资料全民所有制与部分劳动群众集体所有制经济。在我国社会主义初级阶段所有制格局中，公有制经济占据主体地位，其中全民所有制经济发挥主导作用。

目前我国公有制经济包括国有经济、集体经济以及混合所有制经济中的国有成分和集体成分。在我国社会主义市场经济体制下，公有制经济的主体地位和国有经济的主导作用的确立主要依靠公有制经济自身在竞争中的优势。公有制的实现形式指的是公有资产的组织形式与经营方式。

国有经济即社会主义全民所有制经济，它是由社会全体成员共同占有生产资料的公有制经济形式，是同基础产业、基础设施和其他高度社会化的生产和经营活动相适应的一种社会主义公有制。

集体经济是由部分劳动群众共同占有生产资料的一种社会主义公有制形式，是与农业和手工业、工业、建筑业、运输业、商业、服务业等部门中社会化程度较低的生产和经营活动相适应的一种社会主义公有制。

混合所有制经济是在生产社会化与专业分工进一步发展条件下，多种所有制经济按照一定原则，主要以入股方式将生产要素组织起来，进行统一经营、按股分红并负有限责任的所有制经济形式。国有经济成分与集体经济成分通过与其他所有制经济融合可以更好地发挥公有制经济凝结其他经济成分，形成规模经济与范围经济效应，促进公有资本保值增值。

公有制的主体地位主要体现在公有资产在社会总资产中占优势，国有经济控制国民经济命脉，对经济发展起主导作用。

公有制经济的主体地位是由我国社会主义性质以及它在国民经济中的作用决定的。首先，社会主义公有制经济是与社会化大生产相适应的，是同社会发展的方向相一致的。其次，公有制经济是社会主义制度的基本特征，是社会主义社会经济基础，只有依靠作为主体的公有制经济的力量，社会主义国家才能充分利用经济手段引导个体经济、私营经济和外资经济沿着有利于社会主义的方向发展。再次，公有制经济控制着国民经济命脉，拥有现代化的物质技术力量，控制生产和流通。最后，社会主义公有制经济是满足社会成员日益增长的物质文化需要，实现劳动人民经济上、政治上的主人翁地位和全体社会成员共同富裕的不可缺少的物质保证。

公有制实现形式是指公有资产的组织形式和经营方式。公有制实现形式属于生产关系范围，应由生产力发展状况决定。在社会主义市场经济条件下，公有制的实现形式可以而且应当多样化，一切反映社会化生产规律的经营方式和组织形式都可以大胆利用。公有制不仅包括国有经济和集体经济，还可以采取股份合作制、合作制、股份公司等形式，在经营方式上可以实行租赁或承包经营等方式。

（四）国有经济

国有经济是生产资料归国家所有的一种经济类型，是我国社会主义公有制经济的重要成分。它又被称为全民所有制经济，是国民经济的主导力量。它既包括中央和地方各级国家机关、事业单位和社会团体使用国有资产投资举办的企业，也包括实行企业化经营，国家不再核拨经费或核拨部分经费的事业单位和从事经营性活动的社会团体，以及上述企业、事业单位和社会团体使用国有资金投资举办的企业。

我国《宪法》第七条规定："国有经济即社会主义全民所有制经济是国民经济中的主导力量。国家保障国有经济的巩固和发展。"

社会主义全民所有制经济既包括矿藏、河流、国有森林、荒地、草原和其他陆海自然资源，还包括全民所有的工厂、农场、商店、铁路、邮电和银行等。全民所有制经济掌握着国民经济命脉，拥有雄厚经济实力和先进技术设备，它与社会化大生产紧密结合在一起，是我国社会主义经济制度的主要经济基础，是国家对国民经济有计划地进行宏观调控的重要条件。

国有经济在国民经济中的主导作用主要是在对国民经济发展的正确导向和对经济运行整体态势的控制和影响上。从战略上对国有经济布局进行整体调整，既要保持它的一定数量，更要注重整体布局的优化和实力上质的提高。这种战略调整，还必须同国家产业结构的优化升级和所有制结构的调整完善结合起来进行。

进一步增强国有经济的控制力，要把握以下几个方面：首先，国有经济要在关系国民经济命脉的重要行业和关键领域占支配地位，支撑、引导和带动社会经济的发展，实现国家宏观调控目标中发挥关键作用。其次，国有经济应当保持必要的数量，但更要注重在整体分布上的优化和经济素质、技术素质、管理素质等方面质的提高，影响力的扩大。再次，国有经济对国民经济控制力的发挥，不只是通过国有独资企业的作用来实现的，更要通过大力发展由国家控股和参股的混合所有制形式的企业来实现，使国有资本发挥"四两拨千斤"的作用。最后，国有经济在国民经济中的主导作用，在国家经济发展的不同阶段，在不同产业和不同地区，可以有所差别。

在实践中，要正确认识国有经济发展的"进"与"退"。无论是"退"还是"进"，都是国有经济战略调整的需要。只要国家控制国民经济命脉，国有经济的控制力和竞争力得到增强，国有企业数量即使减少一些，比重即使适当调减一些，也不会影响国有经济主导作用的发挥，不会影响公有制经济主体地位和我国社会主义性质。

（五）民营经济

到目前为止，民营经济的内涵尚未达成一致。一种当前较为流行的定义：民营经济是除了国有及国有控股、集体经济、外商和港澳台商独资及其控股之外的经济组织，其主要包括私营企业、个体工商户和农民专业合作社。而在民营经济中个体工商户与私营企业占据了绝大部分。

一般而言，民营经济的对象有三种观点：第一种观点认为民营经济包括个体经济、私营经济、外资经济、民营科技企业、乡镇企业、股份合作制企业、国有民营企业；第二种观点认为除了国有经济、集体经济、外资经济外，其余的都可是民营经济；第三种观点认为民营经济包括个体经济、个人独资企业、合伙企业和股份制经济。第一种观点将外资经济归入民营经济不太合适。第二种观点未考虑混合所有制经济，有失客观。第三种意见忽视了民营经济概念的特殊性在于经营主体。如此一来，广义民营经济可能包括以下几个方面：民有民营经济（个体工商户、私营企业等）；国有、集体民营经济（国有、集体企业采取承包、租赁、拍卖、兼并、入股等形式交给民间团体和个人经营）；财产混合所有制民营经济（随着我国产权流动与重组的深入，各种所有制企业的资产通过股份制等形式构建新的财产所有制结构的企业，由民间团体或者个人经营）。

从法律意义上来说，民营经济是从经营主体视角阐述的概念。由于根据经营主体划分经济类型存在困难，目前国内有不少地方不是根据经营主体划分经济类型，而是根据财产所有权来划分。我国统计上就是根据财产所有权的归属分为公有经济（国有经济与集体经济）和非公有经济（个体经济、私营经济、港澳台经济与外商经济）。而我国现行法律或政策是依据生产资料所有制性质划分经济类型，包括国有经济、集体经济、个体经济、私营经济、外资经济等。提及民营经济时，我国法律或者政策性文件一般以非公有制经济的形式表述。如我国《宪法》就把经济类型分为公有制经济和非公有制经济，非公有制经济包括个体、私营经济等。2005 年国务院发布的《关于鼓励支持和引导个体私营等非公有制经济发展的若干意见》，而没有使用民营经济这一概念。我国现行法律中没有明确提及“民营经济”一词的规定。在我国现行法律、行政法规、司法解释数据库中没有找到针对民营经济的专门性规定。最近几年十多个省市出台了有关民营经济的专门文件，形式一般为某省（市）关于促进民营经济发展的意见之类的政策性文件。

具体而言，民营经济是从经济管理角度进行划分的一种经济形式，其基本特征为：从产权关系上看，具有产权主体多元化、产权明晰和利益分配明确等特征；从经营机制上看，“自主经营、自负盈亏、自我约束、自我发展”的机制比较健全。

（六）外资经济

外资经济又称外商投资经济，外资经济是国外投资者和港澳台投资者根据我国有关涉外经济的法律、法规，以合资、合作或独资的形式在大陆境内开办企业而形成的一种经济类型。外资经济包括中外合资经营企业、中外合作经营企业和外资企业三种形式。

中外合资经营企业是中国合营者与外国合营者依照中国法律的规定，在中国境内共同投资、共同经营，并按投资比例分享利润、分担风险及亏损的企业。依照中国有关法律在中国境内设立的外国公司、企业和其他经济组织或个人与中国公司、企业或其他经济组织共同举办的合营企业，即两个以上不同国籍的投资者，根据《公司法》和《企业法人登记管理条例》的规定共同投资设立，共同经营，共负盈亏，担当风险的有限责任公司。

中外合资经营企业的特征：（1）合营企业主体一方为中国的公司企业或其他经济组织；另一方为外国的公司企业或其他经济组织和个人；（2）在中国境内，按中国法律规定取得法人资格，为中国法人，必须遵守中国法律、法规；（3）是有限责任公司；（4）合营各方遵照平等互利原则，共同出资、共同经营、按各方注册资本比例分享利润、分担风险和亏损。

中外合作经营企业是以确立和完成一个项目而签订契约进行合作生产经营的企业，是一种既可以有股权，也可以无股权的合约式的经济组织。合作方的权利和义务，包括投资或者合作条件、收益或者产品分配、风险和亏损的分担、经营管理的方式和合作企业终止时财产的归属等事项，均由中外合作者共同协商，制定合作协议、合同，并在合作企业合同中加以约定。合作双方签署的合同，经审批机关批准后受国家法律保护，双方均应按合同的约定履行义务。

1995 年 8 月 7 日国务院批准的《中外合作企业法实施细则》，其中第 14 条规定合作企业依法取得中国法人资格的为有限责任公司。

合作经营企业一般可分为两类：（1）具备法人资格的合作经营企业。具备法人资格的合作经营指合作各方共同设立具有独立财产权，法律上有独立的人格，能以自己名义行使民事权和诉权的合作经营实体。这类企业为有效地实现合作开发项目，经过合作方协商，订立企业章程，建立独立的企业组织，成立董事会作为企业的最高权力机构，并以其全部财产对其债务承担责任，中外合作各方以其投资或者合作条件为限对企业承担责任。在国际上，这种合作经营的方式是属于合伙经营的范畴；合伙人以提供的合作条件为限承担责任，为有限合伙。在我国，考虑到具备法人资格的合作企业的责任形式，只要符合《公司法》的规定，就可以登记为有限责任公司。（2）非法人的合作经营企业。与具有法人资格的合作经营企业相反，不具有法人资格的合作经营企业本身没有独立的财产所有权，只有管理权和使用权。合作经营企业一旦发生法律诉讼，合作经营各方以各自的身份承担法律责任。不具法人资格的合作企业的合作各方，无论出资或是提供其他物料、工业产权作为合作条件均为合作各方分别所有，经过双方商定也可以共有。该类企业经营积累的财产，按国家法律规定归合作双方共有。企业的管理可以双方共同成立联合管理机构，也可以委托的形式，委托合作经营的一方负责、这类性质的合作经营，国际上通常为无限合伙，合作经营各方以无限责任的形式承担民事责任。

外资企业是依照我国有关法律规定，在我国境内设立的由外国投资者独自投资经营的企业。根据 1986 年 4 月 12 日第六届全国人民代表大会第四次会议通过的《中华人民共和国外资企业法》规定，外资企业是一个 100% 的外商独资经营企业，它不包括外国企业、公司和他其经济组织在中国境内设立的分支机构。外资企业依法取得中国的法人资格，按照国际税收惯例，我国应对其行使居民管辖权。因目前我国尚无单独的外资企业所得税法，故外资企业也按外国企业所得税法的规定缴纳企业所得税。

外资企业是一个独立的经济实体，独立经营，独立核算，独立承担法律责任。在组织形式上，外资企业可以是法人，也可以是非法人实体，具备法人条件的外资企业，依法取得法人资格，其组织形式一般为有限责任公司，外国投资者对企业的责任以其认缴的出资额为限。不组成法人组织的外资企业，可以采取合伙和个人独资的形式，这里的合伙指由两个或两个以上外国的法人或自然人共同出资在中国境内设立的企业，其法律依据类推适用《民法通则》关于个人合伙和企业联营的规定。个人独资企业则是指由一个外国投资者依法在中国境内投资设立的企业，外国投资者对企业债务负无限责任。

二、制度与制度变迁理论

（一）制度

1. 制度的内涵

一般意义上的制度是指要求大家共同遵守的办事规程或行动准则，也指在一定历史条件下形成的法令、礼俗等规范或一定的规章制度。

（1）制度的内涵在我国的演变。

制度是在一定历史条件下形成的法令、礼俗等规范。《易节》写道：“天地节，而四时成。节以制度，不伤财，不害民。”孔颖达疏写道：“王者以制度为节，使用之有道，役之有时，则不伤财，不害民也。”北宋王安石《取材》中写道：“所谓诸生者，不独取训习句读而已，必也习典礼，明制度。”

制度是制定法规。《左传·襄公二十八年》写道：“且夫富，如布帛之有幅焉，为之制度，使无迁也。”《汉书·严安传》写道：“臣愿为民制度以防其淫。”孙中山《军人精神教育》第三章写道：“创制权，由人民以公意创制一种法律，此则异於专制时代，非天子不议礼，不制度也。”

制度是一种规定。唐朝元结在《与何员外书》中写道：“昔年在山野，曾作愚巾凡裘，异於制度。”《续资治通鉴·宋孝宗隆兴元年》中写道：“尚书省奏：‘永固自执政为真定尹，其繖盖当用何制度？’金主曰：‘用执政制度。’”

制度是一种制作方法。北宋的朱彧在《萍洲可谈》卷二中写道："东坡在黄州，手作菜羹，号为东坡羹，自叙其制度。"

制度是一种规模、样式。《史记·孝武本纪》中写道："上欲治明堂奉高旁，未晓其制度。济南人公王带上黄帝时明堂图。"《东周列国志》第三回中写道："洛邑为天下之中，四方入贡，道里适均，所以成王命召公相宅，周公兴筑，号曰东都，宫室制度，与镐京同。"清朝的韩泰华在《无事为福斋随笔》卷上中写道："此铃金质坚錬，制度浑朴。"范文澜、蔡美彪等在《中国通史》第三编第一章第三节中写道："他自己乘坐高四层的龙舟，萧皇后乘坐制度较小的翔螭舟。"

制度是一种规制。唐朝的苏鹗在《杜阳杂编》卷上中写道：制度是一种："遇新罗国献五彩氍毹，制度巧丽，亦冠绝一时。"宋代的张洎在《贾氏谈录·李氏琴制》中写道：制度是一种："贾君云，嵩山僧如寂，尝收得李汧公百衲琴，制度甚古拙，而音韵清越。"《封神演义》第四十八回中写道：制度是一种："子牙后随军至岐山，南宫适筑起将台，安排停当，扎一草人，依方制度。"

制度是一定的规格或法令礼俗。《东周列国志》第七十八回中写道：制度是一种："既至夹谷，齐景公先在，设立坛位，为土阶三层，制度简略。"清代的吴伟业在《遇南厢园叟感赋八十韵》中写道：制度是一种："改葬施金棺，手诏追褒扬，袈裟寄灵谷，制度由萧梁。"清代的李渔在《怜香伴·欢聚》中写道："你们只管掌灯随我老爷走，汉家自有制度。"

（2）制度的内涵在西方的演变。

至于制度是什么，其内涵经历了旧制度经济学到新制度经济学的演变过程。凡勃伦认为制度是个人或社会对有关的某些关系或作用的一般思想习惯，而生活方式则由所形成的在某一时期或社会发展的某一阶段通行的制度总和。而经济制度则是在社会生活过程中接触到它所处的物质环境时如何继续前进的习惯方式。而康芒斯（1981）把制度解释为集体行动控制个体行动。① 并且在集体行动中，最重要的就是法律制度。

诺斯与托马斯（1973）的著作《西方世界的兴起》开创了从制度变迁中探寻经济增长的源泉；经过 Shieirer 等（1993）的进一步发展，形成了一个基本命题——制度至关重要（Shielfer and Vishy，1995；Acemoglu et al.，2004）。

诺斯（1994）定义的制度是一种社会博弈规则，是人们所创造的用以限制人们相互交往的行为的框架。他把制度分为三类：正式规则（宪法、产权、合

① 康芒斯：《制度经济学》，于树生译，商务印书馆 1981 年版，第 89 页。

同)、非正式规则（规范和习俗）以及它们的实施特征。[①] 诺斯界定的制度有三个特征：（1）制度是人为设定的，这与其他可能的不受人力控制的基础原因不同；（2）制度是对人类行为施加一定限制的游戏规则；（3）制度是通过激励机制来发挥其重要作用。另外，诺斯还界定了组织的内涵：他认为组织是在制度框架下，由若干社会成员组成的团队，它们执行和贯彻制度规则和标准，如立法机关、政党和大学。

而从博弈视角来界定制度的学者有肖特（1981）、尼尔（1988）、青木昌彦（2006）等。青木昌彦（2006）认为，制度是一种社会建构……它代表了参与人内生的、自我实施的行动决策规则的基本特征，因而治理着参与人在重复性博弈中的策略互动。[②]

布罗姆利（1989）在马修斯（1986）的观点基础上，把制度界定为影响人们经济生活的权利和义务的集合。这些权利和义务有些是无条件的，有些是通过建立契约自动获得的。他并将制度分为行为准则及规则或所有权两种类型。[③]

斯科特（1995）认为制度有三大支柱：规制的支柱（集中于正式规则体系及其实施机制）、规范的支柱（追求根本价值目标的正当途径）、认知的支柱（那些被社会活动者内部化，或者加诸社会活动者的理所当然的信仰和价值观）。思拉恩·埃格森特（1998）将制度定义为对人类反复交往所作的法律、行政和习惯性的安排。威廉姆森（2000）将制度细分为四大层次：非正式制度（最高层也是最基本层），包括社会习俗、社会标准与宗教等；正式规则，包括宪法与法律组成的制度环境；组织（也是博弈层），涉及为每一种交易类型选择合适的治理模式，目的是节约交易成本；最低层次活动，主要涉及生产、雇用、市场均衡等常规的经济等活动。[④]

（3）目前国内学者界定的制度内涵。

林毅夫（1989）认为制度是约束特定行为模式与关系的一套行为规则。卢现祥（1990）认为制度与人的动机行为关系密切、是一种公共品，但与组织内涵不同。汪丁丁（1992）认为制度是人与人之间关系的某种契约形式或契约关系。张曙光（1992）认为制度是人们交换活动和发生联系的行为准则，制度由生活在其

---

① 诺斯著：《制度、制度变迁与经济绩效》，刘守英等译，上海三联书店、上海人民出版社 1994 年版，第 49 页。

② 青木昌彦：《比较制度分析》，周黎安译，上海远东出版社 2006 年版，第 187 页。

③ 丹尼尔·W. 布罗姆利：《经济利益与经济制度——公共政策的理论基础》，陈郁、郭宇峰、汪春译，上海三联书店，上海人民出版社 2007 年版，第 49 页。

④ 阿维纳什·迪克西特：《法律缺失与经济学：可供选择的经济治理方式》，郑江淮等译，中国人民大学出版社 2007 年版，第 8 页。

中的人们选择和决定并影响人们的行为，决定了人们行为的特殊方式和社会特征。杨瑞龙（1993）将制度分为宪法秩序、制度安排及行为的伦理道德规范三种类型。

2. 制度的度量

近年来国内出现了一批文献来量化制度对我国经济增长的贡献（王小鲁、樊纲，2004；康继军等，2007；李富强等，2008）。但学者们在定量分析制度变迁如何影响我国经济增长时，常常忽视了或无法解决制度内生性问题。就理论而言，制度作为一种集体选择往往与建立在与之相适应经济发展水平之上。为了有效解决制度内生性问题就要探寻将制度内生的工具变量。

早期反映欧洲经济影响的变量，如纬度、使用欧洲语言作为母语人口的比重，学者们将其视为制度的工具变量（Hall and Jones，1999）。Acemoglu，Johnson 和 Robinson（2001）在分析中将制度的工具变量设定为殖民者初始死亡率。Rodriket 等（2004）扩展了 Acemoglu 等样本，经过研究支持了 Acemoglu 的重要发现：经济增长的长期决定因素中，制度比地理特征更重要。Gleaser 等（2004）则指出早期殖民者的死亡率不满足工具变量外生性要求。Bardhan（2005）将国家古老程度设为制度工具变量，支持了 Acemoglu 等结论。

国内有些学者运用工具变量分析我国区域经济绩效差异的制度性因素。徐现祥等（2005）认为，1949 年后我国实施“三大改造”前私营工业发展情况可以作为各地区社会基础设施的工具变量，分析表明内生社会基础设施的不同可以很好地解释我国省与省之间经济绩效的差异。方颖等（2008）经过研究发现，受西方影响程度能够解释我国各地具体制度的不同。马汴京（2012）研究发现，国内有些文献用非国有经济比例作为制度的代理变量，而非国有化比例不能很好地反映我国制度特征。他经过研究发现我国改革开放初期集体工业产值占当地工业总产值的比例作为制度的工具变量比较合适。

3. 制度影响经济发展的机制

（1）激励机制。

科学有效的制度是一种可以提供激励的制度。制度可以有效降低交易费用进而激励个人、企业等经济主体从事生产性活动，调动其积极性、主动性与创造性。制度的激励机制是若一种制度安排能够实现每个经济主体收益率接近社会收益率，则其付出的成本与所得收益呈正相关，经济主体就有动力不断努力、加快创新，增加个体利益的同时也推动整个国民经济发展。[①] 总之，有效的制度安排能够实现各种社会资源的优化配置，降低交易成本，充分调动各经济主体的积极

---

① 诺斯：《西方世界的兴起》，学苑出版社 1998 年版，第 1 - 3 页。

性、主动性与创造性，提高交易效率与劳动生产率。[①] 相反，若制度提供的激励不能有效调动经济主体积极性、主动性与创造性，就不利于国民经济发展。

（2）约束机制。

约束机制是制度对每个经济主体经济活动做出的相关规定，对逾越规定的经济主体经济活动行为给予禁止与惩罚。在资源稀缺前提下，每个经济主体在相关约束条件下都会作出对自身有利的选择，也就是西方经济学所谓的理性选择，经济人假设。相反，若一个国家或地区没有一定的约束机制，所有经济主体都有动机从自身利益出发，做出有损于他人或社会的行为，即外部负效应。典型的如目前全球的环境污染及相关资源浪费严重或趋于枯竭，即个体理性引发的集体非理性，导致资源错配。但人类历史上，人们通过不断设计相关制度安排，就可有效纠正经济发展过程中出现的大量负外部性。因此，有效解决外部性问题，良好的制度安排是最重要的。

（3）协调机制。

长期以来，交易成本被人们忽略。但现实经济活动中，交易成本是处处可见、时时发生的。交易成本高低将影响一个国家或地区的经济发展效率。良好的制度安排能减少经济活动不确定性与信息成本搜寻成本，协调经济主体之间的关系，有助于经济主体形成稳定、可靠的预期，把交易成本降到最低，最大限度地润滑协调经济主体达成合作、完成交易，提高经济效率。谭崇台（1999）认为制度可明确规则，提高信息的透明度，能够实现所有经济主体对其他经济主体的行为反应作出合理预见；制度可以合理界定产权营造发展动力，促使经济主体的个别努力转化成私人收益率与社会收益率相一致的、为经济发展所需的活动；制度通过正规的法律规章与非正式的行为准则、道德规范、社会习俗等影响市场经济行为，提升市场配置资源效率；制度还可提供财产权利与知识产权，激励技术创新与企业家队伍的形成。[②]

4. 制度是转变经济发展方式的决定因素

（1）经济发展方式转变的制度基础。

良好的制度安排可以促进经济发展，相反，则会阻碍经济发展。同样，制度对经济发展方式的影响也非常巨大。蒋伏心（2008）研究发现，在人类历史长河中所有国家或地区都经历过粗放式发展阶段。而一些国家或地区具有内生的力量与机制，不断提升其经济发展的知识技术含量，实现由粗放式发展逐渐过渡到集约型发展。但有些国家或地区缺乏这种内生力量与机制，很难实现经

---

① 何庆明、高羽："消费主导型经济增长新模式及其投资机会"，《证券市场导报》2008 年第 9 期。

② 谭崇台：《发展经济学的新发展》，武汉大学出版社 1999 年版，第 111－114 页。

济发展方式转变。① 刘传江等（2003）研究提出，经济发展方式转变不仅是技术问题，更为关键的是制度及其创新。② 厉以宁（2005）认为，通过深化改革，适时采取绿色 GDP、企业改制、资源价格改革等措施可加快我国经济发展方式转型升级。

因此，若一个国家或地区的制度体系能为所有经济主体的技术创新提供有效专利保护，最大限度地保护技术创新主体的收益，就可以进一步激发技术创新主体的创新意识与欲望，提升一个国家或地区的技术水平，加快其经济发展方式转型升级。相反，一个国家或地区缺乏一套良好的制度体系来保护其知识产权，就会提高技术创新主体的创新成本，降低其技术创新收益，不利于整个国家或地区的技术进步，削弱其经济发展方式转型升级的技术动力。所以一个国家或地区经济发展方式转变需要技术与制度的双轮驱动，而制度显得更为重要。

（2）市场经济是经济发展方式转变的有效制度安排。

市场经济是充分市场在配置资源中的主导作用的经济形式，即利用市场体系来协调个人、企业等经济主体的各种经济活动，实现全社会的经济正常运行。众所周知，市场经济是资源配置方式范畴，不具有社会制度属性，但市场经济总与每个国家特有的历史条件与基本制度有机结合来运行的，形成各种各样的市场经济体制。完善的市场经济，其市场机制主要有供求机制、价格机制、竞争机制及风险机制等协同发挥作用，影响资源配置方式与经济效率。

但市场机制并非万能的，也会出现市场“失灵”，如微观的垄断、外部性、公共产品与非对称信息等，宏观的失业、通货膨胀、通货紧缩、经济萧条、国际收支失衡等。市场机制促进经济发展方式由粗放型向集约型转变的动力就会受到抑制。这时，市场配置资源的效率就大打折扣。此外，市场结构也影响经济发展方式转变。

因此，虽然影响一个国家或地区经济发展方式转变的因素有很多，如该国或地区的发展阶段、科技水平、产业结构等，而制度在其中却是最根本的因素，起到决定性作用。金碚（2006）研究发现一个国家或地区要实现经济发展方式转型升级必须通过制度创新，以科学更有效可行的制度来规范引导企业等经济主体行为，实现其自主性行为与经济发展方式转变有机统一。③

---

① 蒋伏心：“经济增长方式转变：内涵的讨论与路径的选择”，载于《经济学家》2008 年第 3 期。

② 刘传江、周玲：“制度变迁与经济增长方式转变：可持续发展视角的考察”，载于《武汉大学学报（哲学社会科学版）》2003 年第 4 期。

③ 金碚：“科学发展观与经济增长方式转变”，载于《中国工业经济》2006 年第 5 期。

（二）制度变迁理论

1. 制度变迁的内涵

20 世纪 70 年代，制度变迁理论将制度因素纳入解释经济增长中。制度变迁理论认为制度是一系列被制定出来的规则，服从程序和道德、伦理的行为规范，诺思称其称为制度安排。制度安排是支配经济单位之间可能合作与竞争的方式的一种安排。制度安排的目的在于提供一种使其成员的合作获得一些在结构外不可能获得的追加收入，或提供一种能影响法律或产权变迁的机制，以改变个人或团体可以合法竞争的方式。

道格拉斯·C. 诺思在研究中重新发现了制度因素的重要作用，他的新经济史论和制度变迁理论使其成为新制度经济学的重要代表人物之一，并因此获得了 1993 年度诺贝尔经济学奖。诺思的制度变迁理论主要包括三部分：产权理论、国家理论、意识形态理论。

制度是一种公共产品，它是由个人或组织生产出来。由于经济主体的有限理性与资源稀缺性，制度的供给是有限的、稀缺的。随着外界环境的变化或自身理性程度的提高，经济主体会不断提出对新制度的需求，以实现其预期收益。当制度的供给与需求基本均衡时，制度是稳定的；当现存制度不能满足人们的需求时，制度变迁就发生了。制度变迁的成本与收益之比对于促进或推迟制度变迁起着关键作用，只有当预期收益大于预期成本时，经济主体才会去推动直至最终实现制度变迁。制度变迁一般过程大致如下：形成推动制度变迁的第一行动集团，即对制度变迁起主要作用的集团；第一行动集团提出有关制度变迁的主要方案；根据制度变迁的原则对方案进行评估和选择；形成推动制度变迁的第二行动集团，即起次要作用的集团；两个集团共同努力去实现制度变迁。

根据第一行动集团的经济主体差异，制度变迁可分为“自下而上”制度变迁与“自上而下”制度变迁。前者又称为诱致性制度变迁，是由个人或一群人受新制度获利机会的引诱，自发倡导、组织和实现的制度变迁。后者又称为强制性制度变迁，是由政府充当第一行动集团，以政府命令和法律法规形式引入和实行的制度变迁。

制度变迁理论大致经历了三个历史时期：以凡勃伦为代表，创立制度概念并用“累积因果论”来解释制度变迁；以约·莫·克拉克为代表对制度变迁理论继承和发展的时期，涉及对资本主义企业的分析、制度与技术相互作用等问题；以加尔布雷斯为代表的新制度经济学和以科斯、诺思等为代表的新制度学派蓬勃发展时期，研究成果卓著。此外，还包括马克思、博弈论者、混沌经济学等理论阐述制度变迁理论。

2. 制度变迁的内容

（1）制度变迁中的产权理论。

诺思的一大理论贡献是将产权理论与制度变迁结合在一起。诺思发现科斯等人创立的产权理论有助于解释交易费用降低和经济组织形式转变。根据产权理论，在现存技术、信息成本和未来不确定因素约束下，在充满稀缺与竞争的社会，实现成本最小化的产权形式将是有效率的。有效率的产权应是竞争性的或排他性的，明确的产权界定有助于减少未来的不确定性因素从而降低产生机会主义行为的可能性。

依靠产权结构创造有效率的市场。新古典经济学理论认为市场的有效性只有靠充分竞争。诺思认为有效的市场意味着充分界定和行使产权，它创造一套促进生产率提高的约束变量。面对信息不完全的市场，产权结构及其行使并得到确认能够降低或完全消除不确定性。诺思认为市场无效率的根本原因是产权结构无效率。另外，技术的变化、更有效率的市场拓展等又会引致与原有产权结构的矛盾，于是形成相对无效率的产权结构。如此一来，就需要调整产权结构，创新产权结构。

依靠产权结构推动技术进步。诺思研究发现技术进步率的提高既来自市场规模的扩大，又出自发明者能获取发明收益较大份额的可能性。投资于新知识和发展新技术需要建立与之相适应的产权。若缺乏产权，新技术唾手可得，就会丧失发明的动力。一套鼓励技术变革、提高创新的私人收益率使之接近于社会收益率的激励机制就是明晰创新的产权。

（2）制度变迁中的国家理论。

国家的存在是经济增长的关键，又是人为经济衰退的根源，这一悖论使国家成为经济史研究的核心。诺思的独到之处在于将产权理论与国家理论结合起来。诺思认为关于制度变迁的国家理论既要解释造成无效率的产权的政治或经济组织的内在的活动倾向，又要说明历史上国家本身的不稳定性，即国家的兴衰。

国家理论首先要说明国家的性质。至于国家的性质，主要有两种：掠夺论（剥削论）和契约论。前者认为国家是某一集团或阶级的代理者，它的作用是代表该集团或阶级的利益向其他集团或阶级的成员榨取收入。后者认为国家是公民达成契约的结果，它要为公民服务，国家在其中起着使社会福利最大化的作用。诺思倡导有关国家的暴力潜能分配论。诺思认为国家可视为在暴力方面具有比较优势的组织。若暴力潜能在公民之间进行平等分配，便产生契约型国家；若分配是不平等的，则产生掠夺（剥削）型国家。

诺思认为具有一个福利或效用最大化的统治者的国家有三个基本特征：国家为获取收入以一组被称之为“保护”或“公正”的服务作为交换；为使国家收

入最大化，它将选民分为各个集团，并为每一个集团设计产权；国家面临着内部潜在竞争者和外部其他国家的竞争。

诺思指出国家提供的基本服务是博弈的基本规则。国家的目的有两个：界定形成产权结构的竞争与合作的基本规则，使统治者的租金最大化；降低交易费用以使社会产出最大化，从而使国家税收最大化。

（3）制度变迁中的意识形态理论。

西方正统的经济学理论一直忽视或排除意识形态在经济增长和制度变迁中的作用，其他一些社会学家尤其是马克思主义理论家则十分重视意识形态的作用。诺思在吸收两种理论精华的基础上，发展了自己的具有意识形态成分的制度变迁理论。诺思指出新古典理论不能解释两种行为：包括“搭便车”在内的机会主义行为和利他主义行为。诺思的制度变迁理论突破了新古典理论限于严格的个人主义的功利性假设，明确指出变迁与稳定需要一个意识形态理论，并以此来解释新古典理论的个人主义理性计算所产生的这些偏差。

根据诺思的解释，意识形态是由互相关联的、包罗万象的世界观构成，涉及道德与伦理法则。市场机制得以有效运行的一个重要条件是人们能遵守一定的意识形态。社会强有力的道德和伦理法则是使经济体制可行的社会稳定的要素。诺思认为意识形态是有效降低交易成本的一种制度安排。例如，在界定和执行产权的成本大于收益时，不能用产权来解决“搭便车”问题，这就要靠意识形态来约束人们的行为。再如，政治组织和经济组织确定的规则需要一个遵从过程。如果对个人的最大化行为缺乏某种制约，产生了过高的遵从规则成本，这将使政治或经济制度无法安排，就需要花费大量的投资去使人们相信这些制度的合法性。人们之所以能够不计较个人利益而采取服从社会规则的行为，这正是意识形态在起作用。

（4）制度变迁的路径依赖问题。

路径依赖类似于物理学中的惯性，一旦进入某一路径，就可能对这种路径产生依赖。关于自我增强机制与路径依赖的研究，最早是由阿瑟（1988）针对技术演变过程提出的。诺思把前人技术演变过程中的自我强化现象推广到制度变迁方面，提出了制度变迁的路径依赖理论。

诺思把路径依赖解释为过去对现在和未来的强大影响，指出历史确实是起作用的，人们今天的各种决定、各种选择实际上受到历史因素的影响。诺思提出制度变迁过程与技术变迁过程一样，存在着报酬递增和自我强化的机制。这种机制使制度变迁一旦走上了某一路径，它的既定方向会在以后的发展过程中得到自我强化。因此人们过去作出的选择在很大程度上决定了他们现在可能的选择。沿着既定的路径，经济政治制度的变迁可能进入良性循环轨道，迅速优化；也可能顺着错误的路径往下滑，甚至被锁定在某种无效率的状态而导致停滞。一旦进入锁定状态，就很难摆脱。

3. 制度变迁理论

诺思认为决定制度变迁路径的力量主要来自两个方面：不完全市场和报酬递增。从不完全市场来说，由于市场的复杂性与信息的不完全性，制度变迁不可能完全按照初始设计的方向演进，往往一个偶然的事件就可能改变方向。从报酬递增来说，制度给人们带来的报酬递增决定了制度变迁方向。诺思指出，在一个不存在报酬递增和完全竞争市场的社会，制度可有可无；但若存在报酬递增和不完全市场时，制度就非常重要，自我强化机制就会起作用。制度变迁的自我强化机制表现如下：（1）设计一项制度需要大量初始设置成本，而随着这项制度的推行，单位成本和追加成本都会下降。（2）学习效应。通过学习和掌握制度规则，若有助于降低变迁成本或提高预期收益，则会促进新制度的产生和被人们接受。制度变迁速度是学习速度的函数，但变迁方向却取决于不同知识的预期回报率。（3）协调效应。通过适应制度而产生的组织与其他组织缔约，以及具有互利性的组织的产生与对制度的进一步投资，实现协调效应。（4）适应性预期。当制度给人们带来巨大好处时，人们对之产生了强烈而普遍的适应预期或认同心理，从而使制度进一步处于支配地位。随着以特定制度为基础的契约盛行，将减少这项制度持久下去的不确定性。

路径依赖对制度变迁具有极强的制约作用，并且是影响经济增长与发展的关键因素。如果路径选择正确，制度变迁就会沿着预定的方向快速推进，并能极大地调动人们的积极性，充分利用现有资源来从事收益最大化的活动，促进市场发展和经济增长，这反过来又成为推动制度进一步变迁的重要力量，双方呈现出互为因果、互相促进的良性循环局面。相反，若路径选择不当，制度变迁就不能给人们带来普遍的收益递增，而是有利于少数特权阶层，这种制度变迁不仅得不到大众支持，而且还有可能加剧了不公平竞争，引发市场秩序混乱与经济衰退，一旦出现这种“锁定”局面，就很难扭转，现实中许多发展中国家在这方面教训深刻。因此，制度变迁的国家务必不断解决“路径依赖”问题。

4. 制度变迁影响经济发展活力的机理

首先，制度的不断修正与变迁减少了微观生产及交易的不确定性，降低了宏观经济波动，有助于经济发展处于稳态或合意增长区间，这将提升经济增长质量与发展活力。某种经济变量的变化引起制度变迁可能获得潜在利润，经济主体对机会集合变化的感知和反应所组成的回馈过程将驱使制度演化出一个与初始状态不同的选择集合，引发总供给与总需求失衡，引起经济波动。而制度的不断修正与变迁却提供了一套透明价格信号与社会反应机制，激发市场主体据此在确定的市场规则下有序调整自己决策与行为，有效降低经济波动。从长期来看有助于实现国民经济平稳发展，有效避免国民经济剧烈波动，从而提升经济增长质量与发展活力。

其次，制度变迁与技术进步交互作用，有效的制度变迁激发创新，这将带来整个社会科技进步与经济增长质量提升及发展活力提高。制度变迁的最重要主体是企业家，他们的主观认识决定其选择集合。这种能带来收益的技术与知识选择是制度矩阵中内在激励结构的函数。这表明不同的制度安排将会对默会知识产生不同激励。如果企业或其他经济组织投资于那些能提高有形资本或人力资本投入品的生产能力的知识，或是投资于能增进企业家默会知识，由此带来可观的生产能力提高与经济增长质量及发展活力的提升。

再次，若收入分配制度变迁能营造一个广受欢迎的经济机会，这将提升创新激励，加快一国产业结构转型升级，提供其经济增长质量与发展活力。一个国家或地区收入分配制度影响其经济增长质量与发展活力主要表现在居民消费购买力。若收入差距很大，两极分化严重，这将严重侵蚀居民消费购买力。一般来说，低收入群体对产品价格更为敏感，这导致企业主要运用价格竞争而不是采用技术创新进行竞争，同时由于低收入群体收入增长滞后于经济发展速度，如此一来，市场上充斥着大量低价值、低价格的消费品，落后产能很难通过自发消费升级被淘汰，不利于经济增长质量提高与经济发展活力提升。

最后，有效率的制度安排能够加快一国或地区产业结构调整步伐，提高经济发展的结构效应及技术（减排）效应，有效降低经济发展的资源环境代价。经济发展是一个系统工程，它是各种社会因素与自然因素的有机耦合的过程，尤其受到自然资源与生态环境的约束。在其他条件相同的情况下，经济发展与工业化过程中的资源环境质量如何变化取决于经济发展中的规模效应与结构效应、技术（减排）效应的力量对比。大量文献研究表明有效的制度安排，如建立与完善相关环境保护制度、生产生活中积极推广应用节能技术，既能有效抑制经济发展中可能发生的生态破坏、污染环境等机会主义行为，又能不断提升经济发展中的结构效应与技术效应，实现国民经济绿色、可持续发展。

第二节 学者研究经济活力述评

经济活力研究及其评价理论是当前美国、日本、德国等发达国家管理学术界研究的前沿课题。而我国改革开放初期，受当时国内加大国企经营自主权的形式驱动，也曾掀起一股研究企业活力的热潮。但当时企业活力研究的重点是如何向国企放权，使其成为真正的企业以及根据当时的一些经济管理指标对国企获得经营自主权的状况进行评估。

一、国外学者研究经济活力情况①

国外研究经济活力主要有以下几个方面。

（一）企业能力论

1920 年，马歇尔提出推动企业进化的动力来自企业自身的技能、知识和协调的增加。企业能力理论中的能力概念，最早出现在萨尔尼科（Selznick，1957）对管理过程中领导行为的社会分析中。他认为能够使一个组织比其他组织做得更好的特殊物质就是组织的能力或特殊能力，并提出了特殊的自我创造积累论。潘罗斯（Edith Penrose，1959）出版的《企业成长论》提出企业效益的基础来自企业所掌握的资源和能力。里查德森（George B. Richardson，1960）提出了企业能力的知识基础论。Richard Nelson 和 Sidney Winter（1982）深入分析了企业智力资本并对其进行了分类。Stephen Lippman 和 Richard Rumelt（1982）则提出了企业能力制胜论。而 Prahalad 和 Hamel（1990）在《哈佛商业评论》发表《公司核心能力》的论文，企业能力理论获得全面发展。他们将企业能力归为企业的核心能力，并认为核心能力是组织的积累性学识，是企业有机整合的一组关键性技术和技能的独特知识与经验。Stalk，Evans 和 Schulman（1992）提出了整体核心能力，认为企业竞争优势来自其整体核心能力；Meyer 和 Utterback（1993）指出核心能力是企业的研发、生产制造和市场营销等诸多能力；Patel 和 Pavitt（1994）第一次提出核心技术能力概念，并深入研究了企业核心技术能力与企业战略管理、企业绩效的关系；Hamel 和 Heene（1994）提出了企业能力基础竞争论；戴维·贝赞可等（1999）认为能力是一个公司比其他公司做得更加出色的一系列活动，主要体现在企业特定业务进程中。因此，以 Prahalad 和 Hamel 等为代表的企业能力论侧重于从企业核心技术或技能方面来界定企业能力，属于基于技术、技能的核心能力论。

而以钱德勒和圣吉为代表从企业组织或流程整合方面来考察企业能力，可归为基于组织的企业能力论。钱德勒（1990）实证研究了欧美企业管理史后得出企

① 该部分有一些内容已经公开发表在《西华大学学报（哲学社会科学版）》上，参见刘越、闵路路："供给侧结构性改革与提升安徽省非公有制经济活力"，载于《西华大学学报（哲学社会科学版）》2017 年 36 卷第 6 期。

业发展的动力是组织能力，而组织能力是企业在其发展过程中充分利用规模经济与范围经济所获得的生产能力、营销能力和管理技能，是企业内部科学有效组织起来的物质设施与人的能力的集合。彼得·圣吉（1990）提出企业要获取长期竞争优势的必要条件和保证是组织学习和五项修炼。组织学习的核心是五项基本修炼：自我超越、改善心智模式、建立共同愿景、团体学习和系统思考。

以斯托克等人以及哈默和钱辟等为代表从企业流程整合方面来考察企业能力问题，可归为基于流程的企业能力论。斯托克等（1992）认为企业成功的关键除了其核心能力外，更重要的是在于有效整合和管理企业核心能力基础的业务流程。Hammer 和 Champy（1993）提出企业竞争优势主要来源于企业业务流程（或价值链）的关键环节。为了进一步提升企业竞争优势与潜力，企业应重点关注其业务流程的关键环节，再造并优化企业原有职能组织及其相应业务流程（BPR）。

此外，埃里克森和米克尔森（1996）从经济学与社会学视角来界定企业能力：企业能力是企业组织资本与社会资本的有机结合，前者是企业协调与组织生产的技术能力，后者是企业适应社会环境的能力与效能。Teece，Pisano 和 Shuen（1997）基于演化论来研究企业能力的动态性，并提出了企业能力的演化性。

综上所述，企业能力论认为，企业能力是一个能力体系；企业获取长期竞争优势的决定性因素是积累、保持和运用能力开拓产品与市场；企业经营范围主要取决于企业自身能力储备，企业能力储备在很大程度上决定企业多元化经营的广度与深度；企业获取持久竞争优势的源泉主要来自其能力差异。

（二）企业资源论

Birger Wernerfelt（1984）发表了一篇论文：《企业资源基础论》，该文是 20 世纪 80 年代关于企业资源方面最具影响力的学术论文。企业资源论实际上进一步深化了比较优势论，将研究企业优势的视角聚焦于企业实际可利用的资源上。企业资源论认为企业获取自身竞争优势的源泉来自企业所掌握的特殊资源。Barney（1993）将企业掌握的资源分为三类：物质资本资源、人力资本资源和组织资本资源。

企业资源论提出企业掌握资源的异质性决定了其竞争力，认为资源的特性不是固定不变的，一般竞争力来自一般性资源，而持续竞争力则来自企业掌握的战略性资源的多寡，企业资源论探讨了企业竞争力的层次性、内生性、动态性。但企业资源论没有深入解释资源的形成过程。

（三）企业知识论

企业知识论是相对比较新的理论，其思想渊源可以追溯到 Edith Penrose 的企业成长论、Herbert Simon，March 和 Cyert 的行为论、Hayek 的知识论、纳尔逊和温持的企业进化论等。企业知识论认为企业拥有的知识是企业的核心，企业知识差异决定了企业异质性。企业知识包括显性知识与隐性知识，而知识是内隐的、流动变化的，所以企业竞争力是内生的、动态的。

二、国内学者研究经济活力情况

近年来，国内专家学者从不同视角来研究经济活力，取得了不菲的成果。国内研究经济活力情况如下所述。

（一）经济活力内涵

国内研究经济活力内涵主要从企业活力角度展开：张冀湘（1986，1999）分析了社会主义企业活力论述的四种观点：能力论、权力论、效益论、行为论，指出现代系统论认为“活力”是指有机体旺盛的新陈代谢能力，它标志着有机体系统运动的良性循环状态。白光浩（1991）认为经济活力指发展经济的能力。在不同层次上有不同表现：劳动者个人、企业、整个国家或社会，而企业是否具有经济活力是关键。陈建一（1992）认为经济活力指在经济运行过程中：少束缚；兼容性强，能兼容多种模式，并能与多种模式接口；科技含量高；可变革，适应性强；可连通；高效率；有竞争力，优胜劣汰机制健全；既有前劲，又有后劲；可学习；可抗各种灾变；可测可控等。柳茂平（1993）认为企业活力就是企业行为的活力，就是企业行为具有责任动力和灵活性。刘树人等（1995）认为企业活力是企业通过自身素质与外部环境的交互作用，使企业经营者和职工的积极性、主动性、创造性得到充分发挥，在市场竞争中呈现良好循环的自我发展状态。王延中（1995）指出经济活力是一个国家或地区经济持续增长的机制和能力。企业活力是经济活力的核心和基础，保持大型企业的活力对经济增长固然十分重要，中小企业对经济活力的贡献也不可忽视。在某种意义上，中小企业往往成为保持经济活力的关键所在。刘守德（1997）认为企业活力是一个综合性模糊概念，它既是企业素质能力及经营成果两者关系的综合反映，也是经济体制合理与否的衡量标志。陈伟（1997）认为企业经济活力之源在于创新。周扬明等（1998）认为企业活力指企业生命力，这种生命力体现在企业产品竞争力、市场应变力、科研开发能力、资产增值力、领导人进取力、职工向心力等方面。叶汉生（1998）认为理解企业活力应掌握以下四个层次：企业动力、企业权力、企业财力、企业能力，企业活力是以上四个层次综合作用的结果，会使企业充满生机与活力，再加上良好的宏观环境，就会给企业带来可观的经济效益。李维安（2001）认为分析企业活力不仅要考虑企业的价值链，还要考虑整个生产的纵向链，价值的创造可通过自制或购买决策的选择达到，这种决策对技术条件和交易成本是很敏感的。此外，还要重新考虑纵向链的组成，判断过去的自制或购买的决策是否仍然有效。周鲁霞（2002）探讨了山东省经济活力问题，认为山东省经济活力来自企业、民营、创新、科学的经济比例关系、政府职能的转变等。易耀秋（2002）指出立足竞争、创新至上、人口对流、人合为主，不断扩张是温州经济充满活力的“五线谱”，其实质在于遵循了市场经济发展的阶段性又借助了中国传统文化的支撑。安景玲（2003）认为一个企业要想保持活力，必须创造比竞争者更多的价值。一个企业创造优越价值的能力反过来取决于其资源的储存（企业特定的资产和生产要素，如专利、品名、声誉、人力资本）以及出众的才能。方丽槐、桂平雄（2003）认为大力发展非公有制经济可以激发农垦经济活力。张春（2005）认为要提升经济活力必须充分发挥人的主体性、积极性与创造性。张荣昌（2005）以宁波市为例，深入分析了政企关系的良性互动与经济活力的关系，指出政企关系的良性互动是经济活力之源。刘迎秋（2008）认为新时期提升我国国民经济活力最重要的源泉是人力资本。蒲宇飞（2013）认为要避免所有制结构刚性化及其导致的资源错配，核心是建立国有经济与民营经济的共舞格局，大力发展动态混合所有制经济。

（二）所有制与企业经济活力

白光浩（1991）分析指出，在不同历史时期私有制都发挥了其一定的活力，但其局限性也不可小觑，社会主义公有制比资本主义私有制更有活力，而充分发挥社会主义公有制的活力要有一个过程。柳茂平（1993）探讨了公有制形式与大中型企业经济活力问题。管元辅（1994）从微观视角分析劳动者与生产资料的结合带来经济活力情况。王延中（1995）指出经济活力的基础与核心是企业活力。虽然提高大型企业活力对一国经济增长非常重要，但也不可忽视中小企业活力对经济增长的重要贡献。发达国家经济发展的历史经验已经表明保持并不断提升中小企业活力是保持提升该国经济活力的关键。而对发展中国家而言，中小企业活力则更为重要。马洪（1999）研究认为，以集体所有制为主体的乡镇企业是适合我国国情的社会主义现代化之路，乡镇企业也是苏南经济活力之源。刘福祥（1999）经过深入分析发现，只有科学认识引发国有企业经济活力欠缺的各种原因，并采取有针对性的相应对策，才能进一步增强提升国有企业活力。周鲁霞（2002）认为山东省经济活力来自企业、民营、创新、科学的经济比例关系、政府职能的转变等。顾远等（2002）研究认为中小企业天然具有的适应性、灵活性、竞争性与创造性等特质，是促进国民经济增长、提升经济活力的基础与源泉。周鸣磐（2004）综合分析了众多专家学者的观点认为大力发展混合所有制经济是增强公有制经济活力的重要途径，但也指出在发展混合所有制经济中应该注意一些相关问题。程承坪、艾青益（2014）研究认为所有制界限制约了中国经济发展的活力。所有制界限根源于苏联传统所有制理论，它束缚了人们的改革思想，遏制了经济社会发展的活力。苏联的传统所有制理论不但不符合马克思主义经典作家的原意，也违反了基本的逻辑规律，同时也不利于实现社会主义初级阶段共同富裕的目标。只有按照党的十八届三中全会的指导思想，破除所有制界限，才能夯实我国经济社会发展的基础，进一步焕发经济活力。

（三）非公有制经济活力与创造力

郑默杰（2013）以北京市非公有制经济为例，分析北京市非公有制经济发展的新特点，北京市工商联服务非公有制经济发展的新作为，这些都有效激发了北京市非公有制经济的活力和创造力。蒋多佳（2014）研究认为，非公有制经济是我国市场经济重要组成部分，在技术创新、就业、贡献产值等方面非公有制经济发挥了重要作用，是我国社会主义基本经济制度的重要组成部分。在多年快速发展之后，目前非公有制经济发展进入了一个新阶段，在多种因素综合作用下，其活力与创造力有所下滑，为了进一步激发非公有制经济活力与创造力，应积极营造非公有制经济发展的良好政策环境、拓展非公有制经济融资渠道以有效解决其融资难融资贵问题、提升对非公有制企业服务质量、强化非公有制企业技术创新等。周述杰（2014）指出，为充分发挥非公有制经济在促进创新、支撑增长、扩大就业、增加财源等方面的重要作用，要采取有效措施进一步激发非公有制经济活力和创造力：公平市场准入，为非公有制经济发展营造良好的政策环境；拓宽融资渠道，为非公有制经济发展营造良好的融资环境；提高服务质量，为非公有制经济发展营造良好的服务环境；坚持自主创新，增强非公有制经济转型发展后劲；提高业主素质，增强非公有制经济人士创业的信心。袁志坚、刘波（2014）首先分析黑龙江省非公有制经济总体特点及当前面临的制约因素，在此基础上提出以下措施来进一步激发黑龙江省非公有制经济活力与创造力：积极调整优化产业结构，加快产业转型升级步伐；加大研发投入力度，提升科技创新能力；扶持龙头企业做大做强，大力发展产业集群；拓宽融资渠道，着力解决融资难问题；加强宣传引导，转变生产经营和自主创业观念；加强人才培养和引进，增强企业发展后劲；鼓励企业集约生产，增强企业的内生动力；加大政策扶持力度，力促扶持政策落实到位；简政放权、完善监管，释放市场活力等。

（四）民营经济经济活力

施春荣（2008）认为绍兴民营经济活力主要体现在以下四个方面：产权竞争力、产业集群战略竞争力、文化竞争力、地方政府公共服务竞争力。郭铁民（2014）根据福建实际认为，福建民营经济发展速度还是要快一点，要继续壮大体量。在壮大体量中转型升级，为进一步实现“百姓富”与“生态美”做出更大贡献。当前，我国经济的增长，特别是东部沿海地区，正处在经济增长受制于资源环境限制的新阶段，向以人力资本积累为动力的新阶段转换。福建民营经济要加快发展和转型升级的主攻方向，应当是加快人力资本积累，走集约发展道路，进一步释放活力。对民营企业的人力资本积累，一是要更快更好地发展职业技术教育，推进民营企业与职业技术教育深度对接；二是全面深化普通高等教育改革，促进普通高等院校能够为民营经济发展提供更多更好的人才。应大力鼓励和支持民营经济加快向绿色转型。在生态建设和环境保护方面，民营经济应该挑起重担，并且可以大有作为。福建省要建设具有地方特色的绿色产业体系，促进生态产业创新，加强生态工业园的规划与建设。应鼓励福建省民营企业加快绿色转型，与所在的地区的城市和城镇化建设相结合，研究开发和建设一批生态工业园区。进一步落实和完善民营经济发展的相关政策和细则，增强政策的普惠性和有效性。江苏省工商联课题组（2014）研究认为加快发展混合所有制经济是党的十八届三中全会提出的重大措施，也是我国基本经济制度的重要实现形式。江苏混合所有制经济起步较早，基础扎实，但在发展过程中也面临着一些难题，特别是思想观念、体制机制等问题。为此，省工商联组织全省混合所有制经济发展情况调研，从实际情况出发，进行有针对性的建议。王淑珍（2015）详细分析了沈阳民营经济发展现状及存在的突出问题，结合沈阳实际提出以下对策建议以进一步激发沈阳民营经济活力和创造力：加强民营企业体制机制创新；优化治理结构；政府做好服务，加强软环境建设；强化监管，提高商会等民间组织的服务作用；统筹规划，合力发展沈阳经济区等。

（五）国有企业经济活力

张晓文（1994）认为国有企业活力水平受到企业内、外部诸多因素的影响，通过调查从定量角度准确对我国国有企业活力现状及影响因素进行深入分析。亓名杰（1996）分析了国有企业分配关系与企业活力的关系。孟庆琳（1997）深入分析了企业制度改革对国有企业活力的影响。刘福祥（1999）从实际情况出发，认为只有正确认识国有企业经济活力不足的各种原因，并采取相应对策，才能增强国有企业活力，提高其经济效益。胡斌、徐辉（2000）运用模糊综合评判法对国企活力进行定量评价，其结果具有较高的分辨率，计算简便和便于计算机处理等优点，因而具有较高的参考和应用价值。杨元富（2001）研究认为企业活力是企业生存与发展的永恒主题。增强国有企业尤其是大中型企业活力，一直是我国经济体制改革的中心，它对巩固我国社会主义制度与发挥社会主义优越性具有特殊的地位与作用。为进一步增强国有企业活力，必须进行改革和创新，理顺产权关系，强化企业经营机能、坚持继承和创新相结合，以市场为导向，以赶上国际先进水平为目标，进行企业主体技术的现代化改造。张炳光（2008）认为国有企业只有持续发展，才能增强国有经济的活力、控制力、影响力，为此国企要发扬“赚钱为公”优良传统，在廉洁敬业中持续发展；要带头履行社会责任，在社会需要、社会关怀中持续发展；要适度改革，持续创新，在竞争力不断提升中持续发展；要适时进行经济结构调整，优化发展方式，在生命更新中持续发展；要做国际化企业，在国际竞争、合作中持续发展。刘震伟、张正博（2008）认为体现国有经济活力和影响力的评判要素主要有：创新能力，资产利用能力与竞争性地位，调整能力和贡献能力。他们构建了包括国有经济的创新能力、国有经济的资产利用能力与竞争性地位、国有经济的调整能力、国有经济的贡献能力的国有经济活力、控制力和影响力的指标构架。吴乐、惠宁（2014）研究认为，改革开放 30 多年来，国企企业形象、管理理念与经营体制等变化非常大，现代企业制度初步建成，很多国企成功完成股份制改造，进一步完善了公司治理结构，大幅度提升企业经营管理效率。但也存在一些突出问题，为此提出相关对策建议以进一步增强国企活力与竞争力：分类管理国有企业；加快建立现代企业制度，进一步完善公司法人治理结构；加快构建职业经理人制度，完善企业薪酬分配机制；加快改革国有资产管理体制，健全国有资产监管法规体系；优化国有经济战略布局，完善国有资本合理流动机制等。楚序平（2015）认为，国有企业改革的中心任务是增强国有企业活力与提高其效率，并提出进一步建立和完善现代企业制度、强化市场化经营机制、促进企业公平参与竞争，以增强企业活力、提高经济效率。

（六）经济活力评价

对经济活力进行评价，必须选取一定量的评价指标。由于目前对经济活力的研究尚不多，对经济活力的评价也缺乏具体、一致认同的指标体系。从现有资料看，杨开忠（2003）在新经济指标评价体系中选取了年度企业注册与倒闭总量占企业单位数的比重、股票筹资总额占各省 GNP 的比例两个指标评价了各省的经济活力。楼海森、孙秋碧（2005）指出，活力是指一个城市、区域或国家对于生命机能、生态环境和经济社会的支持程度。经济活力与社会活力、环境活力以及文化活力共同构成了整个的活力体系，而且它们彼此之间有着密切的联系。经济活力主要表现为经济的成长性，对资本、劳动力、企业家才能、科技创新等的吸引力以及利用这些要素过程中的效率。他们构建反映经济活力的十二个指标：当年人均地区生产总值（元/人）、人均地区生产总值三年平均增长率（%）、当年人均财政收入（元/人）、人均财政收入三年平均增长率（%）、当年出口额（万美元）、当年利用外资额（万美元）、营业盈余（亿元）、企业单位数（个）、当年人均可支配收入（元）、三年人均可支配收入平均增长率（%）、科技三项支出占 GDP 比重（%）、医疗失业养老保险人数占总人口比重（%），运用因子分析法将其归为三个因子，来综合评价全国各省经济活力。陆晓丽、郭万山（2007）构建了由经济成长性（人均 GDP、人均 GDP3 年平均增长率、人均地方财政一般预算收入、人均地方财政一般预算收入平均增长率）、对资本和生产要素的吸引力（教育与人力资本、企业进入、对资本的吸引力）、就业及居民生活质量（收入水平）、居住环境、就业状况和创新能力（自主创新能力、自主知识产权比重、科技成果总量及其转化程度、高新技术产业增加值所占比重、知识产权保护程度、创业精神和创新意识）四大类共 27 个指标构成的指标体系来评价城市经济活力。孙发平、马洪波、王兰英（2007）从经济效益、经济指标增长率以及城市化等方面采用 11 项指标（本年度工业企业综合效益指数、本年度人均地区生产总值、本年度地区资产贡献率、本年度地区进出口总额、本年度地区固定资产投资额、本年度地区实际利用外资总额、人均地区生产总值三年平均增长率、工业化程度、本年度社会消费品零售额增长率、本年度地区第三产业增加值增长率、城市化水平）运用主成分分析法、层次分析法（AHP）、数据包络法（DEA）和因子分析法对青海经济活力进行评价。金延杰（2007）以经济总量及其增长（人均 GDP、人均 GDP 增长率）、企业及其收益（当年工业企业数量、当年工业企业数量增长率、规模企业利润总额、规模企业利润总额增长率）、居民收入（年居民人均可支配收入、年居民人均可支配收入增长率）、财政与社会保障（政府的财政支出占 GDP 比例、人均财政收入、人均财政收入增长率、当年社会保障率）、外贸与外资（当年出口额、当年实际利用外资金额）、技术水平与教育（当年科教文卫事业费在 GDP 中所占比例三年平均增长率、人均教育事业支出）及环境（当年“三废”达标率、人均绿地面积）7 个方面的若干指标为评价标准，运用因子分析法对全国重要的 50 个城市进行城市经济活力指数的定量研究。刘震伟、张正博（2008）认为体现国有经济活力和影响力的评判要素主要有：创新能力、资产利用能力与竞争性地位、调整能力和贡献能力。他们构建了包括国有经济的创新能力（研究与试验发展经费、新产品开发经费的投入、新产品收入）、国有经济的资产利用能力与竞争性地位（国有及国有控股企业的总资产周转率、世界或中国“500强”企业的国有及国有控股企业的入围情况、品牌影响力）、国有经济的调整能力（国有资产的流动性、在不同行业中国有资产的变化）、国有经济的贡献能力（国有及国有控股企业的净资产收益率、承担社会责任的模范作用）的国有经济活力、控制力和影响力的指标构架。

（七）经济活力城市研究

隋映辉（2005）研究认为，一个最具经济活力的城市应围绕“城市创新”营造开放式、多功能的企业创新环境，并适时优化产业创新供应链；构建以城市创新圈为“增长极”、以创新网络的开发为系统扩张的城市发展模式；构建以城市创新系统、企业创新系统耦合协调发展的新型城市战略生态系统；进一步加大城市的开放度；加快建设以新兴产业、战略性支柱产业集聚的产业集群。马莉（2015）从经济区角度对四川省经济活力进行了评价，首先构建了经济活力评价指标体系，其次采用因子分析方法进行了经济活力的计量分析，最后对因子分析的数据结合实际进行了相应的评析。仇保兴（2015）研究认为我国城镇化经历了30多年高速发展现已进入深度城镇化阶段，未来是我国城镇化能否避开先行国家城市化弯路、超越中等收入陷阱、落实新型城镇化规划的关键阶段，也是治理前一阶段“广度、速度城镇化”所带来的各种“城市病”最有效的时期。基于我国城镇转向“内涵式”发展，本书提出了“十三五”期间我国城镇化的若干“新常态”下深度城镇化的对策建议以进一步增强我国经济活力和可持续发展能力。

（八）货币政策传导机制与经济活力

李晓西、余明（2000）针对近几年来我国货币政策传导机制所暴露出的问题，从理论分析视角，首先指出当前国民经济活力不足，主要不是货币供应量的问题，而是货币政策传导机制存在体制性“梗阻”；并分析了货币政策传导机制中传导机构和客体缺乏活力、路径过窄、速度下降、动力和信号失真、环境不乐观等问题；论述了在转轨经济时期货币政策传导机制不畅与实体经济体制不健全之间存在着相互牵制、相互影响的关系；给出了提高货币政策传导机制运行效率的政策建议以进一步提升国民经济活力。柴敏波（2005）分析了当前我国经济活力不足，货币政策传导机制中传导机构和客体缺乏活力、路径过窄等问题；论述了在我国经济体制转轨时期货币政策传导机制不畅与实体经济体制不健全之间存在着相互牵制、相互影响的关系；提出了提高我国政策传导机制运行效率的政策建议。

（九）制度变迁与经济活力

左峰（2015）基于制度变迁视角来探究井冈山根据地经济活力，他详细研究了井冈山革命根据地的农业土地制度变迁、工商业制度变迁、贸易制度变迁与财政金融制度变迁，并运用诺思的国家理论、产权理论与意识形态理论深入分析制度变迁激发井冈山根据地经济活力的内在机理。

总体来说，国外研究经济活力主要集中于企业管理方面，而国内对经济活力研究相对比较多，对经济活力综合评价比较有限，但已有文献为后面的研究打下了坚实的基础。

第三章 安徽省非公有制经济活力演变及演变机理

改革开放以来，尤其是进入21世纪以来，安徽省非公有制经济迅速，对安徽省经济社会的发展做出了巨大贡献，是安徽省国民经济非常重要的组成部分，已经与公有制经济形成一荣俱荣、一损俱损的协调发展格局。大力发展非公有制经济，有助于加快安徽省经济社会协调发展进程，提升其经济发展质量，实现城乡协调发展，增加就业，提供人民生活水平，尤其是有助于加快实现安徽省"两个一百年"奋斗目标以及更好地完善其市场经济体制。但随着国际国内发展环境的变化，尤其是国内资源环境约束进一步加大，国内及安徽省都在大力实施供给侧结构性改革，这既给安徽省非公有制经济进一步发展带来了难得的发展机遇，与此同时安徽省非公有制经济也面临一些严峻的挑战。因此，本章首先系统分析了改革开放以来安徽省非公有制经济取得的巨大成就，极大地提升了其经济活力；其次深入分析安徽省非公有制经济取得的如此巨大成就的经验；再次深入分析安徽省非公有制经济活力演变机理；最后以安徽中鼎控股（集团）股份有限公司作为安徽省非公有制经济典型代表，全面客观分析其经济活力演变。

第一节 安徽省非公有制经济活力演变①

据统计，2014年，安徽省按照省委、省政府的决策部署，全省上下聚焦非公有制经济，狠抓落实，行稳致远促变革，实现了非公有制经济总量贡献的持续提升、创业创新的持续进步。初步核算，全年全省非公有制经济实现增加值11946亿元，增长9.2%，占GDP的57.3%。具体表现为：（1）非公有制经济贡

---

① 该部分有一些内容已经公开发表在《安庆师范大学学报（社会科学版）》上，参见刘越、张榆新："改革开放以来安徽省非公有制经济活力演变"，载于《安庆师范大学学报（社会科学版）》2018年37卷第1期。

献提升，“稳定器”作用凸显。规模以上民营非公有制企业实现增加值6462亿元，增长13.9%，占全省工业比重由上年的64.5%提高到67.8%，对全部工业增长的贡献率由上年的72.7%提高到81.2%。非公有制企业缴纳税收2065.6亿元，增长13.2%，占全省税收的66.9%。（2）民间投资增长强劲，“助推器”作用凸显。全省民间投资14681亿元，增长20.9%，高于全省投资增幅4.4个百分点，占全省投资比重由上年的66.5%提高到69.1%，对全省投资增长的贡献率由上年的77.6%提高到84.4%。（3）非公有制企业创新势能积聚，“倍增器”作用凸显。非公有制企业高新技术企业2100家，占全省的比重由上年的80%提高到88%；设立院士工作站的非公有制企业53家，占全省的比重由上年的50%提高到60%。（4）全民创业活力迸发，“孵化器”作用凸显。全年新登记私营企业12.1万户，增长60.1%，截至2014年年底，全省私营企业45.6万户、个体工商户183.4万户，同比分别增长35.5%、17.5%。

2015年，全省上下系统联动，各成员单位通力协作，围绕政策落实、创业创新、优化环境、服务主体等重点任务，持续发力，精准施策，有力地促进了全省非公有制经济持续健康发展，为加快推进“调转促”做出了重要贡献。（1）总量贡献持续提升。2015年，全省非公有制经济实现增加值12647.9亿元，增长10.4%，占全省生产总值的比重为57.5%，对全省经济增长的贡献率为67.7%。非公有制企业缴纳税收2190.4亿元，增长5.5%，占全省税收的比重为68.2%。民间投资17260.4亿元，增长17.6%，占全省投资比重为72%，对全省投资增长的贡献率为95.2%。非公有制企业进出口总额达1451.2亿元，增长7.9%，比全省进出口增速快7.4个百分点，占全省进出口的比重为47.8%。（2）创新势能持续积聚。非公有制高新技术企业2900家，占全省高新技术企业的比重为92%；设立院士工作站的非公有制企业由上年的54家增加到69家，占全省的比重为60.5%。非公有制企业申请的专利占全社会的61.4%，涌现出一批拥有核心竞争力的非公有制企业。（3）创业活力持续迸发。2015年，新登记注册各类市场主体47.2万户，增长15.8%，其中新登记企业14.4万户、增长18.4%。截至2015年年底，全省私营企业57.4万户、个体工商户204.6万户，同比分别增长26.9%、8.9%。合肥市小微企业创业创新基地试点市建设取得新进展，以众筹、众包、众智、众扶模式为主的新型创客空间、孵化器等不断涌现。（4）载体建设持续推进。培育认定105个“安徽省小微企业创业基地”，入驻企业数5960户，带动就业19.31万人。培育省级产业集群专业镇189个，聚集规模以上企业4357户，占全省规上企业数的近1/4；实现营业收入6745.5亿元，增长19.7%，占全省规上企业营业收入的近1/5；从业人员153.76万人，增长12.1%。营业收入百亿元以上产业集群专业镇15个，其中超200亿元的有3个。

2016年，在省委、省政府的坚强领导下，全省上下认真学习贯彻习近平总书记在全国政协十二届四次会议民建、工商联界委员联组会上的重要讲话精神，按照省发展民营经济领导小组“六围绕、六推进”的工作部署，戮力同心，协调联动，大力实施民营经济提升工程，民营经济发展呈现量质齐升的良好态势，为全省经济增长提供了强力支撑。（1）总量提升。2016年，全省规上民营工业企业全年实现增加值7281.3亿元，增长10.4%，民营工业增加值占全部规上工业比重由2015年的70.4%提高到72.2%。2016年，民营企业实现进出口196.4亿美元，其中出口153.1亿美元，占全省出口的53.8%。（2）贡献提升。2016年，民营企业缴纳税收2154.5亿元，占全省税收的比重为64.2%；民间投资18371.5亿元，增长6.5%，占全省投资比重为68.7%。（3）主体提升。“个转企、小升规”成效突出，2016年全省新增私营企业15.9万户、增长30.5%；净增规上工业企业1328户，居全国第1位；“专精特新”中小企业1200户；4家企业入选中国民企500强。民营高新技术企业由上年的2900家增加到3480家，占全省高新技术企业的比重为90%；设立院士工作站的民营企业由上年的69家增加到98家，占全省的比重为66%。（4）载体提升。截至2016年年底，累计建成创业大学5所、创业学院25所，青年创业园9个，城市就业创业园、创业街、农民工创业园、大学生创业孵化基地、留学人员创业园等专业化创业园（区）662个。国家小型微型企业创业创新示范基地7个，省级小微企业创业基地135个、省级产业集群专业镇213个，其中，合肥国家级小微企业创业创新基地示范市建设成效显著，荣事达智能家居“双创”平台成为国家级标杆，工投创智天地、中国声谷创业园小微基地、北城智能家居（家电）产业“双创”基地等一批独具特色和实力的小微企业创业基地相继建成。

2017年，安徽省民营经济实现增加值1.59万亿元，增长9.3%，比全省GDP增速快0.8个百分点，占全省GDP的比重为57.8%。（1）规模扩张。对全省经济增长的贡献率达55.1%。截至2017年年底，安徽省私营企业91.6万户，增长24.9%；实有注册资金总额5.8万亿元，增长45.6%。（2）质效提升。截至2017年年底，安徽私营企业注册资金亿元以上的3686户，较2016年年底增加669户。入围2017中国民营企业500强企业增加到5家，2017安徽省民营企业营收百强共实现净利润333.3亿元，营收净利率达6.4%，比上年提高0.6个百分点。全省民营工业企业研发支出227.9亿元，增长20.7%。（3）贡献提升。2017年，安徽省私营企业新登记雇工69.9万人，增长35.3%。新增境内上市民营企业7家，全省民营上市公司累计已达55家，占全省上市公司（102家）的54%。（4）转型加速。截至2017年年底，安徽省民营高新技术企业数4072家，较2016年增加480家，占全省高新技术企业的94.5%。此外，民营企业进出口211亿美元，增长7.8%，占全省进出口总额的39.4%。

一、安徽省非公有制经济活力演变

（一）非公有制经济规模日益壮大

改革开放以来，随着国际国内大环境的变化以及国家与安徽省省政府相继出台了一系列政策措施鼓励非公有制经济发展，安徽省非公有制经济发展迅速，在经济社会发展中的地位和作用日益突出，成为安徽省国民经济重要组成部分。

1. 非公有制企业数量增加，全民创业活力迸发，“孵化器”作用凸显

从表3－1与图3－1可知，1996—2015年安徽省个体、私营与外资企业数（万户）与占全省比重的演变情况：首先，从个体企业数量情况看，1996—2015年个体企业数基本呈增加趋势，也有小幅波动，1996—2001个体企业数由1996年的109.5万户增加到2001年的149.3万户，之后在120万户左右徘徊，而从2007年的112.5万户迅速增加到2015年的204.6万户；从个体企业数占全省比重看，呈现先升后降的趋势，由1996年的83.9%上升到2000年的90.1%，之后呈下降趋势，但占比仍然维持在80%以上。其次，从私营企业数量情况看，1996—2015年安徽省私营企业数量增加比较快，尤其是2004年以后，1996年安徽省私营企业数只有1.6万户，之后缓慢增加，到2003年增加到7.5万户，而从2004年8.9万户迅速增加到2015年的57.4万户；从私营企业数占全省比重看，呈现上升趋势，尤其是从2004年以后上升比较快，由2004年的7.4%迅速上升到2015年的22%。从这也可反映出随着改革开放的深入推进，企业外部环境得到改善，安徽省私营企业得到快速发展。最后，从外资企业数量情况看，1996—2015年安徽省外资企业数量增幅不大，1996—2007年外资企业数量基本维持在0.2万—0.3万户，2008—2015年基本维持在0.4万—0.6万户；从外资企业数占全省比重看，1999—2003年呈下降趋势，由1996年的0.3%下降到2003年的0.1%，而从2004—2010年外资企业数占全省比重呈上升趋势，由2004年的0.2%上升到2010年的0.4%，之后基本维持在0.2%。这也表明安徽省对外开放有待进一步深化，进一步优化发展外向型经济的环境。

随着非公有制企业数量的增加，推动创业创新，进一步激发了主体活力。首先，安徽省大力实施“创业江淮”行动计划。积极打造两大服务平台：创业服务云平台与创业创新竞赛平台，实施八大工程：创客逐梦、创业领航、创业筑巢、融资畅通、青年创业、高端人才创业、返乡农民工创业、大学生村官创业。

2015 年安徽省出台《关于发展众创空间推进大众创新创业的贯彻意见》，支持建设“众创空间”，探索新型孵化模式，新增 6 家国家级“众创空间”、10 家省级科技企业孵化器。其次，实施创新驱动发展战略。建立健全科技创新“1 +6 +2”政策体系，实施 15 个科技重大专项，新建国家级研发机构 18 家，新增国家“千人计划”人才 45 人，扶持高层次人才团队 93 个。加快政产学研用深度合作，在全国率先开展行业技术中心创建试点，首批认定智能制造等 6 家省行业技术中心；培育认定 141 家省级企业技术中心。

表 3 –1　　1996—2017 年安徽省非公有制企业数与占全省比重

年份	个体（万户）	占比（%）	私营（万户）	占比（%）	外资（万户）	占比（%）
1996	109.5	83.9	1.6	1.2	0.3	0.3
1997	120.5	85.2	2.1	1.5	0.3	0.2
1998	133.5	86.5	2.9	1.9	0.3	0.2
1999	146.1	90.0	3.7	2.3	0.2	0.2
2000	148.8	90.1	4.7	2.8	0.2	0.1
2001	149.3	89.3	5.6	3.3	0.2	0.1
2002	140.2	88.7	6.2	3.9	0.2	0.1
2003	122.4	87.2	7.5	5.3	0.2	0.1
2004	106.3	88.1	8.9	7.4	0.2	0.2
2005	111.0	85.8	10.6	8.2	0.2	0.2
2006	120.1	86.2	13.1	9.4	0.2	0.2
2007	112.5	84.6	14.5	10.9	0.3	0.2
2008	114.3	84.2	17.4	12.8	0.6	0.4
2009	125.1	84.8	18.95	12.8	0.6	0.4
2010	134.2	84.7	22.9	14.4	0.6	0.4
2011	143.7	83.2	26.4	15.3	0.5	0.3
2012	152.3	82.3	30.4	16.4	0.4	0.2
2013	167.8	81.5	35.4	17.2	0.4	0.2
2014	187.8	79.7	45.2	19.6	0.5	0.2
2015	204.6	78.4	57.4	22.0	0.5	0.2
2016	208.3	77.8	59.6	22.6	0.5	0.2
2017	211.3	77.3	61.7	23.1	0.5	0.2

资料来源：《安徽统计年鉴》（1992—2018）；《安徽省民营经济发展报告》（2003—2008，2014—2018）；《中部地区民营经济发展报告》（2009—2018）。

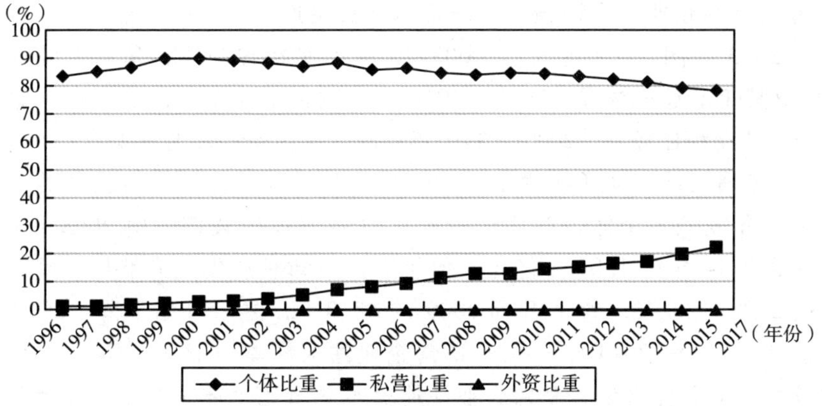

图 3-1　1996—2017 年安徽省非公有制企业数占全省比重

再看 2009—2018 年安徽省非公有制企业进入全国民营企业“500 强”情况。从表 3-2 可以看出，2009 年安徽省非公有制企业进入全国民营企业“500 强”有 6 户，之后出现下降，但基本维持在 3—4 户，但 2014 年降到 2 户，2015 年和 2016 年分别为 3 户和 4 户，2017 年是 5 户，2018 年是 4 户。另外，从安徽省非公有制企业进入全国民营企业“500 强”在全国的排名来看，与其他省（自治区、直辖市）还有很大差距，实力还有待进一步提升。

表 3-2　2009—2018 年安徽省非公有制企业进入全国民营企业“500 强”

年份	进入全国民营企业“500 强”情况		
	户数（户）	同比增加户数（户）	排名
2009	6	—	16
2010	3	-3	17
2011	3	0	17
2012	4	1	18
2013	3	-1	20
2014	2	-1	23
2015	3	1	23
2016	4	1	24
2017	5	1	20
2018	4	-1	20

资料来源：《2009—2018 中国民营企业 500 强分析报告》。

2. 非公有制企业实力增强，注册资本增长迅速

从表 3 – 3 与图 3 – 2 可知，2000—2014 年安徽省个体、私营企业注册资本（亿元）及其年增长率情况。2000—2014 年安徽省个体企业注册资本（亿元）及其年增长率波动都比较大，2000—2007 年安徽省个体企业注册资本年均在 100 亿—200 亿元，年增长率呈上升趋势，但 2004 年出现负增长，年增长率为 – 5. 5%；2008—2014 年安徽省个体企业注册资本年总量增加比较多，由 2008 年的 281. 7 亿元增加到 2014 年的 1309. 8 亿元，但年增长率却呈现先上升然后下降再上升的趋势，由 2008 年的 40. 1% 上升到 2009 的 48. 8%，之后开始下降，2012 年之后又开始上升。2000—2014 年安徽省私营企业注册资本（亿元）及其年增长率波动都比较大，但总体来说，私营企业注册资本总量比个体企业多，年增长率一般也比个体企业快，具体情况见表 3 – 3 与图 3 – 2。

表 3 – 3　2000—2017 年安徽省个体、私营企业注册资本及其年增长率

年份	个体注册资本（亿元）	年增长率（%）	私营企业注册资本（亿元）	年增长率（%）
2000	111. 9	—	234. 6	—
2001	117. 0	4. 5	302. 2	28. 8
2002	123. 2	5. 3	407. 6	34. 9
2003	143. 4	16. 4	571. 3	40. 2
2004	135. 5	– 5. 5	872. 5	52. 7
2005	154. 2	13. 8	1145. 0	31. 2
2006	194. 6	26. 1	1521. 1	32. 8
2007	201. 1	3. 3	1876. 5	23. 4
2008	281. 7	40. 1	2704. 5	44. 1
2009	419. 2	48. 8	3655. 9	35. 2
2010	507. 5	21. 1	5366. 8	46. 8
2011	603. 6	18. 9	7468. 6	39. 2
2012	754. 8	25. 1	9309. 1	24. 6
2013	994. 4	31. 8	11749. 6	26. 2
2014	1309. 8	31. 7	17106. 3	27. 8
2015	1401. 6	32. 1	18612. 7	28. 1
2016	1468. 9	32. 8	19127. 8	28. 7
2017	1567. 8	33. 4	203457. 6	29. 8

资料来源：《安徽省民营经济发展报告》（2003—2008，2014—2018）；《中部地区民营经济发展报告》（2009—2018）。

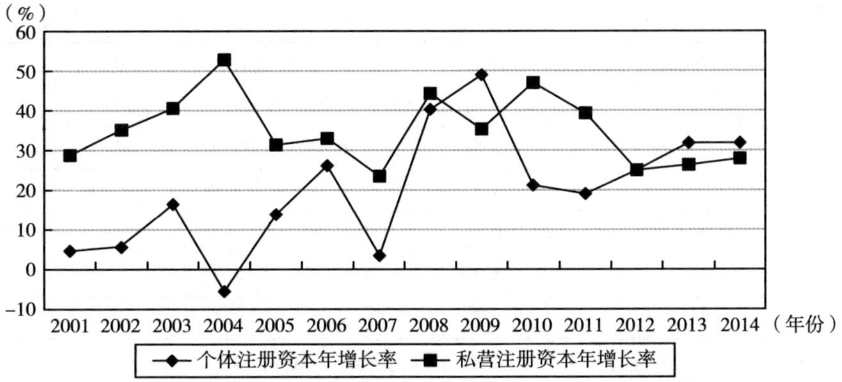

图 3－2　2001—2014 年安徽省个体、私营企业注册资本年增长率

再看 2010—2014 年安徽省私营企业注册资本按注册资本量分类情况，从表 3－4 可以看出，2010—2014 年安徽省私营企业注册资本在 100 万—500 万元的户数与占全省比重均呈上升趋势，户数从 2010 年的 23119 户增加到 2014 年的 123317 户，增加 5.3 倍，占全省比重由 2010 年的 14.9% 增加到 2014 年的 27.2%，但其年增长率呈下降趋势；私营企业注册资本在 500 万—1000 万元的户数与占全省比重均呈上升趋势，户数从 2010 年的 8234 户增加到 2014 年的 37032 户，增加 4.5 倍，占全省比重由 2010 年的 4.6% 增加到 2014 年的 8.2%，但其年增长率基本呈上升趋势；私营企业注册资本在 1000 万—1 亿元的户数与占全省比重均呈上升趋势，户数从 2010 年的 6619 户增加到 2014 年的 36374 户，增加 5.5 倍，占全省比重由 2010 年的 4.1% 增加到 2014 年的 7.8%，但其年增长率基本呈先降后升趋势；私营企业注册资本在 1 亿元以上的户数与占全省比重均呈上升趋势，户数从 2010 年的 340 户增加到 2014 年的 2485 户，增加 7.3 倍，占全省比重由 2010 年的 0.23% 增加到 2014 年的 0.6%，但其年增长率基本呈上升趋势。从这也可反映出非公有制企业实力逐渐增强，抗风险能力提升。

表 3－4　　2010—2014 年安徽省私营企业注册资本

	年份	2010	2011	2012	2013	2014
100 万—500 万元	户数（户）	23119	41588	66035	86736	123317
	年增长率（%）	81.2	79.89	58.8	31.3	42.0
	占全省比重（%）	14.9	15.78	17.6	24.5	27.2
500 万—1000 万元	户数（户）	8234	12466	20850	25067	37032
	年增长率（%）	52.3	51.29	67.3	20.2	47.7
	占全省比重（%）	4.6	4.73	6.1	7.1	8.2

续表

	年份	2010	2011	2012	2013	2014
1000万—1亿元	户数（户）	6619	11200	19842	25105	36374
	年增长率（%）	70.5	69.2	65.9	26.5	44.9
	占全省比重（%）	4.1	4.25	5.8	7.0	7.8
1亿元以上	户数（户）	340	627	1196	1711	2485
	年增长率（%）	85.1	84.4	90.8	43.1	45.2
	占全省比重（%）	0.23	0.24	0.4	0.5	0.6

资料来源：《中国民营经济发展报告》（2010—2011，2014—2015）。

（二）非公有制经济对社会经济的贡献不断提升，“稳定器”作用凸显

1. 非公有制企业是吸纳就业的重要渠道

从表3－5与图3－3可知，1995—2013年安徽省非公有制企业就业人数（万人）与占全省比重变化情况。首先，从安徽省个体企业吸纳就业情况看，1995—2013年安徽省个体企业吸纳就业有波动，1995年个体企业吸纳就业203.9万人，2001年达到339.6万人，之后开始下降，2008年降到244.6万人，之后又开始增加，2013年增加到381.9万人；个体企业吸纳就业占全省比重波动比较大，基本上与经济发展大环境一致。其次，从安徽省私营企业吸纳就业情况看，1995—2013年安徽省私营企业吸纳就业基本上逐年增加，由1995年的18.1万人增加到2013年的323.2万人，增加17.9倍，只是2008年受美国金融危机及欧债危机等的影响略有下降，吸纳就业人员只有199.7万人；私营企业吸纳就业占全省比重由1995年的0.56%提高到2013年的7.56%。最后，从安徽省外资与港澳台企业吸纳就业情况看，1995—2013年安徽省外资与港澳台企业吸纳就业总额呈增加趋势，其占全省比重呈缓慢上升，且波动不是很大。

表3－5　1995—2017年安徽省非公有制企业就业人数与占全省比重

年份	个体（万人）	占比（%）	私营（万人）	占比（%）	外资（万人）	占比（%）	港澳台（万人）	占比（%）
1995	203.9	6.36	18.1	0.56	3.8	0.12	2.8	0.09
1996	235.4	7.23	21.9	0.67	3.5	0.11	2.2	0.07
1997	265.8	8.00	29.4	0.88	4.0	0.12	2.3	0.07
1998	304.4	9.01	42.6	1.26	3.7	0.11	2.4	0.07
1999	337.4	9.93	55.1	1.62	4.3	0.13	2.6	0.08
2000	336.4	9.75	65.2	1.89	3.8	0.11	2.3	0.07

续表

年份	个体（万人）	占比（%）	私营（万人）	占比（%）	外资（万人）	占比（%）	港澳台（万人）	占比（%）
2001	339. 6	9. 81	78. 5	2. 27	4. 3	0. 12	2. 2	0. 06
2002	326. 7	9. 33	96. 1	2. 75	4. 5	0. 13	2. 4	0. 07
2003	286. 4	8. 08	118. 8	3. 35	5. 1	0. 14	2. 7	0. 08
2004	256. 3	7. 03	141. 3	3. 88	5. 8	0. 16	3. 4	0. 09
2005	266. 9	7. 27	165. 7	4. 52	6. 7	0. 18	3. 7	0. 10
2006	306. 5	8. 19	205. 6	5. 50	7. 3	0. 20	5. 0	0. 13
2007	267. 3	7. 00	218. 0	5. 71	8. 2	0. 21	6. 4	0. 17
2008	244. 6	6. 25	199. 7	5. 10	9. 2	0. 23	6. 6	0. 17
2009	263. 3	6. 60	197. 1	4. 94	9. 2	0. 23	5. 4	0. 14
2010	331. 6	8. 19	239. 2	5. 91	14. 7	0. 36	7. 0	0. 17
2011	327. 8	7. 95	270. 7	6. 57	16. 7	0. 41	8. 3	0. 20
2012	351. 6	8. 36	296. 7	7. 05	15. 9	0. 38	8. 0	0. 19
2013	381. 9	8. 93	323. 2	7. 56	20. 3	0. 47	15. 9	0. 37
2014	401. 5	9. 01	345. 6	7. 89	25. 7	0. 49	16. 7	0. 39
2015	437. 8	9. 24	358. 9	7. 92	26. 7	0. 51	17. 5	0. 41
2016	467. 2	9. 45	376. 4	8. 02	28. 3	0. 57	18. 3	0. 43
2017	489. 6	9. 86	389. 3	8. 52	28. 9	0. 61	19. 4	0. 47

资料来源：《中国统计年鉴》（1981—2018）；《安徽统计年鉴》（1989—2018）。

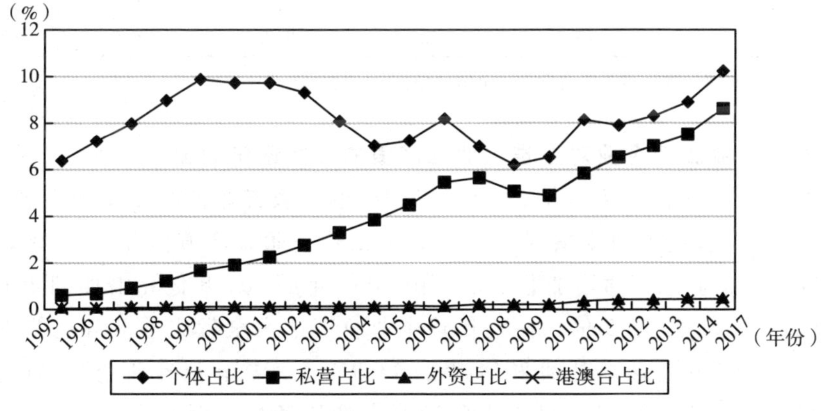

图 3－3　1995—2017 年安徽省非公有制企业就业人数占全省比重

2. 非公有制经济产业结构日趋合理

最近安徽省把保增长与调结构紧密结合，加快发展方式转变，逐步调整优化产业结构，加大力度推进重点产业调整规划，大力发展新兴产业与高技术产业，加快发展服务业，安徽省非公有制经济产业结构日趋合理。从表 3 -6 可以看出，2010—2017 年安徽省私营企业产业结构日益合理，安徽省私营企业在三次产业的布局由 2010 年的 4. 1∶32. 4∶63. 5 调整为 2017 年的 6. 9∶26. 2∶66. 9。随着安徽农村土地流转的持续推进以及政府对发展现代农业的支持，安徽省私营企业也在积极参与现代农业发展，2010—2017 年安徽省私营企业参与第一产业的比重呈上升趋势，由 2010 年 4. 1% 上升到 2017 年的 6. 9%；2010—2017 年安徽省私营企业参与第二产业的比重呈下降趋势，由 2010 年 32. 4% 下降到 2017 年的 26. 2%；而 2010—2017 年安徽省私营企业参与第三产业的比重呈上升趋势，由 2010 年 63. 5% 上升到 2017 年的 66. 9%。

表 3 -6　　2010—2017 年安徽省私营企业产业结构　　单位：%

年份	第一产业		第二产业		第三产业	
	比重	增长	比重	增长	比重	增长
2010	4. 1	0. 52	32. 4	0. 36	63. 5	1. 23
2011	4. 2	0. 07	31. 8	0. 2	64. 0	-0. 27
2012	4. 3	14. 4	31. 2	13. 8	64. 5	16. 2
2013	5. 3	43. 5	29. 7	10. 6	65. 0	17. 4
2014	6. 2	17. 0	27. 1	8. 9	66. 7	31. 0
2015	6. 4	12. 5	26. 8	8. 6	66. 8	32. 4
2016	6. 6	14. 7	25. 1	8. 3	68. 3	33. 6
2017	6. 9	15. 1	26. 2	8. 7	66. 9	32. 8

资料来源：《中国民营经济发展报告》(2010—2011，2017—2018)。

3. 非公有制工业企业对全省工业总产值的贡献逐年增加

从表 3 -7 与图 3 -4 可知，2002—2014 年安徽省非公有制工业企业总产值（亿元）与占全省比重演变情况。首先，从私营企业总产值情况看，2002—2014 年安徽省私营企业总产值增加非常快，由 2002 年的 206. 8 亿元增加到 2014 年的 16434. 4 亿元，增加 79. 5 倍，而且私营企业总产值占全省比重上升也非常迅速，由 2002 年的 9. 7% 迅速上升到 2014 年的 43. 9%。其次，从外商企业总产值情况看，2002—2014 年安徽省外商企业总产值增加比较快，但占全省比重基本上呈下降趋势，外商企业总产值由 2002 年的 222. 7 亿元增加到 2014 年的 2684. 3 亿元，增加 12 倍，但占全省比重由 2002 年的 10. 5% 下降到 2014 年的 7. 2%。最后，从港澳台企业总产值情况看，2002—2014 年安徽省港澳台企业总产值增加比较快，但占全省比重比较稳定，港澳台企业总产值由 2002 年的 111.7 亿元增加到 2014 年的 2215.4 亿元，增加 19.8 倍，占全省比重基本维持在 4%—6%。

表 3－7　2002—2017 年安徽省非公有制工业企业总产值与占全省比重

年份	私营（亿元）	占比（%）	外商（亿元）	占比（%）	港澳台（亿元）	占比（%）
2002	206.8	9.7	222.7	10.5	111.7	5.3
2003	360.3	13.8	299.2	11.5	148.3	5.7
2004	532.5	14.6	392.0	10.7	205.4	5.6
2005	714.7	15.6	517.3	11.3	226.5	5.0
2006	1112.6	18.8	707.6	12.0	264.6	4.5
2007	1759.7	22.1	925.3	11.6	285.2	3.6
2008	2885.4	25.9	1037.6	9.3	438.3	3.9
2009	3989.5	30.0	1263.8	9.5	534.4	4.0
2010	6902.1	36.8	1763.6	9.4	804.9	4.3
2011	8558.4	33.1	2085.8	8.1	1359.9	5.3
2012	10354.4	35.4	2127.6	7.3	1405.4	4.8
2013	14085.0	41.7	2434.5	7.2	1697.4	5.0
2014	16434.4	43.9	2684.3	7.2	2215.4	5.9
2015	18456.7	45.1	2863.5	7.3	2465.3	6.1
2016	20457.9	46.7	3056.8	7.2	2518.9	6.2
2017	22569.8	48.7	3267.8	7.5	2756.9	6.4

资料来源：《安徽统计年鉴》（1993—2018）。

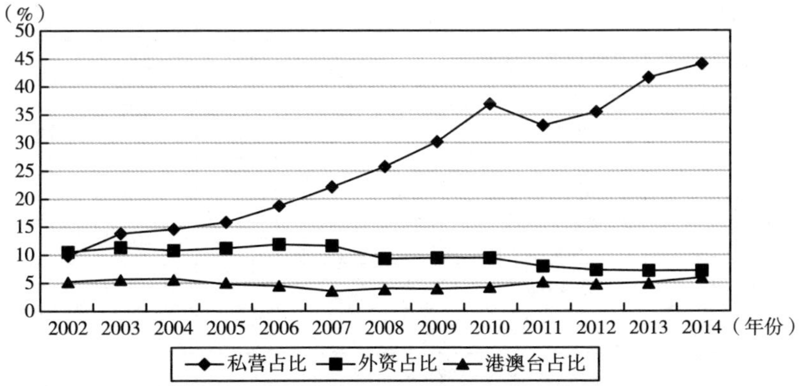

图 3－4　2002—2014 年安徽省非公有制工业企业总产值与占全省比重

4. 规模以上非公有制工业企业对全省规模以上工业增加值贡献非常显著

从表3-8与图3-5可知，2002—2014年安徽省规模以上非公有制工业企业增加值（亿元）与占全省比重变化情况。首先，从规模以上私营企业总产值情况看，2002—2014年安徽省规模以上私营企业总产值增加非常快，由2002年的55.89亿元迅速增加到2014年的3861.09亿元，增加70.9倍，而且其占全省比重上升非常迅速，由2002年8.1%提高到2014年的41.5%。其次，从规模以上外资企业总产值情况看，2002—2014年安徽省规模以上外资企业总产值增加比较快，由2002年的69.05亿元迅速增加到2014年的652.64亿元，增加9.5倍，而其占全省比重城乡先升后降的趋势，由2002年的10%上升到2007年的11.2%，之后开始下降，2014年降到7%。最后，从规模以上港澳台企业总产值情况看，2002—2014年安徽省规模以上港澳台企业总产值增加比较快，由2002年的37.93亿元迅速增加到2014年的507.56亿元，增加13.4倍，而其占全省比重基本比较稳定，基本维持在4%—6%。

表3-8　2002—2017年安徽省规模以上非公有制工业企业增加值与占全省比重

年份	私营（亿元）	占比（%）	外资（亿元）	占比（%）	港澳台（亿元）	占比（%）
2002	55.89	8.1	69.05	10.0	37.93	5.5
2003	98.85	11.2	86.25	9.8	54.93	6.2
2004	151.09	12.7	113.92	9.6	71.48	6.0
2005	215.1	14.5	155.16	10.5	78.46	5.3
2006	333.64	17.7	206.82	11.0	94.68	5.0
2007	537	21.0	286.11	11.2	91.35	3.6
2008	822.74	25.2	321.72	9.9	154.94	4.8
2009	1095.93	27.5	354.05	8.9	151.98	3.8
2010	1577.45	29.8	463.2	8.8	209.35	4.0
2011	2065.39	30.5	518.47	7.7	320.69	4.7
2012	2493.43	32.7	538.21	7.1	333.13	4.4
2013	3401.02	39.3	612.65	7.1	408.08	4.7
2014	3861.09	41.5	652.64	7.0	507.56	5.5
2015	5067.91	43.1	678.9	7.1	536.7	5.6
2016	5263.8	45.7	698.3	7.2	546.8	5.6
2017	5487.6	47.3	721.8	7.4	567.8	5.9

资料来源：《安徽统计年鉴》（2003—2018）。

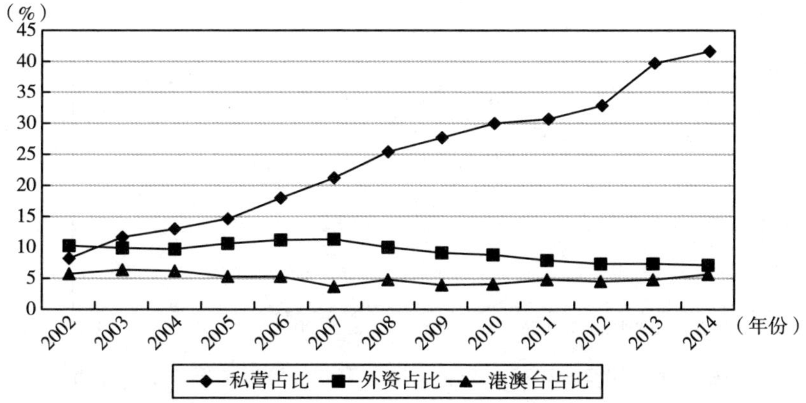

图 3－5 2002—2014 年安徽省规模以上非公有制工业企业增加值与占全省比重

5. 非公有制经济增加值逐年增加

从表 3－9 与图 3－6 可知，2002—2015 年安徽省非公有制经济增加值及占全省比重演变情况。2002—2015 年安徽省非公有制对全省的经济贡献提升非常快，非公有制经济增加值由 2002 年的 1548 亿元迅速增加到 2015 年的 12647.9 亿元，增加 8.2 倍；其占全省比重基本呈上升趋势，只是 2004 年与 2009 年有小幅波动，尤其值得一提的是，2007 年安徽省非公有制经济增加值占全省比重首次超过一半，达到 52.4%，非公有制经济增加值对全省的经济贡献超过 50%。

表 3－9 2002—2015 年安徽省非公有制经济增加值及占全省比重

年份	增加值（亿元）	占全省比重（%）	年份	增加值（亿元）	占全省比重（%）
2002	1548	43.98	2009	4768.2	47.38
2003	1701	43.36	2010	6104	49.39
2004	1911	40.15	2011	8602	56.2
2005	2170	40.56	2012	9618	56
2006	2750	44.8	2013	10843	57
2007	3848.3	52.4	2014	11946	57.3
2008	4995.8	56.3	2015	12647.9	57.5

资料来源：《安徽省民营经济发展报告》（2003—2018）；《中部地区民营经济发展报告》（2009—2018）；《安徽省国民经济和社会发展统计公报》（2014—2018）。

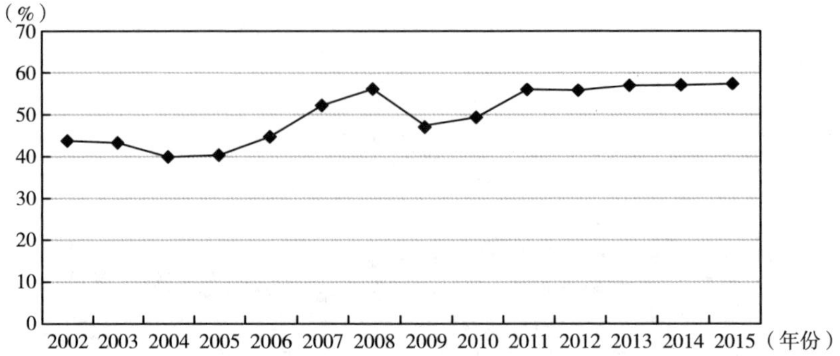

图 3-6 2002—2015 年安徽省非公有制经济增加值占全省比重

6. 非公有制企业税收贡献越来越大

从表 3-10 可以看出，2009—2015 年安徽省非公有制企业缴纳税收（亿元）与占全省比重演变情况。2009 年安徽省非公有制企业缴纳税收只有 342.9 亿元，而到了 2015 年增加到了 2190 亿元，增加 6.4 倍；而且其占全省比重上升很快，基本呈上升趋势，2009 年非公有制企业缴纳税收占全省比重只有 21.98%，而 2015 年上升到 68.2%，2010 年其占全省比重正好达到 50%，之后基本在60%—70%。

表 3-10 2009—2015 年安徽省非公有制企业缴纳税收与占全省比重

年份	2009	2010	2011	2012	2013	2014	2015
非公有制企业缴纳税收（亿元）	342.9	1030.2	1397	1479.3	1941.4	2065.6	2190
占全省比重（%）	21.98	50	65.2	60.9	69.9	66.9	68.2

资料来源：《中部地区民营经济发展报告》（2009—2013）；《安徽省民营经济发展报告》（2014—2015）。

7. 非公有制企业投资增长强劲，“助推器”作用凸显

从表 3-11 与图 3-7 可知，2005—2014 年安徽省非公有制企业投资（亿元）与占全省比重演变情况。首先，从个体企业投资情况看，2005—2014 年安徽省个体企业投资总额逐年增加，由 2005 年的 230.2 亿元迅速增加到 2014 年的 670.5 亿元，增加 2.9 倍，但个体企业投资占全省比重呈下降趋势，由 2005 年的 9.1% 下降到 2014 年的 3.1%。其次，从私营企业投资情况看，2005—2014 年安徽省私营企业投资总额增加非常快，由 2005 年的 405.5 亿元快速增加到 2014 年的 7802.1 亿元，增加 19.2 倍，而且私营企业投资占全省比重呈快速上升趋势，由 2005 年的 16.1% 上升到 2014 年的 35.7%。最后，从外资与港澳台企业投资情况看，2005—2014 年安徽省外资与港澳台企业投资总额基本上呈增加趋势，外资企业投资由2005年的62.6亿元增加到2014年的300.7亿元，增加4.8倍，而港澳台企业投资由2005年的94.2亿元增加到2014年的379亿元，增加4倍；但外资与港澳台企业投资占全省比重基本上呈下降趋势。从以上也可以看出，非公有制企业投资对全省经济的拉动作用呈上升趋势，由2005年的31.4%增加到2014年的41.8%。

表3-11　2005—2014年安徽省非公有制企业投资与占全省比重

年份	个体（亿元）	占比（%）	私营（亿元）	占比（%）	外资（亿元）	占比（%）	港澳台（亿元）	占比（%）	非公占比（%）
2005	230.2	9.1	405.5	16.1	62.6	2.5	94.2	3.7	31.4
2006	251.3	7.1	668.9	18.9	93.1	2.6	126.4	3.6	32.3
2007	301.2	5.9	1138.7	22.4	127.2	2.5	168.4	3.3	34.1
2008	350.6	5.2	1575.9	23.4	186.8	2.8	196.6	2.9	34.2
2009	442.1	4.9	2300.5	25.6	192.0	2.1	243.2	2.7	35.3
2010	498.6	4.3	3203.5	27.8	209.4	1.8	242.1	2.1	36.0
2011	487.2	3.9	3841.7	30.8	222.0	1.8	249.9	2.0	38.5
2012	517.7	3.4	4517.7	29.3	346.0	2.2	256.1	1.7	36.5
2013	589.5	3.2	6048.3	32.5	300.3	1.6	287.9	1.5	38.8
2014	670.5	3.1	7802.1	35.7	300.7	1.4	379.0	1.7	41.8

资料来源：《中国统计年鉴》（2006—2015）；《安徽统计年鉴》（2006—2015）。

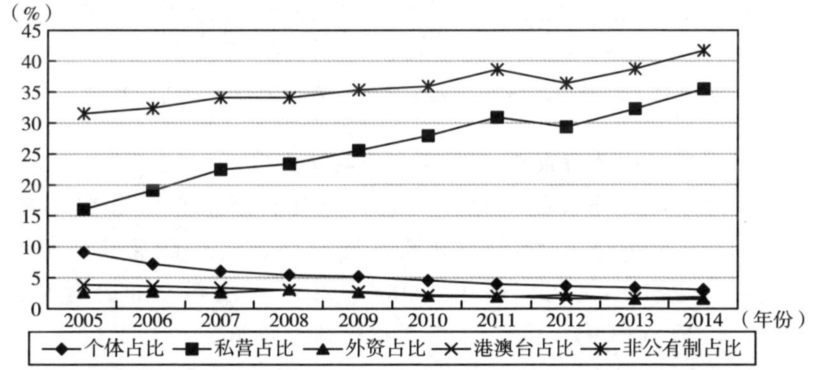

图3-7　2005—2014年安徽省非公有制企业投资占全省比重

再看安徽省民间投资情况，从表3-12与图3-8可以看出，2009—2015年安徽省民间投资额增加比较快，由2009年的5151.5亿元增加到2015年的17260.4亿元，增加3.4倍，而且2015年安徽省民间投资增长17.6%，占全省投资比重为72%，对全省投资增长的贡献率为95.2%。2009—2015年安徽省民间投资占全省投资比重基本呈上升趋势，且超过一半，2015年更是达到72%。这也说明经济社会的进一步发展，国家改革的进一步深入，民间投资环境进一步优化，民间资本参与经济社会的热情非常高，成为拉动经济社会发展的非常重要的力量。

表3-12　　2009—2015年安徽省民间投资额、增长幅度及其占比

年份	2009	2010	2011	2012	2013	2014	2015
民间投资额（亿元）	5151.5	7512.9	7937.1	9016.2	12146	14681	17260.4
增长幅度（%）	52.3	45.9	5.6	13.6	25.6	20.9	17.6
占比（%）	58.1	63.4	65.45	59.9	66.5	69.1	72

资料来源：《安徽省民营经济发展报告》（2010—2016）；《中国民营经济发展报告》（2010—2016）。

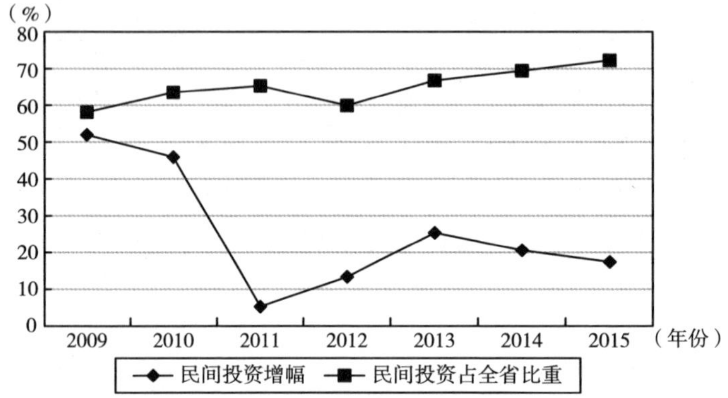

图3-8　2009—2015年安徽省民间投资额增长幅度及其占比

8. 非公有制经济成为发展外向型经济的关键力量

随着国际国内经济环境的变化，安徽省非公有制企业积极参与国际竞争，充分利用国际与国内两种资源来更好地发展自己、提升自身经济实力与竞争力。从表3-13与图3-9可以看出，2005—2015年安徽省非公有制企业参与国际竞争情况，2005—2015年安徽省非公有制企业进出口总额除了2008年受到美国金融危机影响外基本上逐年增加，由2005年的24.8亿元增加到2015年的233亿元，增加9.4倍，而且非公有制经济进出口占全省比重呈现先降后升的趋势，由2005年的27.2%降到2008年的17.5%，之后开始上升，2015年迅速上升到47.8%。

表 3－13　　2005—2015 年安徽省非公有制经济进出口情况

年份	非公有制经济进出口总额（亿美元）	增长幅度（%）	非公有制经济进出口占全省比重（%）
2005	24.8	—	27.2
2006	27.6	11.3	22.5
2007	40.9	48.2	25.7
2008	35.8	－12.4	17.5
2009	38.0	6.1	24.3
2010	70.8	86.3	29.2
2011	108.5	53.2	34.6
2012	186.3	71.7	47.4
2013	207.6	11.4	45.5
2014	219.8	5.9	44.6
2015	233.0	6.0	47.8

资料来源：《中部地区民营经济发展报告》（2009—2013）；《安徽省民营经济发展报告》（2005—2008，2015）。

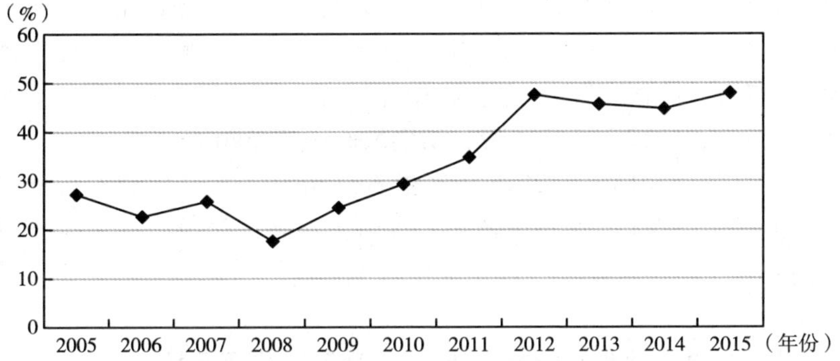

图 3－9　2005—2015 年安徽省非公有制经济进出口占全省比重

（三）非公有制经济发展环境不断优化

为了促进安徽省非公有制经济发展，安徽省委、省政府及省人大颁布了一系列政策、法规为安徽非公有制企业发展营造良好的制度环境。2010 年 11 月 16 日，安徽省政府印发《关于进一步促进非公有制经济和中小企业加快发展的实施意见》（皖政〔2010〕93 号）。提出大力实施非公有制经济和中小企业创业创新工程、切实缓解非公有制经济和中小企业融资困难、加大对非公有制经济和中小企业财税支持力度、推进非公有制经济和中小企业结构调整与发展方式转变、鼓励非公有制企业和中小企业提升管理水平和开拓国内外市场、加强和改善对非公有制经济和中小企业的服务、完善协调保障机制等。2013 年 2 月 22 日，省委、省政府召开了全省发展民营经济大会，发布了《关于大力发展民营经济的意见》，做出了一系列决策部署以便更好地促进非公有制经济发展。2014 年 9 月，安徽省国土资源厅、工商联联合发布了《关于进一步鼓励和引导民间资本投资国土资源领域的实施办法》，与此同时，安徽省国税局也出台了《关于促进全省民营经济发展的实施意见》。2015 年，安徽省人大通过了《安徽省促进和保护台湾同胞投资条例》《安徽省专利保护和促进条例（修改）》《安徽省中小企业促进条例（修改）》。2015 年，安徽省政府先后发布了《安徽省人民政府办公厅关于发展众创空间推进大众创新创业的实施意见》《安徽省人民政府办公厅关于扶持小型微型企业健康发展的实施意见》《安徽省人民政府关于金融支持服务实体经济发展的意见》《安徽省人民政府办公厅关于扶持小型微型企业健康发展的实施意见》等，为非公有制经济发展提供了宽松和谐的发展环境。2015 年安徽率先推行省市县乡四级政府权责清单制度，取消非行政许可审批，建成省级政府权力清单运行平台。与此同时，安徽进一步深化改革商事制度，积极推进“三证合一、一照一码”改革，允许“一照多址”“一址多照”等。积极调整工商登记前置审批事项目录，减少工商登记前置审批事项，放宽注册资本登记条件，实施注册资本认缴制，改革年检验照制度，降低非公有制企业创业门槛。制定优惠措施鼓励民间资本参与基础设施建设，规范企业收费，出台了《关于进一步规范涉企收费管理工作的通知》，清理不合理收费，切实减轻企业负担。

另外，2010 年、2013 年、2016 年安徽省成功举办了“安徽省与全国知名民营企业合作发展会议”，为省外知名非公有制企业来安徽投资兴业与省内有实力的非公有制企业走出去搭建了一个非常好的平台。

（四）非公有制企业创新能力提升，“倍增器”作用凸显

为了提升非公有制企业创新能力，2015 年安徽省政府下发了《安徽省人民政府办公厅关于修订印发实施创新驱动发展战略进一步加快创新型省份建设配套文件的通知》（皖政办〔2015〕40 号）、《安徽省人民政府办公厅关于发展众创空间推进大众创新创业的实施意见》（皖政办〔2015〕41 号）等文件。对符合条件的企业购置用于研发的关键仪器设备（原值 10 万元以上），按其年度实际支出额的 15% 予以补助；对符合省市共建条件的企业实验室，连续 3 年，省里每年给予 100 万元的补助支持。支持关键战略性新兴产业的科技需求，企业研发投入占比不低于 60%，省给予不高于 20% 的补助；企业和高等学校、科研院所以技术入股、转让、授权使用等形式在皖转化科技成果，省按其技术合同成交并实际到账额，给予技术输出方 10% 的补助；每年扶持 30 个高层次科技人才团队在皖创新创业。

2014 年，安徽省有 2100 家非公有制高新技术企业，占全省比重由 2013 年的 80% 提高到 2014 年的 88%；有 53 家非公有制企业设立院士工作站，占全省比重由 2013 年的 50% 提高到 2014 年的 60%。2015 年，安徽省非公有制高新技术企业有 2900 家，比 2014 年增加了 800 家，占全省高新技术企业的比重比 2014 年提高了 4%，达到 92%，非公有制企业申请专利数占全省的 61.4%，有 69 家非公有制企业设立院士工作站，比 2014 年增加 16 家。

（五）非公有制产业集群规模不断增大

安徽省结合本省资源优势积极承接东部及发达地区的产业转移，以非公有制企业高度集聚为特征的产业集群发展态势迅速，一些重点产业集群已经成为当地经济发展的支柱，成为安徽省协同推进新型城镇化、农业现代化、工业化、信息化与绿色化的关键战略支点，成为吸引资金、先进技术与高科技人才的发展平台，是“大众创业，万众创新”的高地，也是安徽大力实施精准扶贫的战略平台。2007 年，安徽省有 176 个产业集群，集聚了大约 2 万家企业，超过 120 万就业人员，上缴 50 多亿元税金。如无为高沟的“特种电缆产业群”、天长秦栏的“电子元器件产业群”、芜湖县的“汽车摩托车零部件产业群”等均成为当地的支柱产业。

2015 年年底，安徽省培育认定 105 个“安徽省小微企业创业基地”，入驻 5960 户企业，带动 19.31 万人就业。培育了 189 个省级产业集群专业镇，聚集 4357 户规模以上企业；实现 6745.5 亿元营业收入，增长 19.7%，占全省规模以上企业营业收入的 20% 左右；153.76 万从业人员，增长 12.1%。全省有 15 个营业收入百亿元以上产业集群专业镇，其中有 3 个产业集群专业镇营业收入超 200 亿元。安徽省非公有制产业集群规模不断扩大，一些重点产业集群是发展当地经济的中坚力量，是优质生产要素集聚的载体。例如，2015 年天长市铜城镇仪表光电缆产业集群创造 220 多亿元工业总产值，集聚 45 家规模以上仪表光电缆企业，其中有 3 家超 50 亿元的企业集团，5 个中国驰名商标、126 项专利；六安市积极打造“六安茶谷”产业集群，大力提升霍山黄芽、六安瓜片、金寨翠眉、舒城小兰花、华山银毫五大知名品牌。

二、安徽省省非公有制经济快速发展的经验

（一）严格推进政策落实落地，进一步提升了企业获得感

首先，落实兑现政策。落实“降成本 20 条”，完成直供电交易 394 亿千瓦时，2016 年降低用电和社保等成本约 71 亿元；省小额票据贴现中心贴现近 540 亿元，降低企业贴现成本 2.7 亿元。扩大小微企业税收优惠覆盖面，对 79.2 万

户小微企业和个体工商户累计免征增值税 15.76 亿元，对 34.6 万户小微企业和个体工商户累计免征营业税 4.3 亿元，对 6.7 万户小微企业，累计减免企业所得税 6.7 亿元。对 77 家主导制订国际标准、国家标准和行业标准的民营企业，兑现奖励资金 1860 万元。其次，推广政府和社会资本合作模式，即 PPP 模式。2016 年安徽省 364 个项目纳入国家发改委 PPP 项目库，总投资 4000 余亿元，落实投资主体项目 75 个；159 个项目纳入财政部 PPP 综合信息平台，总投资 1984 亿元，已落地项目 49 个。再次，梳理惠企政策“干货”。根据安徽省委、省政府主要领导在《佛山市推动供给侧结构性改革情况报告》上的批示精神，从促双创、降成本、助融资、拓市场、强保障等五大方面精选政策“干货”29 条，编辑《安徽省支持民营经济发展政策精选》，制作政策咨询电话联系表，方便民营企业家“按图索骥”。同时，开展以“专、精、特、新”为主题的“双创走江淮”、产业集群“百镇行”、政策“进企业、进产业集群、进创业基地”等活动，并利用政府网站、微信、微博等新媒体平台，将政策及时传导至基层和企业，提振企业家信心。最后，大走访大排查。安徽全省结合“百名干部进千企”，开展中小企业大走访大排查活动，调查中小企业的政策获得感，摸清中小企业面临的突出问题，了解中小企业创业创新的服务需求等，发现中小企业发展的先进典型，并建立企业问题清单、解决措施清单、部门责任清单，切实做到积极作为、靠前服务，构建上下同欲、政企同心、“亲”“清”齐美的新型政商关系。

（二）加快推进创业创新发展，进一步增强了市场主体活力

首先，深化商事制度改革。在实行“三证合一、一照一码”的基础上，再整合社会保险登记证和统计登记证，从 2016 年 9 月 1 日起，全省正式实施“五证合一、一照一码”登记制度改革，实现“一次申请、一窗受理、一站办结”。在全国率先实施个体工商户“两证整合”，核发个体工商户“两证整合”营业执照 5.23 万份。截至 2016 年年底，全省共有私营企业 71.9 万户、个体工商户 232.7 万户，分别较 2015 年增长 28.2% 和 15.5%。其次，实施“创业江淮”行动计划。打造创业服务云平台和创业创新竞赛平台两大服务平台，实施创客逐梦、创业领航、创业筑巢、融资畅通、青年创业、高端人才创业、返乡农民工创业、大学生村官创业等八大工程。出台《关于发展众创空间推进大众创新创业的贯彻意见》，支持建设“众创空间”，探索新型孵化模式，新增 6 家国家级“众创空间”、10 家省级科技企业孵化器。出台《安徽省小微企业创业基地建设管理办法》，培育认定省级小微企业创业基地 35 个。实施小微企业创业无忧行动，创建国家级小微企业创业创新示范基地 3 个，支持合肥市成功入围国家小微企业创业创新基地示范城市，获得国家 9 亿元资金支持。推进青年创业园建设，认定首

批青年创业园4个。加强创业金融服务，2015年，为初创企业和再创业者发放创业担保贷款53.8亿元，为105家企业发放“无担保、无抵押”贷款7321万元，拨付皖北地区青年创业小额贷款贴息700万元。启动首届“赢在江淮”安徽创业大赛，进入复赛项目225个；开展第二届中国青年创新创业大赛（安徽赛区）暨第五届安徽青年创业大赛，征集青年创业项目1011个。优化青年创业服务，在14所高校举办“创业大讲堂”活动，吸引5400余名大学生现场参与互动；在104所高校举办大学生创业典型报告会489场，参与学生19.2万人次。再次，实施创新驱动发展战略。安徽省加快建立健全科技创新“1＋6＋2”政策体系，2015年安徽省全省实施15个科技重大专项，新建国家级研发机构18家，新增国家“千人计划”人才45人，扶持高层次人才团队93个。积极落实合芜蚌试验区先行先试政策，加大企业股权和分红激励政策实施力度，93家开展试点。加快政产学研用深度合作，在全国率先开展行业技术中心创建试点，首批认定智能制造等6家省行业技术中心；培育认定省级企业技术中心141家。落实两化融合行动计划，14家企业通过全国首批两化融合管理体系认证，数量居全国第4位。2016年安徽省政策兑现1340家单位政策补助7.5亿元，带动市县先行补助12.4亿元，拉动企业研发投入88亿元。新认定省级企业技术中心155家、行业技术中心6家、技术创新示范企业37户、省级新产品603项、安徽工业精品131个。加强产学研合作，组建安徽省功能膜创新联盟和安徽省高分子基金属浆料产业技术创新联盟。最后，引导徽商回归。2016年，全省5000万元以上在建徽商回归项目310个，投资总额1142.8亿元；实际到位资金215.亿元，同比增长18.7%。

（三）积极推进创新金融服务，进一步拓展了企业融资渠道

第一，创新政策支持。制定《安徽省小微企业续贷过桥资金使用管理暂行办法》，截至2015年年底，省及各市县建立过桥资金池36.71亿元，累计帮助1589户企业解决过桥贷款102.13亿元。大力推广“税融通”业务，截至2015年年底，安徽省“税融通”累计为1140家中小微企业发放贷款37.12亿元。支持民营资本进入金融领域，截至2015年年底，全省83家农村商业银行股本中民营资本持股占比86.78%；全省63家村镇银行股本金额中民营资本持股占比76.89%；全省446家小额贷款公司注册资本中民营资本占比超过80%。截至2015年年底，全省小微企业贷款余额8101.96亿元，同比增长14.94%，高于全省各项贷款平均增速0.06个百分点。第二，完善民营企业融资担保体系。深入推进“4321”的新型政银担风险分担合作试点，重点支持开展小微企业和农户单户融资2000万元及以下的担保业务。截至2015年年底，已覆盖全省16个市，

89个县（市、区），合作银行100余家，合作担保机构113家，放款281.87亿元，服务企业5542户，户均508.6万元。建立安徽省中小企业担保代偿补偿资金池5亿元，发放小额再担保支持贷款1967笔、金额52亿元。制定《安徽省产业集群专业镇中小企业专项贷款风险准备金暂行实施细则》，累计为203户产业集群专业镇龙头企业担保流动资金贷款5.7亿元。124家担保机构纳入新型政银担合作，覆盖全省16个市、102个县（市、区），2016年全省政银担合作业务新增贷款699.34亿元。143家政策性融资担保机构，实收资本538.1亿元，市级、县级政策性融资担保机构放大倍数分别为4.94倍、3.86倍。第三，促进信贷投放。完善金融机构支持地方发展经营业绩考核办法，进一步优化"三农"、小微企业信贷考核指标和分值分配，新增"税融通"业务和"4321"政银担企合作贷款等支持民营经济作用明显的信贷考核板块。截至2016年11月末，全省小微企业贷款余额6868.44亿元，同比增长23.56%，高于各项贷款平均增速5.05个百分点。推进金融机构通过发行专项金融债、资产证券化等，扩大可用信贷资金规模，截至2016年11月末，全省各金融机构累计发行金融债148亿元，同比增长48%。第四，发展民营银行。积极推进安徽新安银行（合肥）、安徽皖江科技银行（芜湖）组建，银监会原则同意南翔贸易、华泰集团、金彩牛集团、中辰投资、联华实业等5家企业发起设立安徽新安银行，即将获批筹建。引导符合条件的民营企业参与安徽省农村商业银行、村镇银行、小额贷款公司增资扩股，截至2016年年底，民营资本占农村商业银行股本总额比例为86%；民营资本占村镇银行股本总额比例为78%；民营资本成立的小额贷款公司家数占总数的95%以上。第五，推进金融创新。推动抵质押物范围不断扩大，加快在全省推广"税融通""信贷+担保""信贷+保险"等信贷产品和模式，推出了以"金徽通、科联贷、易保贷、创业宝"为代表的200余种金融创新产品。截至2016年年末，全省"税融通"贷款余额为144.42亿元，比年初增长124.11亿元，服务企业5137家，比年初增加4612家。全省共安排续贷过桥资金48.66亿元，累计扶持企业12058户。发挥省小额票据贴现中心的作用，设置"非授信承兑行专项额度"，可受理全国所有商业银行票据。开展"网融e+服务万家"扶助企业活动，汇编《安徽省中小企业金融产品手册》。第六，扩大直接融资。2016年，新增"新三板"挂牌企业140家，新增省区域四板挂牌465家。推进直接融资后备资源库建设，入库管理的工业企业达1620户。第七，搭建融资服务平台。实施"网融e+服务万家"行动，2015年开展近50场电子商务和融资人员培训，帮助1200余户企业搭建起电商平台，协调100余户企业利用大数据融资。完善"安徽省高成长性中小企业直接融资评价体系"，入库工业企业1500户；建立"安徽省优质中小企业间接融资评价体系”，有300余户企业参与评价并向金融机构推荐50户。2015年10月31日，省经信委与徽商银行、省农信社联合社合作，成立省小额票据贴现中心，截至2015年年底，已实现贴现40.4亿元。

（四）加快推进公共平台建设，进一步夯实为企服务基础

第一，搭建完善公共服务网络平台。2015年安徽省实施服务机构能力提升行动，认定省级中小企业公共服务示范平台41个，全省省级平台总数达到113个。打造网上“服务淘宝”和“1+44”中小企业公共服务网络平台正式建成运营。省公共信用信息共享服务平台初步建成，已归集387万条数据，覆盖102.5万户法人和96万个人。2016年安徽省实施服务机构能力提升行动，以省中小企业公共服务网络平台为依托，带动6748家服务机构入驻网络服务平台，累计开展服务活动10896次，服务企业38770家。新认定中小企业公共服务示范平台28家，截至2016年年底，省级中小企业公共服务示范平台138家，国家级中小企业公共服务示范平台18家。第二，搭建创业创新平台。2016年安徽省认定青年创业园5个、创业大学5所、创业学院25所，建设国家级众创空间24家、省级66家。新增国家小型微型企业创业创新示范基地4个，培育认定省级小微企业创业基地30个、省级产业集群专业镇24个。第三，搭建企业培训平台。2015年安徽省实施企业家新生代培养行动，建立全省中小企业培训师资料库，阶梯式培训10万人。实施“安徽技能人才振兴计划”，开展企业新录用人员培训15.3万人次。2016年安徽省按照培训精准化、模块化、系列化的要求，针对“专精特新”企业，先后举办企业经营管理者素质提升、建立现代企业制度和质量品牌建设、产业集群提质创牌、创业创新辅导培训，服务机构能力提升等10期培训班，培训人员超过3000人次。第四，搭建产销对接平台。2015年安徽省开展钢铁、工业机器人、节能环保新技术新产品新装备、装备制造等产需对接活动6次。组织企业参加中博会、工博会、青洽会等大型展会。制定并发布200个境外重点展会目录，对民营企业境外参展展位费和人员费给予不超过70%的支持，全年共组织2000余家民营企业参加广交会、华交会及境外专业展会，达成意向出口成交50亿美元。2016年安徽省帮助企业开拓产品市场，开展“皖烟、皖酒、皖茶全国行”活动6场次，举办钢铁、装备制造、工业机器人、节能环保装备、中国（合肥）家博会、中国中小企业博览会、深圳APEC中小企业技展会等产销衔接活动10余场次，累计签约金额230多亿元。第五，建成工业云平台。在覆盖全省规上工业企业基础上，构建工业经济运行监测预测模型，强化动态、预测、原因和措施分析，按月通报、按季调度工业运行情况。第六，搭建民营企业合作平台。跟踪调度民企合作项目，截至2015年年底，233个5亿元以上省与全国知名

民企合作项目已开工 228 个，完成投资 1087.9 亿元。组织开展“百家民企进皖北、商会合作共建皖江”活动，全年累计签约投资项目 77 个，总投资额 396.4 亿元。下放民营企业“走出去”审批权限，将 1000 万美元以下境外投资开办企业核准、对外劳务合作经营资格审批以及对外劳务合作项目审查、外派劳务人员备案等下放到各市。

（五）积极推进扩大开放合作，“走出去”“引进来”协同发展

首先，举办安徽省与全国知名民营企业推动长江经济带战略发展洽谈会。聚焦长江经济带发展机遇，2016 年安徽省开展“大招商、招大商、招好商”邀商推介活动，邀请中国民生投资股份有限公司、均瑶集团等 200 多家全国知名民企代表参加会议，达成亿元以上民企合作合同项目 806 个，投资规模 7355 亿元，其中，现场签约 100 个项目，投资规模 2373 亿元，截至 2016 年 12 月底，已开工项目 72 个，累计完成投资 259.4 亿元。此外，安徽省经信委组织中小企业参加中博会、工博会、广交会、新博会、郑州产业转移对接会、APEC 中小企业技展会等展会活动，助力企业争取订单、开拓市场。其次，推动中德中小企业产业园建设。2016 年中部地区首家国家级中德（芜湖）中小企业合作区挂牌成立，并签约马瑞利车灯扩建、FKS 铸造机器人等 25 个项目，总投资 13 亿美元。最后，鼓励民营企业“走出去”。2015 年安徽省发改委加强对“走出去”服务的指导，会同省商务厅、国开行安徽省分行出台了《安徽省企业“走出去”发展规划》。全年新批境外投资企业 100 家，实际对外投资额 4.7 亿美元，其中新增境外投资主体中，民营企业占 90%。出台《安徽省人民政府办公厅关于促进外贸回稳向好的实施意见》（皖政办〔2016〕49 号），兑现民营企业省级外贸促进资金 1.6 亿元。2016 年 1—10 月，全省新批境外民营企业 101 家，占全省的 87.8%；实际对外投资民营企业 69 家，占全省的 77.5%，实际投资 3.6 亿美元。此外，2015 年安徽省商务厅积极组织民营企业参加俄罗斯汽配展、美国国际服装展等“千企百展”活动，拓展国际市场。全年共组织 1000 余家民营企业参加 30 多个国家和地区近 100 场境外知名展会、1000 多家民营企业参加广交会、华交会等境内知名展会，意向出口成交 60 亿美元。

（六）认真推进完善协同联动机制，进一步凝聚了发展合力

首先，加强舆论正面引导。安徽省集中发布 2015 年度民营经济“1+3”报告，包括民营经济、产业集群、“专精特新”、服务体系四大板块，中央和省级媒体累计刊发新闻稿件 30 多篇，转载上千次，社会反响强烈。其中，“专精特新”发展情况被国家网信办作为“治国理政新实践·安徽篇”重点稿件向全国

主要网媒进行推介，国内数十家主要网站在首页“治国理政进行时”专题进行了转发。其次，发挥考核“指挥棒”作用。安徽省统计局进一步强化民营经济的统计监测，强化和提升民营经济统计信息服务水平，针对民营经济发展情况进行了专题研究，并根据各专业统计报表制度变化的情况，对《安徽省民营经济统计制度》的部分指标进行了调整和修订。进一步规范民营经济统计制度，完善民营经济分类考核评价体系，对原有考核分类和指标作适当调整，考核办法已经省政府同意印发实施，并完成 2015 年度全省民营经济考核，引导各级政府聚力支持民营经济发展。最后，加强调度检查。安徽省经信委收集整理全省各市、县（区）的各项民营经济考核相关基础数据，会同省统计局完成 2012 年、2013 年度民营经济考核工作。召开省民营经济提升工程推进小组会议和联络员会议，研究安排推进实施民营经济提升工程的重点任务。建立安徽省民营经济工业月度监测制度，改造完成全省中小企业生产经营运行监测系统，试运行以来上报企业数已从最初的 100 多户上升到 1000 多户。完成安徽省上规模民营企业调研及百强排序并召开 2015 年安徽省民营企业 500 强名单发布会。制定《民营经济提升工程调度工作方案》，调度 2016 年与全国知名民企推动长江经济带战略发展洽谈会重点签约项目等。将民营经济政策落实纳入省政府重大决策执行督查内容，推动各地和省有关部门细化、实化民营经济扶持措施。

（七）全面深化改革，进一步优化营商环境

首先，积极实施“放管服”改革。在全国率先推行省市县乡四级政府权责清单制度，取消非行政许可审批，建成省级政府权力清单运行平台。做好核准权限的承接和下放，修订《安徽省地方政府核准的投资项目目录》，减少省级核准事项 1/3 以上。其次，深化商事制度改革。积极推进“三证合一、一照一码”改革，允许“一照多址”“一址多照”。调整工商登记前置审批事项目录，减少工商登记前置审批事项，放宽注册资本登记条件，实施注册资本认缴制，改革年检验照制度，降低民营企业创业门槛。再次，推广政府和社会资本合作模式，即 PPP 模式。2015 年建立安徽全省 PPP 项目库，入库项目 581 个，总投资 4576 亿元，其中，265 个项目纳入国家发改委 PPP 项目库，总投资 2743 亿元，入选项目个数和投资额居全国前列。最后，规范涉企收费。推动出台《关于进一步规范涉企收费管理工作的通知》，2015 年清理取消越权设立、涉企收费清单之外的各类收费（事项）41 项，年减轻企业负担约 3.2 亿元。下调企业反映过高、收费体量过大、实际服务成本较低的行政事业性收费标准，年减轻企业负担约 2.7 亿元。落实降低失业保险费率政策，年减轻企业负担 15 亿元。省发改委等推行省级行政权力清单制度，对涉企收费集中开展清理规范，制定《安徽省行政事业性

收费目录清单》和《安徽省涉企行政事业性收费目录清单》，实行“涉企收费进清单，清单以外无收费”。严格按照皖政办〔2013〕29号文件要求，停止省级涉企行政事业性收费项目设立审批。2014年取消、缓征等各类收费318项，年减轻企业负担超过17亿元。安徽省地税局对近年来涉及民营企业发展的66条税收优惠政策按10个部分进行整理分类，编印2万册《民营经济适用税收优惠政策汇编》，免费发放给纳税人。安徽省国税局推进集中办税、集中审批，对纳税人需要到国税机关办理的各项涉税事项，实行“窗口受理、内部流转、限时办结、窗口出件”；取消78个进户执法项目，规范税务人员到纳税人生产、经营场所实地检查的执法行为。扩大“营改增”试点，落实结构性减税政策，全年减少市场主体税费负担466亿元。安徽省人社厅继续实施“五缓两降三补贴”政策，2014年累计减收社会保险费40.79亿元，发放就业岗位、技能培训、职业介绍等补贴8.06亿元。安徽省委宣传部开展“打造最优投资环境”和“走进中小微企业”集中宣传，2014年推出相关报道200多篇。

（八）加强帮扶指导力度，进一步培育“专精特新”

首先，安徽省经信委深化“百名干部进千企”活动。2014年安徽省经信委组织处级以上干部选择1000户重点企业加强帮扶指导，宣传讲解企业发展的政策法规，通过电话、网络、调研、召开座谈会、接待来访等多种形式直接联系帮扶对口企业1760余次，帮助解决困难369项。其次，印发《关于促进中小企业“专精特新”发展的实施意见》，认定“专精特新”企业200户。省中小企业发展专项资金5600万元主要支持“专精特新”等项目136项、总投资41.27亿元。最后，组织认定30个省级产业集群专业镇建设示范点，在项目资金、平台建设、企业培训等方面重点支持，培育形成引领新常态、实现“新四化”的创新点和爆发点。

第二节　安徽省非公有制经济活力演变机理

一、非公经济发展符合生产力标准

改革开放前，我国模仿苏联经济发展模式，实施计划经济体制。而计划经济的基础是公有制经济，实施改造、限制乃至消灭非公有制经济的政策，阻碍了我国生产力发展。改革开放后，根据生产力标准，我国逐步建立完善了社会主义市场经济体制。党和政府先后制定实施了一系列方针、政策以允许、支持、鼓励、引导非公有制经济发展，非公有制经济快速发展，实现了由小变大、由弱变强的嬗变，非公有制经济是我国社会主义市场经济的重要组成部分，基本形成了与公有制经济“一荣俱荣、一损俱损”的良性发展格局，非公有制经济是我国进一步发展社会生产力、提升我国综合实力与竞争力的重要力量。从安徽省将近40年的非公有制经济发展实践可以看出，何时非公有制经济发展较快，何时安徽经济发展就快；哪个地方非公有制经济比重比较高，哪个地方经济发展就好。因此，国家与安徽省大力实施的允许、支持、鼓励与引导非公有制经济发展的政策措施，进一步解放和发展了安徽省生产力，完全符合生产力标准。

二、政府“有为”与“不为”有机结合

加快安徽省非公有制经济发展，政府大有可为。首先，切实转变政府职能，加快服务型政府建设，服务非公经济发展。为了加快安徽省非公有制经济发展，安徽省各级政府结合安徽省实际适时制定实施了许多相关政策措施，并加大了在产业政策、投资领域准入、园区建设、金融体制与财税体制改革等方面的改革力度，为安徽省非公经济发展提供了良好的政策支持环境。其次，创新服务非公经济发展的体制机制。安徽省各级政府简政放权，实施“负面清单”，严禁不合理收费；科学利用价格、利率、税收、信贷等杠杆来鼓励、引导非公经济健康发展，大力支持非公经济加快技改进程；制定完善科学发展规划与法律法规、政策，为非公企业参与国内国际竞争提供良好的制度环境；进一步完善公共基础设施，建立健全完善的社会保障体系，为安徽非公有制企业发展提供良好的外部环境。

另外，随着我国社会主义市场经济体制的逐步完善，政府要适时“无为”，减少直接干预，要加强宏观调控。早期安徽省非公有制经济的主体是集体经济，而且很多都是乡镇企业，政府进行协调沟通以实现共同富裕。在当时条件下，政府这种超强经济干预无疑也是一种比较可行的模式，但随着改革的深入，市场经济体制进一步完善，这种模式的弊端如产权不明、政企不分、社会“包袱”沉重等暴露出来，就不利于安徽省非公有制经济的进一步发展。这时政府就适时退出直接干预，做好宏观调控，让“看不见的手”在非公有制经济资源配置中发挥主导作用。安徽省非公有制企业主动利用市场来自我发展，并充分发挥行业自律作用。

三、非公有制企业自身方面

（一）非公有制企业不断提升自我

改革开放以来，国内国际经济形势发生了巨大变化，安徽省非公有制企业审时

度势，不断提升自我，获得飞速发展。首先，改革开放以来，安徽省非公有制企业产业结构逐步优化。例如，安徽省私营企业在三次产业的布局由 2010 年的 4.1∶32.4∶63.5 调整为 2014 年的 6.2∶27.1∶66.7；非公有制企业实力增强，注册资本增长迅速；安徽省非公企业对全省的经济贡献提升非常快，非公有制经济增加值由 2002 年的 1548 亿元迅速增加到 2015 年的 12647.9 亿元，增加 8.2 倍。其次，非公有制企业创新能力不断提升。2015 年，安徽省非公有制高新技术企业有 2900 家，比 2014 年增加了 800 家，占全省高新技术企业的比重比 2014 年提高了 4%，达到 92%。再次，非公有制产业集群规模不断增大。非公企业加快"抱团式"发展，不断提升安徽省非公企业的自身活力、经济实力与竞争力、抗风险能力等。最后，逐步建立比较完善的法人治理结构现代企业制度。在发展过程中，安徽省非公经济逐步摆脱了家族制的产权制度，通过技术、知识产权、管理等入股，积极聘请高端人才参与企业决策与经营管理，优化企业产权结构与治理机制，实现所有权与经营权分离，逐步完善其法人治理结构。

（二）非公企业加快产业优化，走专业化、多元化、国际化之路

非公有企业天生具有能动性、根植性与创新性等优秀品质，它有助于加快产业集聚与扩散，增强企业发展活力与动力，提高当地居民收入水平，即使在经济下行情况下其再生能力也非常强。与国家大力倡导的经济发展方式转变与产业结构转型升级相呼应，非公企业根据安徽省实际适时进行产业优化升级，其产业优化呈现专业化、多元化、国际化趋势。到 2015 年年底，安徽省级产业集群专业镇有 189 个，聚集 4357 户规模以上企业；营业收入百亿元以上产业集群专业镇有 15 个，其中有 3 个产业集群专业镇营业收入超 200 亿元。专业化有助于企业做大做强，提升其经济实力与竞争力。企业巩固加强了自身专业优势之后，还要结合自身实际，适时拓展延伸其产业链，实施多元化发展，拓展其价值创造空间。另外，伴随着经济全球化与区域经济一体化的快速发展，安徽省非公企业也积极参与国际竞争，积极利用国际资源，开拓国际市场，不断提升其应变国际竞争能力。

（三）非公有制企业更加注重经济与社会、环境等协调发展

经济良性快速发展与社会公平、环境等协调可持续发展密不可分。改革开放以来，安徽省非公有制经济在快速发展的同时，也非常重视社会公平与环境保护等工作。非公有制企业是安徽省吸纳就业的非常重要渠道，1995 年安徽省个体企业吸纳就业 203.9 万人，2013 年增加到 381.9 万人；1995—2013 年安徽省私营企业吸纳就业基本上逐年增加，由 1995 年的 18.1 万人增加到 2013 年的 323.2 万人，增加 17.9 倍；1995 年，安徽省外资与港澳台企业吸纳就业人员分别为

3.8 万人和 2.8 万人，2013 年两者吸纳就业人员分别增加到 20.3 万人和 15.9 万人。随着就业人员增加，有利于增加人民收入，缩小收入差距，缓解社会矛盾，有利于非公经济更好更快发展。而且随着不断深化市场经济体制改革，新常态下安徽省要顺利跨越“中等收入陷阱”，非公经济加快了产业优化升级步伐；加快协调可持续发展，实现发展质量与发展速度有机统一；密切关注民生和社会公平公正，推进包容、共享式发展进程；强化资源节约与环境保护意识，加快推进经济、社会、环境协调可持续发展。

（四）非公企业充分利用国内国际“两种资源”与“两大市场”

结合安徽省资源优势积极承接东部及发达地区的产业转移，以非公有制企业高度集聚为特征的产业集群发展态势迅速，一些重点产业集群已经成为当地经济发展的支柱。安徽省在产业结构调整，尤其是国有企业改革进程中，科学定位自身区位优势，突出其比较优势，制定许多优惠措施来释放其非公经济发展空间，吸引国内外优质企业资本、技术、管理等参与安徽省特色资源与优势产业共赢发展。与此同时，安徽省也不断加大力度培育本省非公经济主体，除进一步优化宏观政策、取消制约发展非公经济关键壁垒外，逐步加大力度培养非公企业家、培育职业经理人市场、积极引进各类专业技术人才等。此外，安徽省还积极鼓励非公企业“引进来”“走出去”，安徽省非公有制企业积极参与国际竞争，充分利用国际与国内两种资源来更好地发展自己、提升自身经济实力与竞争力。2005—2015 年安徽省非公有制企业进出口总额除了 2008 年受到美国金融危机影响外基本上逐年增加，由 2005 年的 24.8 亿元增加到 2015 年的 233 亿元，增加 9.4 倍。

第三节　案例分析[①]

一、安徽中鼎控股（集团）股份有限公司简介

1980 年 1 月，安徽宁国密封件厂成立。1988 年，宁国密封件厂被国务院命名为国家二级企业。1992 年 12 月，宁国密封件厂完成改制，中鼎股份有限公司诞生。经过 37 年的不懈努力、艰苦奋斗与渐进发展，目前已经形成以机械基础

① 这部分资料来自安徽中鼎控股（集团）股份有限公司网站：http：//www.zhongdinggroup.com/index.aspx，提供的资料整理而成。

件与汽车零部件为主导的大型现代化企业。中鼎集团拥有30多家相关企业，除总部基地宁国外，集团在北、上、广、津、苏等地建立产业基地。与此同时，集团积极在国外拓展市场，在美、德等国拥有10多家境外企业。2006年，中鼎集团核心控股企业——安徽中鼎密封件股份有限公司在深交所挂牌上市，证券代码：000887，是我国密封件行业上市第一股。

安徽中鼎控股（集团）股份有限公司产业涉及实业投资、橡胶及塑料制品、机械及模具制造、汽车工具、信息科技、环保材料、新型环保发动机等。其主导产品“鼎湖”牌橡胶密封件和特种橡胶制品广泛应用于石化、汽车、工程机械、办公自动化、铁路、船舶等。经过多年发展，安徽中鼎控股（集团）股份有限公司在国内同行业拥有绝对领先优势地位，而且在国际市场上其产品也具有极高的知名度与影响力。

二、安徽中鼎控股（集团）股份有限公司经济活力演变

（一）安徽中鼎集团规模日益壮大

安徽中鼎控股（集团）股份有限公司与其他非公有制企业一样，都经历了诞生、成长、壮大的一个发展过程，规模由1980年的安徽宁国密封件厂发展成目前一个大型现代化企业集团，集团拥有30多家相关企业，除总部宁国基地外，在北、上、广、津、苏等地建立产业基地，在美、德等国拥有10多家境外企业。2002年6月，中鼎启动工业园扩建项目；2003年3月中鼎汽车零部件基地扩建开工；2003年在美国设立全资公司——中鼎美国公司；2003年12月与韩国泰克公司合资“汽车制动系统橡胶件”项目，2005年1月项目正式竣工投产；2004年6月与韩国金亚国际股份有限公司合资“汽车动力转向高压油管”项目；2007年3月顺利通过竣工验收中鼎汽车零部件基地扩建项目，为公司今后承担各类国家级项目奠定了良好的基础；2008年1月，国家科技部、国资委、中华全国总工会联合下发了《关于确定第二批创新型试点企业的通知》，安徽中鼎密封件股份有限公司成为国家选定的184家创新型试点企业之一；2008年6月，中鼎密封件股份有限公司收购美国 Allied - Baltic Rubber 公司；2008年12月，中鼎密封件股份有限公司在德国设立中鼎欧洲公司；2009年9月，收购美国知名上市企业：迈尔斯工业股份公司旗下两家橡胶制品工厂 BRP 和 MRP，并与原美国 Allied - Baltic Rubber 公司合并成立中鼎密封件（美国）有限公司；2010年4月中鼎密封件股份有限公司收购天津飞龙橡胶制品有限公司；2011年4月中鼎集团宣城产业园项目奠基；2011年7月中鼎全资收购美国 COOPER 公司；2016年7月，中鼎股份下属中鼎欧洲公司与 AMK Holding GmbH & Co. KG（简称“AMK”）股东签署

《股权转让协议》，中鼎欧洲收购了 AMK 的 100% 股权，投资总额 1.3 亿欧元；2017 年 3 月，公司与法国 Bavaria France Holding SAS 签署《购买协议》，以 1.85 亿欧元收购 Tristone Flowtech Holding SAS 的 100% 股权。

（二）安徽中鼎集团对社会经济的贡献不断提升

首先，吸纳就业人员稳步增加。中鼎集团随着规模的逐渐扩大，其吸纳就业的人员数也越来越多。据统计目前中鼎集团现有 1.9 万名员工。除此之外，中鼎集团还带动其所在地企业发展，激发大众创业、万众创新，带动大量人员就业。

其次，经营业绩稳步提升。据统计，2016 年上半年，中鼎股份销售总收入比上年同期增长 14.3%：国内销售收入增长了 20%，海外销售收入增长了 12%。国内销售收入和海外销售收入分别占销售总收入的 39% 和 61%。2016 上半年，上市母公司销售收入增幅较大，与 2015 年同期比较，增长额 1.33 亿元、增长率 12%，下属子公司如中鼎减震、中鼎胶管等也增幅很大，中鼎减震基数较大，销售增长 1 亿元，增幅为 11.5%。出口创汇方面，公司积极利用国内国际两大资源，出口业绩可观，仅上市公司 2016 上半年出口创汇就达 10752 万美元，比 2015 年同期 10387 万美元增长 3.51%。利润方面，2016 上半年，中鼎股份比 2015 年同期增长了 20%。其中，上市母公司比 2015 年同期增长 40.19%；中鼎减震比 2015 年同期增长 29.49%。2016 年，中鼎全球销售 135 亿元，各项主要经济指标雄踞国内同行业首位，列“全球非轮胎橡胶制品 50 强排行榜”第 19 位，“中国汽车工业 30 强”第 24 位，2015 年中鼎首次进入“中国汽车工业 30 强”，居第 27 位，是名次上升最快的入榜企业。中鼎在 2015 中国民营企业“500 强”中排名第 480 位，其曾于 2010 年首次荣登该排行榜，时隔四年再次上榜；中鼎在 2016 中国民营企业“500 强”中排名第 438 位。与此同时，2015 中国企业制造业“500 强”中，中鼎由 2014 年的第 466 位上升至第 423 位；2016 中国企业制造业“500 强”中，中鼎由 2015 年的第 423 位提升至第 398 位。2016 年 12 月，由工信部评选的第一批“制造业单项冠军示范企业”榜单共 60 家企业中，中鼎密封件股份有限公司榜上有名。自 2011 年以来，中鼎已连续五年进入该榜单，且每年位次均有上升：2014 年中鼎在该榜单位列第 36 位，2015 年中鼎在该榜单的排名已居第 29 位。

最后，不断加快其国际化进程。中鼎集团自成立以来，充分利用自身优势，积极利用国内国际两大资源，深化拓展国内国际两大市场，取得骄人业绩。如前所述，尤其是进入 21 世纪以来，公司在欧美等全球主要汽车生产和销售市场通过海外收购等方式建立研发、生产、营销基地，进入全球采购平台。更重要的是，公司不断引进消化吸收国外先进技术，进一步增强了公司技术研发实力与市场竞争力，在全球范围内初步具备与国际行业巨头展开广泛市场竞争的实力。中鼎在全球非轮胎橡胶制品行业“50强”榜单排名不断上升，2014年居第36位，2016年全球非轮胎橡胶制品企业“50强”榜单中，中鼎名列第19位，首次进入“20强”。

（三）安徽中鼎集团发展环境不断优化

如前所述，改革开放以来，为了加快我国非公有制经济的快速发展，各级政府与部门纷纷出台了很多法律法规政策与规定来优化非公有制经济发展环境。同样，为了促进安徽省非公有制经济发展，安徽省委、省政府及省人大颁布了一系列政策、法规为安徽非公有制企业发展营造良好的制度环境。结合中鼎集团实际也可以很明显看出其发展环境日益优化，1993年4月，中鼎股份有限公司被国务院批准为自营进出口企业，同年5月，被评为安徽省工业“50强”；1998年10月，中鼎股份有限公司被授予“安徽省管理示范企业”；2003年3月，“中鼎汽车零部件基地扩建”项目被列入安徽省重点支持建设项目；2006年6月，中鼎密封件有限公司被国家科技部认定为“国家火炬计划重点高新技术企业”，国家人事部批准中鼎股份有限公司设立“博士后科研工作站”；2007年10月，公司技术中心被国家发改委、科技部、财政部、海关总署和国家税务总局等五部委联合认定为第十四批“国家认定企业技术中心”；2008年1月，国家科技部、国资委、中华全国总工会联合下发了《关于确定第二批创新型试点企业的通知》，安徽中鼎密封件股份有限公司成为国家选定的184家创新型试点企业之一；2009年12月，中鼎密封件股份有限公司被省经信委和省教育厅被评为“安徽省产学研联合示范企业”；2010年1月，中鼎密封件股份有限公司被国家知识产权局授予“全国企事业知识产权试点单位”等。

（四）安徽中鼎集团创新能力不断提升

随着企业规模日益扩大，技术水平不断提高。除了继续做大做强其核心产业——汽车零部件外，中鼎集团还积极在铁路、军工、石化、航空航天、矿山机械等高端产品配套领域进行拓展。企业加大研发投入，积极与国内著名科研院校建立合作关系，产学研相结合，把科研创新成果迅速转化为其市场竞争力，公司科研创新能力迅速提升。2005年11月，公司主持的橡胶纳米材料及汽车配件研发项目列入“国家科技攻关项目”；2006年6月，中鼎密封件有限公司被国家科技部认定为“国家火炬计划重点高新技术企业”，国家人事部批准中鼎股份有限公司设立“博士后科研工作站”；2007年12月，中鼎公司与安徽大学共同承担国家级“汽车用橡胶新材料及产品研发项目”顺利通过专家组验收。此外，创新升级方面，中鼎集团通过研发平台多元化、产学研合作、国际先进技术引进等多种方式，引领行业技术进步；通过并购海外优质企业，实施方向投资等方式，实现高端密封产品国产化，逐步替代进口，促进行业转型升级。交流共享方面，公司注重与产业链上下游企业交流共享，先后牵头召开了齿轮行业、轴承行业及液压、气动行业等多个产业对接会，深入探讨行业共性难题，研究提供技术解决方案。

（五）安徽中鼎集团经营日益多元化

随着企业规模扩大与经济实力提升，为了有效应对各类风险，中鼎集团结合自身的主业，积极拓宽其产业布局，深化多元化经营，逐渐涉足新能源汽车、核电、环保等新领域，为进一步挖掘集团经营收入潜力打下坚实基础。

三、供给侧结构性改革背景下安徽中鼎集团面临的机遇、挑战及应对办法

（一）供给侧结构性改革背景下安徽中鼎集团面临的机遇

随着国际国内环境的变化，我国经济进入“新常态”。为了积极应对“新常态”，实现国民经济的持久健康发展，中央政府适时提出在适度扩大总需求的同时加强供给侧结构性改革。与此同时，安徽省也及时推出其供给侧结构性改革，在此背景下，尤其是去产能、降成本、补短板等方面给中鼎集团带来千载难逢的机遇。公司可以借此机会，大力提升其“智造”水平，争做高端零部件制造商与综合服务提供商，实现销售业绩与员工工资福利水平翻一番。为此，公司要把握好供给侧结构性改革的机遇加快转型升级，提升其发展硬实力。另外，公司还要持续提升企业文化，切实提升其发展软实力。

（二）供给侧结构性改革背景下安徽中鼎集团面临的挑战

在供给侧结构性改革背景下，国内经济增速放缓明显，经济下行压力不断加大，国内经济发展进入“新常态”，尤其是国内正在大力实施的去产能、去库存、去杠杆等改革都给中鼎集团未来的发展带来很多不确定性。与此同时，国际经济环境复杂多变，给企业的进一步发展带来许多未知的变数。另外，目前中鼎集团内部也存在一些不容忽视的问题，如其产业结构调整还有很大的提升空间，基础管理也有待进一步加强等。这些问题都给中鼎集团未来的发展带来严峻挑战。

（三）供给侧结构性改革背景下安徽中鼎集团的应对办法

第一，利用好国家与安徽省提供的各类优惠政策。第二，让创新引领未来。

在创新管理上，公司要继续做好推进专业化生产和大客户管理这两项工作，同时，进一步助推其国际化进程，大力实施国际化发展战略，有效整合全球资源。第三，优化内部管理。百年中鼎，质量为先。公司将从设置科学的质管架构、设定明确的绩效考核目标、大力培训质量意识、优化质量后备人才队伍、制定科学的质量激励政策等方面改进措施，进一步提升集团内部质量管理水平。同时，公司还将加强设备管理，努力实现设备资源利用效益最大化。第四，要进一步提高全员幸福指数，从“收入增长，环境改善，福利提升，人际和谐”几个方面入手，打造“幸福中鼎”，同时遵循“共创价值，共享幸福”的经营宗旨，为繁荣地方经济、推动行业进步、促进社会和谐发展而不懈努力。第五，创新驱动发展，文化引领未来。中鼎集团将大力弘扬“万众鼎力，引领创新”的企业文化精神，持续加强企业创新能力建设，不断加快产业升级步伐，为实现“中国智造，鼎誉全球”的目标愿景，振兴民族工业、推动国家经济社会发展而努力奋斗。

第四章　安徽省与中部地区其他省份非公有制经济活力比较[①]

近年来，虽然安徽省非公有制经济活力有了很大提升，但与中部其他省份相比还有一定的差距。通过本章的分析可以进一步发现安徽省非公有制经济发展取得的成绩及存在的突出问题。

一、非公企业数量比较

从表 4－1 可以看出，2014 年安徽省个体工商户数是 187.8 万户，在中部地区仅仅比山西省和江西省多一点，比其他省份都要低；个体工商户资产总额为 1309.8 亿元，也仅仅比山西省和湖南省多一点，比其他省份都要低。再看 2014 年安徽省私营企业户数为 45.2 万户，在中部地区仅仅比山西省、江西省和湖南省多一点，比其他省份都要低；私营企业注册资本为 17106.3 亿元，仅比河南省低，但比其他省份要高。这也反映出 2014 年安徽省个体经济在中部地区与河南、湖北、湖南还有一定差距，但私营经济在中部地区仅次于河南省。

表 4－1　　2014 年中部地区个体私营经济发展情况

	个体工商户				私营企业			
	户数（万户）	同比增长（%）	资产总额（亿元）	同比增长（%）	户数（万户）	同比增长（%）	注册资本（亿元）	同比增长（%）
山西	108.8	8.74	517.1	26.7	26.6	20.6	11745.2	35.0
安徽	187.8	11.9	1309.8	31.7	45.2	27.8	17106.3	45.6

① 该部分有一些内容已经公开发表在《安庆师范大学学报（社会科学版）》上，参见刘越、张榆新："改革开放以来安徽省非公有制经济活力演变"，载于《安庆师范大学学报（社会科学版）》2018 年 37 卷第 1 期。

续表

	个体工商户				私营企业			
	户数（万户）	同比增长（%）	资产总额（亿元）	同比增长（%）	户数（万户）	同比增长（%）	注册资本（亿元）	同比增长（%）
江西	154.3	12.3	1347.5	30.2	32.9	25.1	3014.8	138.0
河南	249.2	25.2	1538.9	42.1	51.8	36.8	25192.6	66.8
湖北	320.8	19.5	1915.2	27.9	58.3	27.6	16629.7	43.0
湖南	205.5	12.5	1226.1	24.9	38.4	25.9	15336.1	49.1
合计	1226.4	16.2	7854.6	30.9	253.2	26.3	89024.7	36.4

资料来源：《中部地区民营经济发展报告》（2014—2015）；《安徽省民营经济发展报告》（2014—2015）。

二、非公企业规模（注册资本）比较

从表4－2可以看出，2014年安徽省私营企业注册资本在中部地区的情况。2014年安徽省私营企业注册资本在100万—500万元的户数为123137户，仅比河南省少一点，但多于其他省份；同比增长42%，仅比湖南省低一点，但高于其他省份；占全部比重为27.2%，与湖南省持平，低于江西省，高于其他省份；其他情况见表4－2。从中可以看出2014年安徽省私营企业规模总体低于河南省，但高于其他省份。

表4－2　　2014年中部地区私营企业注册资本

	100万—500万元			500万—1000万元		
	户数（户）	同比增长（%）	占全部比重（%）	户数（户）	同比增长（%）	占全部比重（%）
山西	67019	22.0	25.2	17279	33.3	6.5
安徽	123137	42.0	27.2	37032	47.7	8.2
江西	92200	39.5	30.7	27800	41.1	9.2
河南	156881	40.1	28.6	58841	54.7	10.7
湖北	71044	41.1	12.2	21813	45.0	3.7
湖南	104530	42.7	27.2	28839	46.7	7.5
合计	614811	38.7	24.3	191604	46.9	7.6

续表

	1000 万—1 亿元			1 亿元以上		
	户数（户）	同比增长（%）	占全部比重（%）	户数（户）	同比增长（%）	占全部比重（%）
山西	20765	28.6	7.8	1753	9.7	0.7
安徽	36374	44.9	8.0	2485	45.2	0.6
江西	28200	41.1	9.4	1078	50.4	0.4
河南	70881	60.0	12.9	2863	77.8	0.5
湖北	17753	31.9	3.0	1174	28.3	0.2
湖南	36886	48.3	9.6	1992	58.0	0.5
合计	210859	46.3	8.3	11345	45.6	0.5

资料来源：《中部地区民营经济发展报告》（2014—2015）；《安徽省民营经济发展报告》（2014—2015）。

另外，从表 4 - 3 可以看出 2014 年安徽省非公企业进入全国“500 强”及中部地区情况。2014 年安徽省非公企业进入全国“500 强”在全国排名为第 23 位，在全国处于倒数 10 名以内；同时，在中部地区处于倒数第一。这也充分说明安徽省非公企业实力非常弱，其提升空间非常大。

表 4 - 3　　2014 年中部地区进入全国民营企业“500 强”

	进入全国民营企业“500 强”情况		
	户数（户）	同比增长户数（户）	排名
山西	4	-4	21
安徽	2	-1	23
江西	6	2	17
河南	14	-1	9
湖北	15	-3	6
湖南	11	0	12
合计	52	-7	—

资料来源：《中部地区民营经济发展报告》（2014—2015）；《安徽省民营经济发展报告》（2014—2015）。

三、非公企业吸纳就业比较

从表4－4可以看出，2014年安徽省个体私营企业吸纳就业情况。2014年安徽省个体经济吸纳就业为443.2万人，同比为16%，低于河南省、湖北省，高于其他省份；2014年安徽省私营经济吸纳就业为373.2万人，仅比山西省和湖南省多一点，低于其他省份。因此安徽省非公企业吸纳就业还有很大的提升空间。

表4－4　　2014年中部地区个体私营经济吸纳就业

	个体经济		私营经济	
	从业人员（万人）	同比（%）	从业人员（万人）	同比（%）
山西	229.1	9.6	242.8	12.3
安徽	443.2	16.0	373.2	15.5
江西	378.0	10.6	398.6	20.5
河南	502.4	25.5	391.8	18.9
湖北	946.1	26.7	498.2	21.7
湖南	385.2	15.9	239.9	21.1
合计	2884.0	26.0	2144.5	18.4

资料来源：《中部地区民营经济发展报告》（2014—2015）；《安徽省民营经济发展报告》（2014—2015）。

四、非公企业产业结构比较

从表4－5可以看出，2014年安徽省私营企业产业分布与中部地区其他省份的比较。2014年安徽省私营企业在第一产业户数为2.82万户，比湖北省、河南省少，但比其他省份多；在第二产业户数为12.3万户，比其他省份都多；在第三产业户数为30.2万户，比湖北省、河南省少，但比其他省份多。再看表4－6，2014年安徽省私营企业产业结构为6.2∶27.1∶66.7，从中可以看出在中部地区安徽省私营企业在第一产业、第二产业比重偏高，而在第三产业比重偏低。综合表4－5与表4－6可以看出安徽省私营企业产业结构还有很大的优化空间。

表 4 – 5　　2014 年中部地区私营企业产业分布

	第一产业		第二产业		第三产业	
	户数（万户）	同比增长（%）	户数（万户）	同比增长（%）	户数（万户）	同比增长（%）
山西	1.49	23.1	4.9	13.1	20.2	22.4
安徽	2.82	96.0	12.3	8.9	30.2	31.0
江西	2.05	29.1	8.5	18.1	22.3	27.6
河南	3.11	64.7	11.0	22.1	40.7	39.5
湖北	2.83	47.4	8.8	30.8	48.5	29.0
湖南	2.08	70.5	7.4	19.8	29.2	26.2
合计	14.4	55.1	52.9	18.8	191.1	29.3

资料来源：《中部地区民营经济发展报告》（2014—2015）；《安徽省民营经济发展报告》（2014—2015）。

表 4 – 6　　2014 年中部地区私营企业产业结构　　单位：%

	第一产业		第二产业		第三产业	
	比重	增长	比重	增长	比重	增长
山西	5.6	23.1	18.4	13.1	76.0	22.4
安徽	6.2	17.0	27.1	8.9	66.7	31.0
江西	6.2	29.1	25.9	18.1	67.8	27.6
河南	5.7	20.6	20.0	-10.8	74.3	2.0
湖北	4.7	47.4	14.6	30.8	80.7	29.0
湖南	5.4	34.5	19.1	-5.3	75.5	-0.4
合计	5.6	28.6	20.9	9.1	73.5	18.6

资料来源：《中部地区民营经济发展报告》（2014—2015）；《安徽省民营经济发展报告》（2014—2015）。

五、非公经济增加值比较

从表 4 – 7 可以看出，2014 年安徽省非公经济增加值为 11946 亿元，仅仅比山西省、江西省多一点，但比中部地区其他省份低了很多；2014 年安徽省非公经济同比增速为 10.2%，也就比山西省高，但低于其他省份；再看 2014 年安徽省非公经济占本地区 GDP 比重为 57.3%，也就略高于山西省与湖北省，但低于其他省份。这也说明在中部地区安徽省非公经济对安徽省的经济贡献还比较低，还有很大提升空间值得挖掘。

表 4－7　　2014 年中部地区非公经济增加值

	本地区 GDP		非公经济增加值		
	总额（亿元）	同比增速（%）	总额（亿元）	同比增速（%）	占本地区 GDP 比重（%）
山西	12759.3	1.3	6890.0	－1.3	54.0
安徽	20848.2	9.5	11946.0	10.2	57.3
江西	15713.1	9.6	9129.3	10.3	58.1
河南	34932.5	8.9	25815.1	13.1	73.9
湖北	27349.9	10.7	14905.7	11.9	54.5
湖南	27034.5	10.3	15896.3	10.3	58.8
合计	138637.5	8.9	84582.4	10.7	61.0

资料来源：《中部地区民营经济发展报告》（2014—2015）；《安徽省民营经济发展报告》（2014—2015）。

六、非公经济纳税比较

从表 4－8 可以看出，2014 年安徽省非公经济纳税为 2065.6 亿元，仅比山西省、江西省、湖南省多，但比河南省、湖北省少；2014 年安徽省非公经济纳税增速为 13.2%，比山西省、湖南省高，但低于江西省、河南省、湖北省；再看 2014 年安徽省非公经济纳税占其税收总额比重为 66.9%，仅比江西省、湖北省低一点，但高于其他省份。这说明在中部地区安徽省非公经济纳税贡献还是比较高的。

表 4－8　　2014 年中部地区非公经济纳税

	全部	非公经济纳税		
	总额（亿元）	总额（亿元）	同比（%）	占税收总额比重（%）
山西	2073.4	997.3	－16.9	48.1
安徽	3087.6	2065.6	13.2	66.9
江西	2282.4	1597.7	13.3	70.0
河南	3544.7	2236.7	17.5	63.1
湖北	3631.5	2516.6	16.8	69.3
湖南	2797.4	1491.0	6.7	53.3
合计	17417.0	10904.9	9.0	62.6

资料来源：《中部地区民营经济发展报告》（2014—2015）；《安徽省民营经济发展报告》（2014—2015）。

七、非公经济固定资产投资比较

从表 4 - 9 可以看出，2014 年安徽省非公经济固定资产投资为 14681 亿元，仅比山西省、江西省多，但比中部地区其他省份少；2014 年安徽省非公经济固定资产投资增速为 20.9%，比山西省、江西省高，但低于其他省份；再看 2014 年安徽省非公经济固定资产投资占其全社会固定资产投资比重为 69.1%，仅比江西省、湖南省高，但低于其他省份。这也说明安徽省今后还需要进一步优化其投资环境，吸引更多民间资本参与本省经济建设。

表 4 - 9　2014 年中部地区非公经济固定资产投资

	全部	非公投资		
	总额（亿元）	总额（亿元）	同比（%）	占全社会固定资产投资比重（%）
山西	11968.3	6977.5	14.6	58.3
安徽	21246.1	14681.0	20.9	69.1
江西	14683.1	11188.5	15.2	76.2
河南	30790.8	25433.2	23.2	82.6
湖北	24307.1	17039.3	23.3	70.1
湖南	21948.9	15078.9	22.1	68.7
合计	124944.3	90398.4	21.4	72.4

资料来源：《中部地区民营经济发展报告》（2014—2015）；《安徽省民营经济发展报告》（2014—2015）。

八、非公经济进出口贸易比较

从表 4 - 10 可以看出，2014 年安徽省非公企业进出口总额为 218.2 亿美元，在中部地区仅比江西省少，但多于其他省份；2014 年安徽省非公企业进出口总额增速为 5.1%，仅比山西省高，但低于其他省份，而且比湖南省、湖北省低了很多；再看 2014 年安徽省非公企业进出口总额占其进出口总额比重为 44.3%，比山西省、河南省、湖北省高，但低于江西省、湖南省。因此，在中部地区 2014 年安徽省非公企业“走出去”的步伐还是比较快的。

表 4 - 10　　　　2014 年中部地区非公企业进出口

	进出口总额	非公企业进出口情况			
	总额（亿美元）	同比（%）	总额（亿美元）	同比（%）	占进出口总额比重（%）
山西	162.5	2.8	45.5	-20.0	28.0
安徽	492.7	8.2	218.2	5.1	44.3
江西	427.8	16.4	257.4	15.6	60.2
河南	644.3	7.5	139.1	7.5	21.6
湖北	430.6	18.3	178.2	49.2	41.4
湖南	310.3	23.2	176.2	51.8	56.8
合计	2468.2	12.7	1014.6	18.2	42.1

资料来源：《中部地区民营经济发展报告》（2014—2015）；《安徽省民营经济发展报告》（2014—2015）。

第五章　供给侧结构性改革背景下安徽省非公有制经济发展面临的机遇与挑战[①]

改革开放以来，尤其是进入21世纪以来，安徽省非公有制经济迅速，对安徽省经济社会的发展做出了巨大贡献，是安徽省国民经济非常重要的组成部分，已经与公有制经济形成“一荣俱荣、一损俱损”的协调发展格局。但随着国际国内发展环境的变化，尤其是国内资源环境约束进一步加大，国内及安徽省都在大力实施供给侧结构性改革，这既给安徽省非公有制经济进一步发展带来了难得的发展机遇，与此同时安徽省非公有制经济也面临一些严峻的挑战。因此，本章首先界定了供给侧结构性改革的内涵，全面客观地分析了供给侧结构性改革对非公有制经济的影响机制。然后详细分析了供给侧结构性改革背景下安徽省非公有制经济面临难得的发展机遇，如在去产能、降成本与补短板等方面都有助于进一步提升安徽省非公有制经济发展活力，与此同时安徽省非公有制经济也面临严峻的挑战。

第一节　供给侧结构性改革对非公有制经济的影响机制

一、供给侧结构性改革的内涵

虽然改革开放40年来，极大地解放了我国生产力，国民经济快速发展，进

① 该部分有一些内容已经公开发表在《西华大学学报（哲学社会科学版）》上，参见刘越、闵路路：“供给侧结构性改革与提升安徽省非公有制经济活力”，载于《西华大学学报（哲学社会科学版）》2017年36卷第6期。

出口贸易快速增长，人民生活水平显著提升，为世界经济发展做出了举世瞩目的重大贡献，我国经济实力与国际竞争力上升很快。这种模式主要借鉴凯恩斯的需求管理，也就是从需求侧（平常说的拉大我国经济增长的“三驾马车”——消费、投资、净出口）政府进行宏观经济调控，但与此同时，我国产业结构日益与经济发展不相适应，产业结构亟须优化调整。据国家统计局数据显示，2015 年我国一二三产业增加值分别为 60863 亿元、274278 亿元、341567 亿元，比 2014 年分别提高了 3.9%、6%、8.3%，一二三产比值为 9.0∶40.5∶50.5，第三产业第一次超过 50%。与美国（第三产业比重超过 80%）等发达国家相比，我国服务业在产业结构中的比重仍然比较低，尤其是高端服务业更是如此。

另外，在工业领域，近几年煤炭、钢铁、水泥等行业产能过剩日益严重，需求不足、生产滑坡、价格下跌、效益恶化。2015 年，从产量看，前三季度粗钢、水泥产量分别下降了 2.1%、4.7%；从价格看，前三季度，煤炭、钢铁、水泥产业生产者出厂价格（PPI）分别同比下跌 15.6%、18.8%、12.8%；从效益看，前三季度，煤炭、钢铁、水泥行业利润总额分别同比下降 60%、97%、37%，降幅明显高于整体工业；前三季度，钢铁产业只有 0.05% 销售利润率，为工业领域中利润最低，整个钢铁行业基本处于亏损状态①。

据国家统计局公布的数据，到 2015 年 12 月，我国工业 PPI 已连续 46 个月负增长，而且从 2015 年 8 月起连续 5 个月下跌 5.9 个百分点。经济下行压力比较大，工业品价格跌幅比较大、企业效益下降，其根源在于供给侧结构性矛盾，尤其是煤炭、钢铁等行业产能严重过剩。

而当前我国某些行业出现严重产能过剩的根源在于供给侧结构性矛盾引发的供需失衡，导致资源配置错配与低效。在过剩产业，随着要素投入增加并不能形成市场的有效供给，反而形成恶性循环，产品过剩越来越严重，短期内难以消化过剩产能，降低经济发展潜力。为此，2015 年 11 月，习总书记提出当前在适度扩大总需求的同时，要重点加强供给侧结构性改革。2016 年 1 月，习总书记强调供给侧结构性改革不是西方供给学派的翻版，强调供给但不是需求不重要，供给侧是矛盾的主要方面。2016 年 5 月，习总书记则从时代背景、根本目的、主攻方向与本质属性等方面具体阐述了供给侧结构性改革。因此，顺应我国经济经济结构调整转型的大趋势，国家及时提出供给侧结构性改革的五大任务：去产能、去库存、去杠杆、降成本、补短板，提升供给体系效率与质量，提高有效投资，积极改造提升传统优势产业，加快培育新动能，整体提升我国生产力水平。

自提出“供给侧结构性改革”以来，国内学者从不同角度对其界定，大致

① 数据来自：《中国工业经济统计 2016》。

情况如下：(1) 提高生产效率论（李俊江，2016；任兴洲，2016；刘世锦，2016）。供给侧结构性改革是指从生产、供给着手，解放和发展生产力，更好地促进经济协调发展，提升我国整体经济实力与竞争力。(2) 供需平衡论（王一鸣等，2016）。供给侧结构性改革是通过改革来矫正我国经济发展中出现的供需结构错配与要素配置扭曲等问题，采取有效措施解决有效供给与市场需求不相适应的矛盾，进而在更高水平上实现供需新的平衡。(3) 制度供给论（贾康，2016）。供给侧结构性改革就是要进一步优化制度供给以此来提高经济社会发展的供给体系质量与效率。(4) 转变经济发展方式论（吴敬琏，2016）。供给侧结构性改革核心在于加快经济发展方式转变，从投资驱动转向效率驱动，提升整体经济的供给质量与效率。关于供给侧结构性改革的理论来源，学者们大致从马克思主义政治经济学（逄锦聚，2016；洪银兴，2016；谢地等，2016）与西方自由主义经济学（贾康，2013；王一鸣，2015；沈建光，2015）视角进行阐释。至于为何要进行供给侧结构性改革，学者们从以下三个角度展开研究：需求不足（李佐军，2015；李翀，2016）、供给约束（范必，2016；张东旭，2016）、供需失衡（李稻葵，2015；迟福林，2016）。

本章界定供给侧结构性改革的内涵倾向于供需平衡论。当前我国某些行业出现严重产能过剩的根源在于供给侧结构性矛盾引发的供需失衡，导致资源配置错配与低效。在过剩产业，随着要素投入增加并不能形成市场的有效供给，反而形成恶性循环，产品过剩越来越严重，短期内难以消化过剩产能，降低经济发展潜力。因此，顺应我国经济经济结构调整转型的大趋势，国家及时提出供给侧结构性改革的五大任务：去产能、去库存、去杠杆、降成本、补短板，提升供给体系效率与质量，提高有效投资，积极改造提升传统优势产业，加快培育新动能，整体提升我国生产力水平。

二、供给侧结构性改革对非公有制经济的影响机制

（一）供给侧结构性改革可进一步提高非公有制经济的全要素生产率

目前我国正在大力实施的供给侧结构性改革是适应与引领我国经济发展进入“新常态”的重大制度创新，就是从供给、生产端着手，进一步解放和发展我国生产力，进一步提升国民经济竞争力与经济实力。2016 年政府工作报告提出：“抓好供给侧结构性改革，既做减法又做加法，减少无效和低端供给，扩大有效和中高端供给。”供给侧结构性改革的核心在于通过进一步改革提高市场在资源配置中的主导作用，实现要素合理有序流动，重新整合生产要素，改善优化供给结构，提高企业全要素生产率。为此，国家实施了许多相关配套措施，如政府加

大简政放权力度，适时放松管制，加快金融、国企、土地等改革步伐，提升企业创新能力等。而且各地都在加大力度清理“僵尸”企业，积极淘汰落后产能，将经济发展重点转向新兴领域与创新领域，创造新的经济增长点。这些都为非公有制经济提供了千载难逢的发展机遇，非公有制经济可以结合自身优势，积极参与供给侧结构性改革，尤其是参与国有企业改革，在去产能、去库存、去杠杆、降成本、补短板等方面充分发挥非公有制经济优势，优化资源配置，提高其全要素生产率。

（二）供给侧结构性改革有助于非公有制经济更好地实现供需平衡

随着国民经济的进一步发展，国内经济一个亟须解决的问题就是供需不协调、不平衡，其突出表现在供给侧明显滞后于需求结构变化。一方面，国内需求结构发生了很大变化：首先，随着人们收入水平提高，消费结构转型升级，人们更加关注产品品质、质量与性能，居民消费呈现个性化、多样化、高端化趋势；其次，在消费需求中服务需求的比例越来越高；最后，全球产业价值链提升迫切需要快速高效的生产性服务（如设计、研发、标准、营销网络、供应链管理、物流配送等）与之配套。另一方面，供给侧不能有效适应需求结构的变化：首先，过多的无效与低端供给，一些传统产业产能过剩严重，利用率很低，导致资源错配严重；其次，有效与中高端供给短缺，近几年国内居民出境购买日用品的事例频频见于报端；最后，一些体制机制不利于供给结构调整。由于多种原因所致，供给侧调整的迟滞性与黏性非常突出，不利于资源与生产要素从无效需求产业流向有效需求产业、从低端供给向中高端供给配置。这就迫切需要在适度扩大总需求的同时推进供给侧结构性改革，用改革的办法来矫正国内经济发展过程中出现的供需结构错配与扭曲的要素配置，严禁无效供给，减少低端供给，积极扩大有效与中高端供给，完善全国劳动力市场，实现要素充分流动与优化配置，在更高水平上实现国民经济供需平衡。这给非公有制经济的发展提供了良好的发展机遇与挑战，但机遇大于挑战，非公有制经济可以结合自身特点并充分发挥其优势，积极参与供给侧结构性改革，助推国民经济向中高端发展。

（三）供给侧结构性改革为非公有制经济发展提供良好的制度环境

我国正在加快实施的供给侧结构性改革主要涉及五大要素：劳动力、资本、土地与自然资源、科技创新和管理制度，其核心在于优化资源配置，提高全要素生产率。也就是前面五大要素的后两大要素至关重要，科学技术是第一生产力，科技创新的重要性不言而喻，而如何激励科技创新人员勇于创新、坚持创新，需要科学人性化的制度环境予以配合，在某种意义上良好的制度环境比技术更重要。因此，通过制度供给，激发供给体系要素的潜力，优化制度结构，来进一步提高供给体系的质量与效率。为了有序快速推进供给侧结构性改革，政府正积极提供良好的制度环境：加快推进行政审批制度、大部制改革与“多规合一”制度建设；深化改革财税制度；加快深化国企改革；完善收入分配制度，缩小城乡收入差距；完善价格市场形成机制，实施选择性“有效投资”，创新 PPP 机制等。在供给侧结构性改革中，这些良好的制度环境将激发非公有制经济快速发展。

（四）供给侧结构性改革有助于非公有制经济加快转变发展方式

改革开放以来，我国经济发展主要依赖增加资源、劳动与资本投入，着眼于粗放式、外延式发展，再加上当时产业结构层次、技术与管理水平比较低，经济体制不完善，地区间低水平重复建设严重，高投入、高消耗、低效益，而且资源环境破坏极其严重。而随着国民经济进一步发展，我国资源环境约束进一步加剧，经济发展进入“新常态”，而且供给与需求错配，无效、低端供给比较多，而中高端供给短缺，不能很好地满足居民需求。这就迫使我国要加快转变经济发展方式，由以往的粗放型向集约型转变，从投资驱动型转到效率驱动型。同样，在供给侧结构性改革中，非公有制经济要进一步提升其发展质量与效率，也要加快转变发展方式。非公有制经济要紧跟时代步伐适时调整其产业结构以便更好服务社会；加大研发投入，提升其科学技术与创新水平；坚持共享式发展，关注并改善民生；坚持绿色、低碳发展，做资源节约、环境保护的积极实践者；科学合理利用好国内国际两大资源与两大市场，积极拓展国际市场，提升其抗风险能力、经济实力与竞争力。

第二节　供给侧结构性改革背景下安徽省非公有制经济面临的机遇

随着国际国内环境的变化，尤其是我国经济进一步受到资源、环境、结构调整等的约束，我国经济进入“新常态”。为了积极应对“新常态”，实现国民经济的持久健康发展，中央政府适时提出在适度扩大总需求的同时加强供给侧结构性改革。而且在 2016 年提出今后我国供给侧结构性改革的五大任务：去产能、去库存、去杠杆、降成本、补短板。安徽省结合本省实际于 2016 年 5 月制定了《安徽省扎实推进供给侧结构性改革实施方案》，方案着重强调优化存量、引导增量、主动减量，为安徽经济持续增长培育新动能、打造新引擎，围绕调结构、去产能、去库存、去杠杆、降成本、补短板等方面全面推进供给侧改革。在供给侧结构性改革背景下，安徽省非公有制经济既面临千载难逢的机遇，也面临一些潜在的挑战，机遇与挑战并存。

为了全面深入贯彻落实党的十八大和十八届三中、四中、五中全会精神，深入贯彻落实习近平总书记系列重要讲话尤其是视察安徽时的重要讲话精神，按照“五位一体”总体布局和“四个全面”战略布局，牢固树立并贯彻落实创新、协调、绿色、开放、共享的发展理念，落实宏观政策要稳、产业政策要准、微观政策要活、改革政策要实、社会政策要托底的要求，扎实推进科技创新、产业创新、企业创新、产品创新、市场创新，深入实施“调转促”行动计划，着力扩大有效需求，安徽全省要扎实推进供给侧结构性改革，要加减乘除并举，提高供给结构对需求变化的适应性，提高供给体系质量和效率，加快培育新动能，增强持续增长新动力，进一步促进安徽全省经济社会持续健康快速发展。

进入21世纪以来，安徽省不断加快工业化与城镇化发展，内需拉动作用明显，居民消费结构升级加快，劳动力素质不断提升，企业内生动力与活力显著增强。“十三五”是安徽省建设全面小康社会的关键期，新型城镇化、新型工业化、信息化、农业现代化与绿色化协调发展的加速期，也是安徽供给侧结构性改革的攻坚期，全省上下正同心协力抓住并利用当前重要战略机遇期，大力实施科学发展、全面转型、加速崛起、兴皖富民等战略。另外，安徽省正大力推进国家技术创新工程试点省、合芜蚌自主创新综合试验区与皖江城市带承接产业转移示范区建设，以及加快皖北地区发展等都为安徽省非公有制经济持续快速发展提供了广阔的市场与产业空间。

一、去产能方面，为非公有制经济参与培育新动能提供了机遇

安徽省按照做优增量、调整存量要求，到2018年年底基本实现“僵尸”企业市场出清，全面完成国家下达的淘汰落后产能任务。到2020年，产能利用率达到合理水平，企业转型升级取得明显成效。

（一）处置“僵尸”企业

安徽省要积极稳妥处置“僵尸”企业，倒逼过剩产能尤其是落后产能退出，保障市场出清、社会稳定。坚持因地制宜、分类有序、一企一策、精准处置，对已停产半停产、连年亏损、资不抵债、靠政府补贴和银行续贷存在的企业，通过兼并重组、债务重组、破产清算等多种方式，实现市场出清。司法机关要加快破产清算案件审理，依法为实施市场化破产程序创造条件。坚持多兼并重组、少破

产清算，积极推进破局性、战略性兼并重组和结构调整。支持发行优先股、定向发行可转换债券作为并购重组方式。省财政要停止对“僵尸”企业的财政补贴和各种形式保护。落实财税支持、不良资产处置、失业人员再就业和生活保障，以及对“僵尸”企业处置任务重、财政困难的地方给予专项奖补等政策。争取国家工业企业结构调整专项奖补资金支持，盘活企业存量土地。

（二）适时化解过剩产能实现企业脱困

坚持市场倒逼、企业主体、政府推动，综合运用市场机制、经济手段和法治办法，积极稳妥化解过剩产能，促进钢铁、煤炭行业结构优化、脱困升级、提质增效。安徽全省要求从2016年起，按5年规划、前3年攻坚的要求，压减粗钢、煤炭过剩产能。严控新增煤炭产能，加快淘汰落后产能，有序退出过剩产能，减量重组保留产能，推进企业改革重组，促进行业调整转型，严格治理不安全生产，严格控制超能力生产，严格治理违法违规建设，严格限制劣质煤使用。严控新增钢铁产能，依法依规退出达不到环保、能耗、质量、安全、技术等标准要求的产能，鼓励企业通过主动压减、兼并重组、转型转产、搬迁改造等退出部分产能，严格执法监管，推动行业升级。充分利用国家实施的“一带一路”倡议，支持引导煤炭、钢铁、有色、建材等企业富余产能向境内外转移。综合运用奖补、税收、金融、土地、标准等政策措施，形成化解过剩产能的工作合力。

（三）深化国资国企改革

按照“推进企业重组、推进整体上市，完善现代企业制度、完善国资管理体制，防止国有资产流失”总思路，分类加快推进国企改革。稳妥发展混合所有制，开展混合所有制企业员工持股试点。积极创造条件将更多的主业资产注入上市公司，推进安徽省属企业集团整体上市。以管资本为主推进国有资产监管机构职能转变，针对企业类别和功能定位，积极推进分类改革、分类发展、分类监管、分类考核，提高国有资本运营效率，确保国有资产保值增值。加快改组完善国有资本投资、运营公司，改组设立若干具有保障服务功能或产业引领作用的国有资本投资运营公司。

（四）优化国有资本布局

安徽全省要加大结构性改革力度，推动国有资本合理流动优化配置，加快从缺乏竞争优势的非主业领域及一般产业的低端环节退出。同时，要积极盘活国有资产，按照市场方式，坚持依法、自愿、互利原则，依托优强省属企业，通过股权合作、资产置换、无偿划转等方式，强化同质化业务并科学整合细分行业，加快推进企业资源向优势产业与价值链高端聚集。安徽全省要严格控制国有企业非主营业务投资，优化组织结构，合理限定法人层级，加快三级以下公司清理，有效压缩管理层级。

随着供给侧结构性改革的逐步深入，“僵尸”企业必将退出市场，倒逼过剩产能特别是落后产能退出。这一方面可以释放一定的生产要素，在一定程度上可以增加非公有制企业的要素供给，尤其是优质要素的供给；另一方面，非公有制企业可以参与“僵尸”企业破产重组，尤其是参与战略性兼并重组与结构调整，进一步拓展了非公有制企业的发展空间。另外，在大力推进去产能的同时，还要大力培育新动能，这给非公有制企业提供了难得的机会，非公有制企业可以充分发挥自身优势，积极参与新动能的培育，进一步拓展其发展空间，提升其市场竞争力与经济实力。

二、降成本方面，有助于进一步降低非公有制企业成本，提升其经济效益

安徽全省积极落实降成本措施，省委省政府明确要求到2018年企业综合成本比2015年下降5%—8%；2020年制度性交易、人工、税负、社保、财务、电力、物流等成本降幅高于全国平均水平，切实减轻企业负担，提升企业发展活力。

（一）切实降低制度性交易成本

按照落实国务院取消和调整行政审批项目等事项要求进一步清理规范中介服务、社会服务，简政放权，放管结合，优化服务，降低服务成本。同时，加快深化政府权责清单制度建设，适时推出清单“升级版”。逐项制定事中、事后监管细则，行政处罚裁量权基准，强化权力规范运行和制约监督。探索建立市场准入负面清单制度，建立行政审批中介服务收费清单、基本公共服务清单，推动市场主体依法平等进入清单之外领域。加大力度深化商事制度改革，扎实推进“三证合一、一照一码”登记制度改革。加快构建全省统一的电子政务平台，推进政务服务网上申请、网上受理、网上办理、网上审核、网上监督等全程电子化。

（二）降低人工成本

安徽省要加大力度降低基本养老保险、失业保险缴费费率，降低企业住房公积金缴存比例。积极落实国家关于钢铁、煤炭等行业内部退养、内部安置等政策，妥善做好富余人员分流安置，企业减员增效要落实到实处。全省要结合本省

实际建立与经济发展水平相适应的最低工资标准调整机制，合理确定最低工资标准，调整幅度原则上不超过社会平均工资增长幅度。同时，支持企业适时实施“机器换人”，提高劳动生产率。

（三）进一步降低企业税费负担

安徽省要进一步正税清费，清理各种不合理收费尤其是垄断性中介服务收费，加大力度营造公平的税负环境。全省认真落实国家结构性减税、企业研发费用税前加计扣除，以及小微企业、高新技术企业税收优惠等政策，全面实施“营改增”、资源税从价计征改革。积极落实省、市、县三级涉企收费清单制度，降低收费标准。停止省级涉企行政事业性收费项目立项审批，开展涉企收费专项督查，坚决遏制各种乱收费。

（四）降低企业财务成本

安徽省要积极发挥市场利率定价自律机制协调作用，引导金融机构合理定价，抑制企业融资成本不合理上升。全省要加大力度对银行业违规收费清理规范和督查处罚力度，禁止质价不符收费与无服务乱收费。降低登记、公证、评估、抵押等财务费用，公布收费价格清单。积极支持大中型企业发行各类中长期债券、票据等。从2016年起全省进一步降低政策性融资担保机构为中小微企业贷款担保费率。

（五）降低电力价格

安徽省加快推进电价市场化改革，完善煤电价格联动机制。实施输配电价改革，适时下调工商业用电价格。继续扩大电力直接交易范围，探索将电力直接交易范围由现行工业用户扩大到符合条件的一般工商业用户，完善省内交易平台，鼓励发用电双方通过平台参与竞价交易。

（六）降低物流成本

安徽省要加大力度推进流通体制改革，提升流通网络化、信息化、集约化水平。深入推进电子商务进农村综合示范县建设，培育打造一批省级电子商务进农村示范县、示范乡镇和“电商村”。大力发展跨境电子商务，推进合肥跨境电子商务综合试验区建设，完善合肥、芜湖跨境电子商务综合服务平台。加强现代物流园区和智慧物流建设，开展商贸物流标准化专项行动，推进物流标准化试点。全省要平衡各种运输方式，提高运输效率；进一步理顺铁路专用线价格，适当降低收费公路收费标准。

《安徽省扎实推进供给侧结构性改革实施方案》中明确提出到2018年企业综合成本比2015年下降5%～8%；2020年，制度性交易、人工、税负、农业生产、财务、电力、物流等七大成本方面均列出切实可行的降成本措施，而且成本降幅比全国平均水平要高，这将大大减轻企业负担，提升企业发展活力与竞争力。20世纪70～80年代，为了应对当时的经济“滞涨”，供给学派开出的“药方”最关键的就是减税，大幅度降低个人与企业所得税，减轻企业负担，降低企业成本，极大地调动了投资主体积极性与热情，企业增加投入，产品供给增加，促进经济发展。而《安徽省扎实推进供给侧结构性改革实施方案》中列出的降成本措施与供给学派的减税政策如出一辙，甚至比后者的政策措施更全面、更有操作性。因此，在当前安徽省供给侧结构性改革下，尤其在降成本方面，为安徽非公有制经济的进一步发展提供了良好的外部环境，有助于降低企业负担，增加其经济效益。

三、补短板方面，尤其在提升企业创新能力方面，有助于提升非公有制经济的发展质量

安徽省要加强薄弱环节建设，积极改造提升传统产业，加大力度培育发展战略性新兴产业，大力发展现代服务业，加强基础设施建设，到2020年，要持续增强基础设施支撑力，大幅提升创新发展能力，明显改善生态环境，进一步健全公共产品和公共服务体系，显著增强经济社会发展的协调性与平衡性。

（一）全省系统推进全面创新改革试验

安徽省加大力度建设一批有重要影响力的综合性国家科学中心与产业创新中心，在产学研用合作、科技成果“三权”管理、股权和分红激励、科研人员离岗创业与职务发明、科技人才流动等方面先行先试，加快形成一批科技、产业、人才、改革成果。着力打造创新战略平台，建设合芜蚌综合创新示范区，加强前沿关键技术攻关，努力形成一批突破性创新成果。支持更多符合条件的高新技术企业和科技型中小企业实施股权、期权和分红激励，吸引集聚高层次创新人才和领军人才。深化军民融合，推进合肥高新区国家级应急产业基地、芜湖高新区国家级军民结合产业示范基地建设，深化电子信息、航空航天、轨道交通等领域军民先进技术合作。

（二）大力发展战略性新兴产业

安徽省深入实施“调转促”行动计划，增强创新驱动发展引擎作用，加快

推进产业迈向中高端。按照高端化、智能化、绿色化、服务化的方向，实施好《中国制造 2025 安徽篇》、“互联网 +”行动计划，加快技术、产品、业态、模式等创新。全省要加大力度高标准建设战略性新兴产业集聚发展基地，引导各地建设一批战略性新兴产业发展集聚区，支持新型显示、工业机器人、新能源汽车、高性能集成电路、生物医药、高端装备制造等产业成长。积极对接国家重大专项、国家战略性产业发展基金，争取获得更多支持。

（三）加大力度提升企业创新能力

安徽省要抓好创新型省份“1 +6 +2”以及企业研发费用加计扣除、高新技术企业所得税减免、股权和分红激励等政策落实，支持企业加大研发力度。抢抓国家修订高新技术企业认定标准机遇，实施高新技术企业培育计划；实施创新型领军企业培育行动，培育一批在国内外具有影响力的创新型领军企业；引导中小微企业向“专精特新”发展，培育壮大一批科技小巨人。依托骨干企业，建设一批重点（工程）实验室、工程（技术）研究中心、企业技术中心、工业设计中心、博士后科研工作站等创新平台，力争到 2020 年，战略性新兴产业集聚发展基地全部建有国家级创新平台；大力发展职业教育，加快推进技工大省建设，努力把人口优势转化为人力资本优势。

（四）支持企业技术改造和设备更新

安徽省要启动新一轮重大技术改造升级工程，大幅度增加企业技术改造投入，更多地采用后补助、贴息等方式，以政府投资助力社会投资。创新金融支持方式，提高企业技术改造投资能力；加快新一代信息技术与制造业深度融合，推动传统制造业与大数据、物联网、工业设计等深度融合，推进人机智能交互、智能物流管理等技术和装备应用，建设一批智能工厂、数字车间示范工程；提高产品和建筑物技术标准，倒逼企业技术进步。

（五）激励大众创业万众创新

安徽省正加大力度大力推进创业苗圃、创业咖啡、创新工场、青年创业园等新型孵化载体建设，发展众创、众包、众筹、众扶等新型创新创业模式，完善从众创空间到产业基地的梯级孵化体系。实施“创业江淮”行动计划、“江淮双创汇”行动，加快建设“双创”示范基地，办好“双创”活动周，搭建汇聚信息、人才、导师、项目和资金的创新创业平台；支持有条件的银行设立子公司从事科技创新创业股权投资，争取国家在安徽省开展投贷联动试点。

（六）积极健全金融服务体系

安徽省加大力度推进省农信社改革，推进管理去行政化和履职规范化，强化服务职能。推动农商行治理机制转换，鼓励符合条件的农商行跨区域发展；支持符合条件的商业银行设立村镇银行投资管理行，提升批量化组建、集约化经营和专业化服务水平；支持徽商银行探索开展综合化经营，争取商业银行设立基金管理公司试点；推进民营银行设立相关工作，力争2016年取得突破；支持符合条件的企业集团财务公司开展延伸产业链金融服务试点，拓展汽车金融公司业务范围；改善农村地区支付环境，实现惠农金融服务室行政村全覆盖；支持法人金融机构通过增资扩股，A股、H股上市或“新三板”挂牌等途径补充资本，鼓励符合条件的发行二级资本债券或优先股，发展多元化资本工具；大力发展政策性融资担保体系，加强政策性担保机构建设，深入推进“4321”政银担风险分担机制，建立省级融资担保风险补偿专项基金。

在《安徽省扎实推进供给侧结构性改革实施方案》（以下简称《方案》）中首先提出全省要系统推进全面创新改革试验，建设有重要影响力的综合性国家科学中心和产业创新中心，在产学研用合作、科技成果“三权”管理、股权和分红激励、科研人员离岗创业与职务发明、科技人才流动等方面先行先试；着力打造创新战略平台，建设合芜蚌综合创新示范区，加强前沿关键技术攻关；推进合肥高新区国家级应急产业基地、芜湖高新区国家级军民结合产业示范基地建设，深化电子信息、航空航天、轨道交通等领域军民先进技术合作。其次，大力发展战略性新兴产业，提升企业创新能力。《方案》中关于提升企业创新能力提出了许多措施，如为支持企业加大研发投入，提出要抓好研发费用加计扣除、高新技术企业所得税减免、股权和分红激励等政策落实，这些措施不仅适用于国有企业而且也适用于非公有制企业，更重要的是进入21世纪以来在高新技术企业占比方面安徽省非公有制经济的优势更加明显，因此这项措施将进一步激发非公有制企业加大研发投入，提升其创新能力。另外，安徽省大力实施创新型领军企业培育行动，培育一批在国内外具有影响力的创新型领军企业以及引导中小微企业向“专精特新”发展，培育壮大一批科技小巨人。这也为提升非公有制企业的创新能力提供了良好的制度环境。供给侧结构性改革根本在于创新、新动能的培育、增加有效供给、更好满足市场的有效需求。创新本质上就是企业家精神的体现，许多非公有制企业家来自草根，贴近生活体察民意，洞察消费者的需求变化，在创新及创新产品供给方面，非公有制企业比国有企业具有许多不可比拟的优势。

四、去杠杆方面，有助于进一步降低非公有制企业风险，提升其抗风险能力

安徽省明确要求到2020年直接融资占全部融资比重达到30%，证券化率达到60%，企业资产负债率控制在合理水平。

（一）切实扩大企业直接融资规模

安徽省要积极创造条件，推进符合条件的企业在主板、中小板、创业板、“新三板”、省区域性股权交易市场上市（挂牌）。推动上市公司股债并举，公募私募并行，多渠道再融资；积极探索设立小微证券公司；大力发展股权投资，充分发挥安徽产业发展基金作用，加快发展天使投资、创业投资等各类股权投资基金；争取国家在安徽省开展股权众筹融资试点；鼓励企业扩大债券融资规模，不断优化融资结构，降低融资成本；支持各类企业发行公司债、可转换债和可交换债、企业债券、短期融资券、中期票据、中小企业集合票据、永续债等债务融资工具；争取国家在安徽省开展绿色债券、不良资产证券化、基础设施证券化等创新试点。

（二）有效防范和化解金融风险

规范各类金融活动，加强对新型金融业态的监管，持续开展互联网金融风险整治和监管，解决好新的“三角债”问题，做好各类交易场所清理整顿，依法打击和遏制非法集资。落实属地管理责任和监管部门责任，加强风险监测预警，妥善处理风险案件，坚决守住“不发生系统性和区域性金融风险”的底线。建立政府引导、市场化运作的金融征信体系；建立包括银行业、证券业、保险业机构以及各类具有金融交易行为和金融服务的企事业机构在内的信息采集和综合统计体系，推进与省公共信用信息平台交换和共享；健全金融行业守信激励和失信惩戒制度；全面开展中小微企业和农村信用体系建设；支持金融机构增资扩股，足额提取拨备，有序处置不良资产，推动债务重组，增强金融市场主体实力。在风险可控前提下，按照“一项目一对策”和市场化处置原则，妥善处置各类融资信托产品、私募资产管理产品等出现的兑付问题，主动释放信用违约风险，及时依法妥善处置信用违约。支持成立融资指导委员会、债权人委员会，有针对性地对已出现资金风险信号的企业实施帮扶；开展不良贷款真实性核查，加快商业银行不良贷款核销和处置进度；积极对接国家合意贷款管理模式调整，促进金融机构扩大有效信贷投入。

安徽省在去杠杆方面，推出了许多有效措施来降低全省杠杆水平，尤其是非公有制企业的杠杆水平，这将有助于进一步降低非公有制企业风险，提升其抗风险能力。

第三节 供给侧结构性改革背景下安徽省非公有制经济面临的挑战

一、企业规模有待扩大

2014 年安徽省非公有制经济实现增加值 11946 亿元，占全省生产总值的比重为 57.3%，而同期浙江省与福建省非公有制经济增加值分别达到 26112 亿元和 16171.8 亿元，占全省 GDP 比重也分别达到 65% 和 67.2%，而且 2000—2014 年浙江省非公有制经济增加值占全省 GDP 的比重均在 60%—70%[①]，所以浙江省与福建省非公有制经济发展规模要高于安徽省。与中部地区相比，2014 年河南省非公有制经济实现增加值 25815.1 亿元，占全省生产总值比重为 73.9%，比安徽省高出 16.6 个百分点，而 2014 年中部地区非公有制经济实现增加值 84582.4 亿元，中部地区非公有制经济增加值占地区生产总值的平均比重为 61%，比安徽省高 3.7 个百分点。另外，2014 年安徽省私营企业 46 万户、个体工商户 184 万户。而同期浙江省私营企业、个体工商户分别为 112.3 万户、284.4 万户，分别是安徽省的 2.46 倍与 1.55 倍。

近几年安徽省非公有制经济增长速度趋于放缓。2006 年安徽省非公有制经济占全省生产总值的比重为 44.8%，2008 年迅速提高到 56.3%，两年间非公有制经济增加值占全省的比重提高了 11.5%，而之后，非公有制经济增加值占全省的比重年增速基本在 0—1 个百分点。这也反映出随着经济发展进入“新常态”与实施供给侧结构性改革，非公有制经济发展也面临挑战，如资源环境约束进一步加大、社会就业压力增加、市场化进程放缓等。

二、竞争力不强

2014 年安徽省私营企业中从事第一、第二与第三产业的户数分别为 2.82 万

---

① 资料来源：根据浙江统计信息网——浙江民营经济发展情况及省际比较研究，《中国民营经济发展报告》相关年份提供的数据整理得到。

户、12.3 万户和 30.2 万户，私营企业产业结构为 6.2∶27.1∶66.7。安徽省私营企业的主要分布在第三产业，第二产业次之。而在第二、第三产业中以进入门槛比较低的制造业为主以及零售、餐饮、房地产和其他社会服务业等。2014 年安徽省私营企业注册资本在 100 万—500 万元的有 123137 户，占全部私营企业比重为 27.2%；注册资本在 500 万—1000 万元的私营企业有 37032 户，占全部私营企业比重为 8.2%；注册资本在 1000 万—1 亿元的私营企业有 36374 户，占全部私营企业比重为 8%；注册资本在 1 亿元以上的私营企业有 2485 户，占全部私营企业比重为 0.6%。所以安徽省私营企业的注册资本主要集中在 100 万—500 万元及 100 万元以下，私营企业规模不是很高。由于安徽省非公有制企业个体规模比较低，不能有效实现规模经济，企业竞争力不强。另据 2015 年 8 月 25 日全国工商联公布的 2015 中国民营企业“500 强”数据看，2015 年浙江省 138 家，连续 17 年蝉联全国第一；河南省有 16 家；而安徽省只有 3 家，差距十分明显。安徽省非公有制企业个体规模比较低不利于其进一步发展，如其抗风险能力不强、企业治理结构不科学、品牌意识不足、核心竞争力缺乏等。

三、融资难问题仍然比较突出

随着经济步入“新常态”，尤其是实施供给侧结构性改革，安徽省非公有制企业融资难问题仍然比较突出，突出表现以下几个方面。首先，银行对过剩产能行业紧缩银根。进入 21 世纪以来，安徽省部分行业如煤炭、钢铁、水泥、电解铝、平板玻璃、光伏等产能过剩比较严重，有的行业过剩率高达 90% 以上。各大银行出于自身资金安全考虑，均对产能过剩行业收紧信贷。这些更加重了非公有制企业融资难度。其次，安徽省非公有制企业融资渠道不畅。安徽省除了少数成长比较快、发展前景比较好的非公有制企业有可能在资本市场直接进行融资外，很多非公有制企业只能从银行贷款或自筹资金。虽然近几年国家与安徽省各类补贴逐步增加，很多非公有制企业反映由于资金分配程序不透明、不公开，企业能获得的补贴资金比较少。政策性补贴资金分散在各个部门，财政扶持资金的引导效应比较有限。最后，融资难、融资贵仍然是阻碍安徽省非公有制企业进一步发展的最主要因素。就目前金融服务而言，战略性新兴产业、高技术产业融资的融资工具比较单一，市场化服务缺乏，金融创新不足。尽管一些金融机构陆续推出了针对新兴产业的中小企业的动产质押类信贷、应收账款质押贷款与联贷联保等金融创新产品，但由于没有充分考量新兴产业特征，导致相关企业由于有效抵押品不足而不能及时获取银行贷款。

四、创新能力有限

在供给侧结构性改革背景下，非公有制企业要实现健康、快速、可持续发展，必须走创新发展、绿色发展之路，要加大科技研发投入，掌握核心技术，提升其市场竞争力。而目前安徽省非公有制企业由于多种原因所限，其创新能力比较低。首先，创新环境有失公平。在创新资源获取方面，非公有制企业，尤其是中小微企业处于不利地位，立项难、审批难等问题仍然没有有效解决。由于市场监管不力，知识产权保护不到位，违法成本低，导致企业间相互模仿、侵犯知识产权的案件时有发生，不利于企业创新环境的培育。另外，高新技术企业认定标准偏高，研发投入占企业销售收入的比重过高，很多中小微企业几乎不可能达到。其次，企业创新能力欠缺。创新意识方面，安徽省很多非公有制企业从事传统产业，大多依赖以往发展路径，认为技术创新与本企业发展无关，随遇而安的现象比较普遍；还有相关企业有畏难情绪，不敢创新。创新能力方面，安徽省许多非公有制企业由于自身的资金、技术与人才的约束，其自主研发能力、引进吸收改造能力比较弱，其生产的产品或提供的服务基本处于价值链的低端。最后，安徽省非公有制企业整体实力不强。如前所述，另据 2015 年 8 月全国工商联公布的 2015 中国民营企业“500 强”数据看，2015 年浙江省 138 家，连续 17 年蝉联全国第一；河南省有 16 家；而安徽省只有 3 家，且大多是 200 名以后的企业，竞争实力不强。另外，安徽省许多非公有制企业单兵作战，几乎没有形成创新合力，导致资源浪费甚至恶性竞争。

五、资源约束进一步加剧

随着国民经济发展进入“新常态”及国家实施的供给侧结构性改革，安徽省非公有制企业进一步发展的资源约束加剧，尤其是发展要素制约加剧。首先，人才缺乏。据调查，安徽省八成以上的非公有制企业反映人才短缺，尤其是高端人才、技术人才、管理人才等缺口比较大。有些企业虽然招聘了不少人才，但几乎是招一批、走一批，对企业可持续发展极为不利。之所以出现这种情况，主要原因在于非公有制企业发展的体制机制不完善：（1）人才上升平台短缺，与大型国有企业、高等院校与科研院所相比，非公有制企业人才上升通道不畅，高端人才发展受限；（2）研发保障欠缺，非公有制企业稳定性不强，缺乏研发资金与研发平台建设，研发风险比较高；（3）产学研不能有效对接，非公有制企业产学研大多围绕在建项目的短期合作展开，而长期跟踪、研究相关技术领域的比较少，其新技术、新成果未能及时转化为现实生产力。其次，生产成本增加。随着国民经济的进一步发展，资源环境的约束进一步加剧，尤其是国内劳动力工资的提高，非公有制企业生产成本呈上升趋势，主要表现在原材料及资源能源购买价格上涨、人力成本上升等，引发企业经营效益普遍下滑。最后，企业用地难度加大。实地调研时，安徽省很多非公有制企业反映用地限制了其进一步发展，尤其是小微企业用地形势更加严峻，其主要原因在于：（1）土地供应有限，国家严控的土地政策及大项目优先用地等使小微企业用地难上加难，导致很多小微企业只能租用土地或租用闲置的厂房；（2）用地政策缺乏灵活性，企业无法及时获得所需土地；（3）用地审批办证难，即使一些非公有制企业有用地指标，但审批手续繁杂、周期长，绿色通道不畅，导致企业不能及时取得国有土地使用证。

六、发展环境亟须优化

虽然近几年安徽省非公有制企业发展环境有很大改善，但也亟须优化一些发展方可进一步促进安徽省非公有制经济持续快速健康发展。首先，相关职能部门需要进一步转变思想观念。尽管安徽省非公有制经济成为其国民经济的重要组成部分，但非公有制经济地位与其对国民经济的贡献不匹配，与国有企业、外资企业相比，在很多方面非公有制企业受到不同程度的歧视。一些地方与职能部门解放思想还不到位，服务意识还不浓厚，如给企业减负的相关费用、税收等执行不到位；尽管近几年国务院、安徽省委、省政府出台了一系列政策措施，拓宽了非公有制企业投资领域，但相关领域市场准入仍然比较难，非公有制企业进入公共领域、未禁止领域等存在“旋转门”“玻璃门”“弹簧门”。一些地方政商关系复杂，不利于企业的成长与发展。一些部门在执行政策时仍带有所有制偏见，习惯给企业贴上“姓公姓私”标签，不能一视同仁。其次，要进一步优化政务环境。一些拥有实权的部门不依法办事，执法人员不依法行政。例如，有的地方上一届政府签订的协议或项目，换一届领导就不认可了；还有的单方面宣布关停小微企业，随意废除特许经营合同等，导致相关非公有制企业的正常经营权益得不到有效保障。最后，亟须加强法治建设。若没有强有力的法治作保障，非公有制企业就是一个“易碎品”。近几年，非公有制企业发展与法治秩序之间并没有形成和谐共生的良性循环，部分企业法治意识仍然比较淡薄，利用法律维护自身权益的意识不强，不利于保护非公有制企业产权安全与健康快速发展。

第六章 经济活力综合评价指标体系构建与测度方法选择[①]

本章首先构建了三级综合评价指标体系，对安徽省及各个地区改革开放以来非公有制经济活力进行科学评价，其中二级指标体系包括经济成长性、协调性、创新性、潜力性、分享性、资源环境友好性和制度变迁7个方面和40个三级指标。其次，测度方法选择，本章将采用聚类分析法、主成分—聚类分析法等分析方法。

第一节 经济活力综合评价指标体系构建

一、经济活力综合评价指标体系的构建原则

从理论上说，经济活力综合评价指标体系是一系列相关指标的有机整体。为了构建一个科学、合理、可行、易于操作的经济活力综合评价指标体系，要遵循以下原则。

（一）科学性原则

在经济活力综合评价指标体系中，设计的指标应充分反映体现经济活力的内涵，从科学的角度系统、准确地理解与把握经济活力的实质。这是设计经济活力综合评价指标体系的基础。

（二）复合量纲原则

在构建经济活力综合评价指标体系时，应尽量选取复合量纲指标。由于省市

---

① 该部分有一些内容即将公开发表在《统计与决策》上，参见刘越、张露梅："新时代安徽省民营经济活力指数模型构建与实证分析"，载于《统计与决策》2019年第12期，用稿通知已发。

规模不同，许多指标可比性比较差，为消除规模因素的不利影响，在设计经济活力综合评价指标时，应尽量选取复合量纲指标。

（三）完备性原则

在构建经济活力综合评价指标体系时，构建的指标体系作为一个整体应当能够全面反映一个国家或地区经济活力的重要特征。经济活力是综合性的指标，其衡量指标应当设计经济、社会、环境等多方面的指标，选取的指标应尽量做到全面、客观、公正。但应注意的是，由于某些指标数据的不易得性，且选取指标过多时会带来数据处理过程中的偏差；指标体系的完备性并不意味着所设计的指标面面俱到，而要重点体现经济活力的主要特征。

（四）可操作性原则

在构建经济活力综合评价指标体系时，经济活力指标体系应是一个可操作性的方案，指标数据要便于收集与整理。对于定量指标来说，应尽可能利用统计部门现有的统计资料来构建指标，以确保构建指标所需要的资料来源科学权威。对于定性指标，最后通过专家问卷调查的方式获得数据。另外，所设计的指标统计口径要一致，核算与综合方法要统一，以达到动态可比性。

（五）简洁、独立原则

在构建经济活力综合评价指标体系时，选取评价指标应尽量简洁，相互独立。选取的指标简洁、独立能够科学客观地反映经济活力问题的主要因素与关键因素，同时也可减少工作量及评价次数。

（六）稳定性原则

因为一个国家或地区经济活力是一个不断变化的过程，所以在构建经济活力综合评价指标体系时，在一定的时期内经济活力指标体系中的指标内容应保持相对稳定，只有这样，才可以科学客观地比较分析一个国家或地区经济活力的发展演变情况。绝对不变的指标体系是不可取的，所构建的经济活力综合评价指标体系应随着时间与空间的推移和情况的变化而变化。

二、构建经济活力综合评价指标体系应注意的相关问题

目前研究与构建经济活力综合评价指标体系时，还有很多问题需要突破，如

何科学有效解决这些问题也是构建经济活力综合评价指标体系时要认真思考的重点与难点。

（一）设计指标的科学基础

当前科学理论水平还有待完善，人们还不能全面、客观、清晰地理解经济活力内涵，并科学界定其涉及的方方面面，所以很难提出并设定某些指标或提出设计的某些指标缺乏坚定的科学基础。

（二）主观指标的选取与测量

因为一个国家或地区经济活力是多种因素综合作用的结果，理所当然就包括一些主观性指标，这些指标要纳入经济活力的评价指标体系。但与客观指标数据的可查、便得性相比，主观指标尽管可以运用权威专家评分法，但对其进行量化分析时仍不可避免地带来一定偏差，对同一个省或地区的经济活力评价就可能会出现完全相反的结论。因此，在选择的指标体系中应选择多大比重的主观指标以及选取后如何测量等问题，在构建经济活力的评价指标体系时应当认真权衡。

（三）完善性与社会需求性的矛盾如何协调

一般来说，研究者都希望能够建立一套科学、客观、易于操作、切实可行的经济活力评价指标体系，但鉴于客观现实的局限性与研究者自身认知的有限性，一般很难一次性地构建一套客观、科学、全面的经济活力评价指标体系。如此一来，只能在经济活力评价指标体系完善性与社会需求性之间做一定的折中或妥协，也就是说，研究者只能为了实践的需要，先尽量构建一套相对可行的经济活力评价指标体系，之后在实践中从理论与实践两个方面不断对其进行修改与矫正，使构建的经济活力评价指标体系逐步完善。

三、构建经济活力综合评价指标（体系）的选择标准

构建经济活力综合评价指标（体系）的选择标准，英国政府要求政策相关、可测量、综合性、变化性、分析正确，要能代表经济主体的愿望。美国环保署标准是：与系统目标的联系要密切明确，对整个系统的结构与功能比较重要，对生态环境胁迫做出的积极反应等。此外，构建经济活力综合评价指标（体系）还应满足简单、易于解释、成本低、变率小、非冗余、有历史数据等。构建的经济活力综合评价指标（体系）应既能覆盖全部系统，又能保证指标数量的最少化。国际上指标选择方法一般是 UNCSD（联合国可持续发展委员会）提出的压力—

状态—响应架构（PSR）。FAO 提出了确定指标的 5 个步骤：界定范围、建立框架、确定参考系、选择和呈现。Barbaar Bellows（1994）认为构建的指标体系应涉及动机、建设到最终行动和反馈的全过程。设计的指标体系内容应根据不同国家、地区及其发展阶段不同而各异，具有很大主观性。Hartmut 等（1999）提出了系统属性选择指标法。张凤荣等（2002）认为目前确定科学有效的筛选指标方法应综合考虑科学研究成果与生产实践经验的有机结合。

（一）选择典型代表性强的核心指标

提高一个国家或地区经济活力是实现其经济的可持续发展，提高其经济实力与竞争力，提升人们生活水平的关键和前提，而一个国家或地区的经济成长性、协调性、创新性、潜力性、分享性、资源环境友好性和制度变迁等七个方面是提升一个国家或地区的核心内容。

评价一个国家或地区经济活力指标体系的数量也不是越多越好或越少越好，尤其是指标体系不能冗余。Andrews 等（2002）提出经过精心挑选的较少指标用简单的、非线性评分方法综合成的指数可以为决策提供充分有效的信息。而 Gerbens-Leenes 等（2003）认为数量繁多的指标体系与庞大的数据没有注意对互作的研究，反而不能提供更多科学的可持续信息，运用主成分分析的研究实践已经证明既可以在可接受的水平上用相对比较少的指标体系来反映复杂的系统，也可在不同层次给出几个关键性的评价指标来减少指标体系数量。

（二）指标计算尽量避免主观性

将所选指标的实际值转化为指标分析值时，有线性方法和非线性方法，非线性方法比线性方法更有代表性。在确定指标权重时，有模糊综合评判法、经验法、相邻指标比较法、回归系数法、试验统计法和主成分分析法等，要尽可能地减少权重赋值法的主观价值倾向而选用权重赋值法的客观价值倾向。

指标分析与综合方法上主要有加权法、不综合、加权和等方法。国外在涉及经济、社会和生态问题分析时，常常运用利弊得失分析法，从对最佳状态的追求演变到多维可接受状态。仅在进行单项如环境分析时可能会采用综合评价法，如 Taylor 等（1993）运用 FSI（farmer sustainability index）方法。而国内研究很多采用加权和法，也有一些学者不标准化数据而直接和参考系相比得出分数然后相加（周海林，1995；王芬等，2003）。

加权综合评价法的不足在于将非市场的投入与产出进行综合，遗漏了大量重要信息，而且同一个尺度上的可持续并不表明在另一个层次上也是可持续的。Bockstaller 等（1997）认为，到目前为止还没有一种方法能够科学地确定每个指标的相对重要性。为了弥补综合评价法的不足，陈佑启等（2000）提出在准则层或以下层次中进行适度聚合，而郑新奇等（2000）认为在低层指标综合时采取几何平均法，在高层指标综合时采用加权和法。

另外，为了增强指标体系的指导性，就要提高它对实际问题的预测能力。国外研究者一般运用经济模型来模拟预测未来发展情况，模型法的运用在很大程度上提高了预测的精度，减少了实际操作中的主观性与风险性。

四、非公有制经济活力指标体系构建

如前所述，经济活力是一个规范性的价值判断，其内涵非常丰富，所以本书在借鉴已有研究成果的基础上构建的经济活力指数指标体系不可能囊括经济活力所涉及的方方面面，也不能反映经济活力的全部内容，本书构建的经济活力指数仅仅涉及经济活力的主要内容，只能基本判断经济活力的状态。由于本书将经济活力内涵界定为经济成长性、经济创新性、经济协调性、经济绿色性、经济开放性、经济共享性和制度变迁等 7 个维度，因此构建的经济活力指数就由这 7 个维度构成。

（一）经济成长性

从经济成长性测度指标的选择来看，经济成长性着眼于未来，从动态角度来分析评价经济活力，也就是一个国家或地区经济发展或增长的发展后劲如何。经济成长性主要考察经济发展过程中要素投入与产出的效率及未来潜力。经济发展是各种经济资源综合作用的结果，在经济资源一定的情况下，单位投入要获得更多的产出，就要求要素生产效率越来越高，经济成长性就越好，经济发展效率越高，经济发展质量也就越高。所以经济成长性既是经济发展活力高低的集中体现，也是经济发展质量诸多内涵的中心，更是经济可持续发展的重要保障。

（二）经济创新性

经济活力的创新性是制度创新与技术创新在经济发展中的生动再现。现代经济发展主要依靠生产效率的提升而不是资源投入数量的增加，而生产效率的提高又主要是由技术进步带来的。持续不断的技术创新可以提升产业技术水平，并通过新技术推动新兴产业发展，形成产业结构转型升级的新增长点，加快产业结构优化与升级。而高效利用资源有利于突破资源环境的“瓶颈”制约，实现国民经济经可持续发展。因此，技术创新既是现代经济发展的源泉，也是提高经济发展活力与质量的关键因素。日新月异的技术创新能够实现在不增加要素投入的情况下提升经济发展活力与发展质量，所以由技术创新带来的创新性强度是决定经济活力的重要因素。

（三）经济协调性

经济发展的协调性是指经济结构的协调程度，经济结构包括需求结构、产业结构、区域结构、城乡结构和贸易结构等。世界各国经济发展的经验表明，在不同的经济发展阶段，一个国家或地区的经济结构是各异的。一定的经济总量是一定结构下的总量，经济总量的变化与经济结构的变化结合在一起。经济活力本身含有对经济结构优化升级的要求，合理的经济结构是提升经济活力并获得较高经济效益的基础，是高质量经济发展的重要内容。尤其是产业结构在整个国民经济中居于主导地位，产业结构的变化对提升经济发展活力与质量起到至关重要的作用。若产业结构合理，资源配置就越有效，它会带来经济活力的持续提升；相反，若产业结构扭曲，无效投入就会过多，资源配置的效率就大打折扣，经济活力持续提升就不现实。产业之间及产业内部的比例关系协调，不仅是经济发展质量不断提高的结果，而且是不断提高经济发展质量的重要条件。所以经济协调性或合理性也是经济活力的重要内容。

（四）经济绿色性

一般而言，经济增长或经济发展的持续性是指经济持续增长的能力，也是经济发展的绿色性。经济系统与自然资源、生态环境系统是息息相关的，经济增长或经济发展是经济要素、自然资源与生态环境有机整合的过程，是开发利用自然资源、耗费占用生态环境以及排放物质生产废弃物的综合过程。自然资源生态环境是自然界一切能为人所利用的自然物质和可以提供有用物质的载体，是社会生产的自然基础。经济增长或经济发展不可能脱离自然资源于生态环境的约束：生态环境承载力的极限也就是人类经济发展的极限，自然资源的稀缺性导致经济发展的限度，而人类不合理的经济行为将引发一系列不良连锁反应。如果自然资源生态环境遭到毁灭性的破坏，即使人类投入巨大的人力、技术和资金去拯救，在短时期内也难以恢复，不仅不利于经济发展，而且将严重威胁人类的生存与发展。因此，要提高经济发活力，就务必走可持续发展之路，不能以自然资源的损耗与牺牲生态环境质量为代价。在自然资源被有效科学合理利用与生态环境得到有效保护的前提下，经济发展充满生机与活力才是可持续的。所以在评价经济活力时不能忽视经济增长或经济发展所带来的资源生态环境代价。

（五）经济开放性

开放型经济是与封闭型经济相对的，是一种经济体制模式。在开放型经济中，要素、商品与服务可以较自由地跨国界流动，从而实现最优资源配置和最高经济效率。开放经济强调把国内经济和整个国际市场联系起来，尽可能充分地参加国际分工，同时在国际分工中发挥出本国经济的比较优势。一般而言，一国经济发展水平越高，市场化程度越高，越接近于开放型经济。在经济全球化的趋势下，发展开放型经济已成为各国的主流选择。在开放型经济中，既出口也进口，基本不存在孰重孰轻的问题，关键在于发挥比较优势；既吸引外资也对外投资，对资本流动限制较少。因此，在目前经济全球化的大背景下，非公有制经济要不断提升其经济活力，要充分利用国际与国内两种资源，积极开拓国际与国内两大市场。所以在评价经济活力时，经济开放性也是一项重要指标。

（六）经济共享性

经济增长或经济发展的共享性是指经济发展成果即国民收入的分享状况。一国经济发展的最终目的是不断提高人们的生活水平。因此，在评价经济活力时，不能忽视经济发展进程中的收入分配问题，它既是影响广大人民生活质量的重要方面，也是衡量经济活力高低的重要内容。若经济增长率很高，但居民消费水平增长率较低，贫富两级分化严重，失业率居高不下，这样的经济增长是低质量、低效率的，也是很难持续的。建立在收入分配不平等基础上的经济增长，实质是富人收入与欲望满足的增长，它是以牺牲穷人利益为代价的。扭曲的收入分配不但影响社会总需求，而且会导致人们享受教育、医疗保健机会等严重不平等，最终影响到人力资本投资。而人力资本投资既可以直接改善人们生活质量，还通过更健康、受教育程度更高的劳动者队伍加入经济发展中来，从而在长期内促进经济更快更好发展，提升其经济发展活力。经济发展的共享性第一层含义指的是国民收入在居民间的分配；经济发展的共享性的第二层含义则是指政府、企业和居民对经济发展成果的分享。由于经济发展的最终目的是提高人民生活水平，因此，不断提高居民收入在国民收入中的份额就意味着经济发展分享程度的提高。

（七）制度变迁

在现代经济的发展过程中，良好的制度与适时的制度变迁对经济发展至关重要，经济发展是以制度的不断调整优化为必要条件的。根据新制度经济学的观点，经济增长或经济发展的根本原因是制度变迁，一种提供适当个人刺激的有效产权制度是促进经济发展的决定性因素。制度创新与制度变迁所带来更好的制度可以创造秩序，降低市场交易的不确定性，降低社会交易成本。另外，制度为社会发展与进步提供一个激励机制，只有恰当的激励才能发挥、提高生产效率，从而使社会总产出增加。不断涌现的制度创新可以在不增加要素投入的情况下促进经济增长，提高经济发展活力，所以由制度创新与变迁所构成的创新性强度是决定经济发展质量与发展活力的重要因素。

因此，经济活力是一个整体概念，上述七个方面从不同视角体现了经济活力的科学内涵。它们彼此之间并非相互独立，而是相互联系、相互影响的。

五、非公有制经济活力指标体系各类指标的设定

（一）经济成长性指标的设定

从经济成长性测度指标的选择来看，经济成长性着眼于未来；从动态角度来分析评价经济活力，也就是一个国家或地区经济发展或增长的发展后劲如何。本书从国内生产总值及其增长率、财政收入、经济稳定性、就业、物价等五个层面进行评价。国内生产总值及其增速是测评经济活力的重要指标，它是经济未来发展的基础。财政收入及其增速是权衡地方政府筹集财政资金与发展地方经济的能力。经济稳定性反映经济波动情况，经济波动幅度太大不利于经济发展。就业反映经济发展或增长过程吸纳劳动者就业情况，以及是否能够持续提供新的就业岗位，有效实现劳动者就业，提高就业率，降低失业率。一般而言，温和通胀有助于经济平稳较快发展，而较高通胀则表明经济过热。因此，选取以下指标：人均GDP、人均GDP三年平均增速、地方财政人均一般预算收入、地方财政人均一般预算收入年均增速、经济波动系数、失业率、物价弹性系数。

（二）经济创新性指标的设定

从经济创新性测度指标的选择来看，经济创新性侧重于技术进步对经济发展的重要作用，主要从创新能力与知识产权保护两个层面进行评价。因此，选取以下指标：研发占/GDP比重、非公科研经费投入比重、全要素生产率、专利申请量与科技人员数。

（三）经济协调性指标的设定

就经济协调性测度指标的选择而言，经济协调性侧重于考察经济结构的协调与否，从产业结构、区域结构、城乡结构与贸易结构等四个层面对其进行评价。经济结构最重要内容就是产业结构，产业结构若合理、协调，经济运行质量就高，经济活力就比较强。区域结构协调性反映区域内及区域间经济发展的均衡

性，若区域经济协调发展，整体经济质量就比较高。城乡结构协调反映城乡经济发展的均衡性，城乡协调发展有助于缩小城乡差距，加快经济发展。贸易结构协调反映出口与进口的均衡发展，避免经济过于依赖进口或出口。因此，选取以下指标：第三产业比重、资源配置率、区域人均增加值方差、第三产业就业比重、城镇化水平、城乡收入比和进出口比值。

（四）经济绿色性指标的设定

就经济绿色性测度指标的选择而言，绿色发展主要关注经济发展与人口、资源、环境的关系，主要从能源耗费、绿化、废物排放与废物综合利用四个层面进行评价。因此，选取以下指标：单位地区生产总值能耗、单位地区生产总值电耗、森林覆盖率、单位 GDP 废水排放量、单位 GDP 废气排放量、单位 GDP 废渣排放量、“三废”综合处理率。

（五）经济开放性指标的设定

就经济开放性测度指标的选择而言，经济开放性主要侧重于企业合理利用外部资源的能力，主要从企业进口与出口两个层面进行评价。因此，选取以下指标：贸易依存度、外商投资占 GDP 比重、进口总值、出口总值。

（六）经济共享性指标的设定

从经济共享性测度指标的选择来看，经济共享性主要着眼于经济发展不是为了发展而发展，其根本目的在于提高全体国民的福利水平，主要从收入分配、人口寿命、居住面积、消费支出四个层面进行评价。因此，选取以下指标：人口死亡率、城镇人均住宅建筑面积、农村人均住房面积、城镇恩格尔系数、农村恩格尔系数、劳动者报酬占比。

（七）制度变迁指标的设定

鉴于制度本身的复杂性，制度难以直接度量，许多学者用来衡量制度变迁的动态过程采用“制度代理变量”法。金玉国（2001）用四个具体指标来综合制度变迁指数：非国有化率（反映经济成分多元化的程度，非国有化率 = 非国有工业总产值/全部工业总产值）、资源配置的市场化程度（ZPH，ZPH = 1 - 国有经济的全社会固定资产投资/全社会固定资产投资总额）、国家财政收入占 GDP 的比重（CZSR，CZSR = 国家财政收入/当年 GDP）、贸易依存度（TD，TD = 进出口总额/国民生产总值）。刘元春（2003）将我国经济制度变量界定为市场化程度、非国有化水平、开放程度三大指标。钟昌标等（2006）采用政府管制指标、非国有经济发展水平、经济体的治理结构城市化率以及各地区的市场化指数等来反映我国的制度质量。刘文革（2008）使用产权多元化、对外开放程度和国家控制资金因素等指标来测度我国的制度质量。郭苏文、黄汉民（2012）采用非国有经济发展水平（NL）、政府管制水平（GRG）、市场化程度（ML）、对外开放程度（TRA）、城市化率（UID）、金融深化程度（FIA）来衡量制度变迁水平。

从制度变迁测度指标的选择来看，制度变迁主要分析制度及制度变迁在经济发展或增长中所起的作用，主要从改革与开放两个层面进行评价。因此，选取以下四个代理变量指标：非国有化率、资源配置市场化程度、国家财政收入占 GDP 的比重与贸易依存度。

第二节 经济活力综合评价指标体系测度方法选择

目前，经济评价方法主要有单指标法与综合指标法。两种方法各有利弊，而综合指标法利用最多。

一、单指标法与综合指标法

在实际经济评价分析中，运用较多的分析方法主要有单指标多角度评价法和综合指数法。单指标多角度评价法，即单指标法，该方法不进行指标综合；而综合指数法，即综合指标法，该方法将众多指标综合成一个指数。Taylor 等（1993）所运用的 FSI（farmer sustainability index）方法，Hansen 等（1996）、Manyong 和 Degand（1997）、Praneetvatakul（2001）、Rigby 等（2001）的模型综合法，Brink 等（1991）的 AMOEBA 方法，Sands 等（2000）和 A. F. Herrera VIIo 等（2003）利用主成分分析法等。Heilig（2004）的 RSPS（a regional analysis and planning system）- China 软件将资源、经济、社会等因素考虑在内综合成一个指标。国内很多研究也都将指标综合成一个指数进行判断、比较，如中国科学院可持续发展战略研究组的指标体系，以及毛汉英、张忠根（2003）等设计的指标体系。毛汉英（2000）和甄峰（2000）运用主成分分析法、张卫民等（2004）利用熵值法得出几个复合指标进行分析。

二、综合指数法的权重设置与综合方法选择

将众多指标进行综合要涉及权重的设置、去除量纲或标准化等问题。权重设

置主要涉及人们的价值取向与经验判断。权重设置主要分为主观赋值法和客观赋值法两种。主观赋值法是研究者主观上对各指标的重视程度进行判断来决定权重，如专家经验法、层次分析法等。客观赋值法是指根据原始数据信息的联系强度或各指标所提供的信息量来决定指标权重大小，主要包括：能消除指标间的相关性来确定权数的主成分分析与因子分析法，根据指标间的重复信息量确定权数的复相关系数法，根据指标变异信息量确定权数的熵值法，以及依据粗糙集理论来挖掘数据权重的方法。还有研究将主观赋值法和客观赋值法结合起来确定权重。陈孝新（2004）研究发现客观赋权综合评价法比主观赋权法优越，因子分析法优于熵值法、AHP 法和模糊综合评判法。此外，权重设置要尽可能地与客观情况相符。根据 WB 的估计，全球财富中生产资本只占 16%，自然资源占 20%，而人力资本所占份额最高，这在发展中国家和发达国家都一样。同时，为了实现动态评价，权重应能随评价期变化而变化。

无量纲化方法主要有直线、折线和曲线型三种。孙才志等（2001）研究发现一般情况下无量纲化过程不满足数据的保序性能与规范性能，反而改变了曲线比例尺和形状，歪曲了因素间的内在联系。

至于指标综合的方法，采用比较多的是加权和法。但由于经济、社会、环境、资源之间的不可补偿性，岳超源等（1998）指出在实际综合评价中不用加权和法，而用加权积法，或应用经济与社会的加权和乘以环境与资源的加权和。此外，也有不利用权重，而根据指标与标准或目标值的差距来进行比较或打分，然后将其相加计算总指数。Andrews 等（2002）通过对加利福尼亚替代蔬菜生产系统的研究，发现在指标综合方法上，加法、权重加法和决策支持系统三种方法区别很小，在三种方法下有机生产系统比低投入和传统生产方式都得到了较高的分数，但是非线性评分方法要比线性方法更有说服力。

由于综合指数法存在一定缺陷，学术界对其应用比较慎重。一般认为将一定范围很广的相关信息合成一个总指数，它揭示的信息可能还不如掩盖得多，因为每一个子系统对系统功能的维持都是重要的，综合指数法可能掩盖了权重低但很重要的子系统信息，不利于政策的分析与制定。在综合方法上，Bockstaller 等（1997）提出权重法、补偿法与多目标法都不适合将若干不同质的指标综合成一个总指数，因为到目前为止还没有一种比较科学的方法能决定哪一个指标更重要。Tellarini 等（2000）发现能量和货币指标对农场可持续发展的表达不一致，不能用单一的、综合的值来表示。Werf 等（2002）认为用综合分数进行评估，因为剔除了单位与维度，而无法与其他实际数值和观测值相平衡。而现实中各地资源禀赋不同，这样的比较也没有实际意义。Byerlee 等（2001）认为将非市场投入和产出在社会价格评价的基础上进行综合是有缺陷的。

三、分析指标处理

在多指标综合评价中，有些指标是指标值越大评价越好，称为正向指标（也称效益型指标或望大型指标）；而有些指标是指标值越小评价越好，称为逆向指标（也称成本型指标或望小型指标）；还有些是指标值越接近某个值越好的指标，称为适度指标。在进行综合评价时，首先要将指标同趋势化，一般是将逆向指标和适度指标转化为正向指标，也称为指标的正向化。至于不可通度性问题，本书采用均值化方法对基础指标的各代理变量进行无量纲化处理。

由于经济活力涉及经济成长性、经济创新性、经济协调性、经济绿色性、经济开放性、经济共享性和制度变迁等诸多方面，因此经济活力指数理应是多指标综合作用的结果。如何量化经济活力指数，已有文献主要运用相对指数法、层次分析法（AHP）（陆晓丽等，2007）、因子分析法（杨开忠，2003；楼海森等，2005；金延杰，2007）、模糊综合评价（胡斌等，2000；孙发平等，2007）、熵值法（侯荣涛，2015）等。相对指数法存在各分项指标之间可能具有高度相关性的缺陷；层次分析法是主观赋权；熵值法虽是客观赋权，但反映相关指标之间的关系欠佳；因子分析法与主成分分析法都是客观赋权，但前者各个维度的具体变化情况不能很好刻画，只能反映公共因子变动情况，而后者不但可以量化经济活力各个维度的经济活力指数，而且能够很好刻画经济活力各维度基础指标对经济活力总指数的贡献程度。陈孝新（2004）指出主观赋权综合评价法次于客观赋权法，而熵值法、AHP 法和模糊综合评判法次于因子分析法。

另外，鉴于基础指标的属性与量纲不同，主成分分析之前要进行科学处理。对逆指标本书运用倒数形式，达到所有指标对经济活力的作用力趋同。对原始指标采用均值法进行无量纲化处理。主成分分析的输入变量是均值化后的协方差矩阵。

如此一来，本书运用 Stata 13 分析软件中的 PCA 法来计算各单项指数在方面指数中的权重以合成方面指数，并以相同方法合成总指数来科学测度安徽省 2002—2017 年经济活力指数。

第七章　近年来安徽省非公有制经济活力的总体评价[①]

近年来，随着我国经济体制改革的逐步深入以及基本经济制度的逐步完善，无论是国家还是安徽省委、省政府都制定了许多法律法规政策措施来支持促进非公有制经济发展。目前，安徽省非公有制经济已经与公有制经济形成“一荣俱荣、一损俱损、协调发展”的大好局面，而且大有超过公有制经济的趋势。据安徽省经信委统计：（1）非公经济主体提质增速加快。2016 年安徽省新增 15.9 万户私营企业，增长 30.5%；净增 1328 户规模以上工业企业，居全国第 1 位；1200 户“专精特新”中小企业；进入全国民企“500 强”企业有 4 家。非公高新技术企业增加到 3480 家，占全省高新技术企业比重达到 90%；有 98 家非公企业设立院士工作站，占全省比重为 66%。（2）非公经济贡献越来越大。2016 年，安徽省规模以上非公工业企业全年实现增加值 7281.3 亿元，增长 10.4%，其占全部规模以上工业比重提高到 72.2%；非公企业进出口实现 196.4 亿美元，其中出口 153.1 亿美元，占全省出口的 53.8%；非公企业缴纳 2154.5 亿元税收，占 64.2% 的全省税收；民间投资 18371.5 亿元，增长 6.5%，占 68.7% 的全省投资。[②]

改革开放以来，安徽省非公有制经济发展非常迅速，其经济活力得到极大释放，那么如何客观评价改革开放以来安徽省非公有制经济活力和科学计算安徽省非公有制经济活力指数以及在新常态和供给侧结构性改革下如何进一步提升安徽省非公有制经济活力？这是一个非常有价值的研究课题，它不但有助于进一步提升安徽省经济发展质量，进一步完善安徽省基本经济制度，而且对我国其他省（自治区、直辖市）加快非公有制经济发展也有借鉴意义。

---

① 该部分有一些内容即将公开发表在《统计与决策》上，参见刘越、张露梅：“新时代安徽省民营经济活力指数模型构建与实证分析”，载于《统计与决策》2019 年第 12 期，用稿通知已发。

② 安再祥：“紧扣‘六围绕、六推进’安徽大力实施民营经济提升工程”，《中国工业报》，2017 年 2 月 20 日。

第一节　经济活力理论与经济活力数理模型构建

一、经济活力理论界定

经济活力是一种规范性的价值判断，国内外专家学者从不同视角来界定经济活力内涵。国外研究经济活力主要集中于以下两个方面：（1）企业能力论。Meyer 等（1993）指出核心能力是企业在制造、市场营销、研发等方面的综合能力；Hammer 等（1993）指出对企业业务流程再造（BPR）是其获得竞争优势的源泉。Patel 等（1994）首次提出了“核心技术能力”；Hamel 等（1994）提出了企业能力基础竞争论。埃里克森等（1996）从经济学与社会学视角来界定企业能力：企业能力是企业组织资本与社会资本综合作用的结果，前者反映其组织协调生产的技术能力，而后者则彰显其所处的社会环境。Teece 等（1997）则认为企业能力是动态的、发展的，提出企业能力演化观。（2）企业资源论。Birger Wernerfelt（1984）发表了《企业资源基础论》论文，指出企业活力关键在于其能获得优质稳定的生产资源。Barney（1993）指出企业资源主要涉及物质资本、人力资本与组织资本等资源。

国内学者研究经济活力情况如下：张冀湘等（1986，1999）分析了社会主义企业四种活力论观点：能力论说、权力论说、效益论说、行为论说。[①] 刘树人等（1995）认为企业活力就是企业通过自身素质与外部环境的交互作用，使企业经营者和职工的积极性、主动性、创造性得到充分发挥，在市场竞争中呈现良好循环的自我发展状态。[②] 周扬明（1998）认为企业活力是指企业生命力，其体现在企业产品的竞争力、市场的应变力、科研开发能力、资产增值力、领导人的进取力、职工的向心力等方面。[③] 杨开忠（2003）选取年度企业注册与倒闭总量占企业单位数的比重、股票筹资总额占各省 GNP 的比例两个指标评价了各省经济活力[④]；楼海森等（2005）应用因子分析法选取 12 个指标分析了我国各省经济活

① 张冀湘：《企业活力有序论》，经济科学出版社 1999 年版，第 10 页。

② 刘树人、张久达、张晓文：《中国企业活力定量评价》，中国国际广播出版社 1995 年版，第 3 页。

③ 周扬明、高会宗：《企业活力与动力研究》，地质出版社 1998 年版，第 3 页。

④ 杨开忠：“2003 中国 31 省市区新经济实力排行榜”，《经济日报》，2003 年 8 月 15 日。

力①；陆晓丽等（2007）构建了由经济成长性、对资本和生产要素吸引力、就业及居民生活质量和创新能力 4 大类共 27 个指标体系来评价城市经济活力②；金延杰（2007）以经济总量及其增长、企业及其收益、居民收入、财政与社会保障、外贸与外资、技术水平与教育及环境 7 个方面的若干指标，运用因子分析法测算全国 50 个城市的经济活力指数。③ 蒲宇飞（2013）认为要避免所有制结构刚性化及引发的资源错配，要大力发展动态混合所有制经济。④ 现有文献很少清晰界定经济活力外延，因此经济活力内涵就缺乏一个明确的范围以至于很难对其科学定义与测度。

经济活力是指一个国家或地区经济能够实现持续增长的机制与能力。它涉及两个方面：一是对生产要素（劳动、资本、土地、企业家才能、科技、创新等）的凝聚力与吸引力；二是资源配置与资源利用的效率⑤。本章将经济活力外延界定为与经济活力密切相关的 7 个方面，主要涉及经济成长性、经济协调性、经济创新性、经济潜力性、经济分享性、资源环境友好性和制度变迁等 7 个维度，在此基础上以客观的标准来构建经济活力评价指标体系，对 2002—2015 年安徽省非公有制经济活力进行综合评价。

二、经济活力数理模型构建

一般来说，考察一个国家或地区经济活力主要涉及其经济成长性、经济协调性、经济创新性、经济潜力性、经济分享性、资源环境友好性和制度变迁等 7 个维度，则经济活力函数可表示为：

$$V = V(Grow, Inno, Coor, Gree, Open, Shar, Inst) \tag{7-1}$$

其中，V 为经济活力，Grow 代表经济成长性，Inno 为经济创新性，Coor 表示经济协调性，Gree 表示经济绿色性，Open 为经济开放性，Shar 为经济分享性，Inst 为制度变迁。

假设函数（7－1）满足以下性质：对所有 Grow、Inno、Coor、Gree、Open、

① 楼海淼、孙秋碧："基于因子分析的我国各省经济活力评价研究"，载于《福州大学学报（哲学社会科学版）》2005 年第 3 期。

② 陆晓丽、郭万山："城市经济活力的综合评价指标体系"，载于《统计与决策》2007 年第 6 期。

③ 金延杰："中国城市经济活力评价"，载于《地理科学》2007 年第 1 期。

④ 蒲宇飞："完善动态混合所有制结构焕发经济活力"，载于《经济问题》2013 年第 11 期。

⑤ 刘越、张榆新、闵路路："绿色城镇化提升我国经济活力"，载于《海派经济学》2017 年第 15 卷第 3 期。

Shar、Inst > 0，也就是说，改善每一维度水平都会引起函数 V(＊) 正的提高，但这种正向作用是边际递减的：

$$
\begin{aligned}
&\frac{\partial V}{\partial Grow}>0,\frac{\partial^2 V}{\partial Grow^2}<0;\frac{\partial V}{\partial Inno}>0,\frac{\partial^2 V}{\partial Inno^2}<0\\
&\frac{\partial V}{\partial Coor}>0,\frac{\partial^2 V}{\partial Coor^2}<0;\frac{\partial V}{\partial Gree}>0,\frac{\partial^2 V}{\partial Gree^2}<0\\
&\frac{\partial V}{\partial Open}>0,\frac{\partial^2 V}{\partial Open^2}<0;\frac{\partial V}{\partial Shar}>0,\frac{\partial^2 V}{\partial Shar^2}<0\\
&\frac{\partial V}{\partial Inst}>0,\frac{\partial^2 V}{\partial Inst^2}<0
\end{aligned}
\tag{7-2}
$$

另外，设函数（7－1）为 C－D 函数，对函数（7－1）全微分可得：

$$
\begin{aligned}
dV=&\frac{\partial V}{\partial Grow}\cdot dGrow+\frac{\partial V}{\partial Inno}\cdot dInno+\frac{\partial V}{\partial Coor}\cdot dCoor+\frac{\partial V}{\partial Gree}\cdot dGree\\
&+\frac{\partial V}{\partial Open}\cdot dOpen+\frac{\partial V}{\partial Shar}\cdot dShar+\frac{\partial V}{\partial Inst}\cdot dInst
\end{aligned}
\tag{7-3}
$$

将式（7－3）两边同时乘以 1/V，且对等式右边各项分别乘以$\frac{Grow}{Grow}$，$\frac{Inno}{Inno}$，$\frac{Coor}{Coor}$，$\frac{Gree}{Gree}$，$\frac{Open}{Open}$，$\frac{Shar}{Shar}$，$\frac{Inst}{Inst}$可以得到如下等式：

$$
g=\xi_1 g_1+\xi_2 g_2+\xi_3 g_3+\xi_4 g_4+\xi_5 g_5+\xi_6 g_6+\xi_7 g_7 \tag{7-4}
$$

其中，$g=\frac{dV}{V}$，$\xi_1=\frac{\partial V}{\partial Grow}\cdot\frac{Grow}{V}$，$\xi_2=\frac{\partial V}{\partial Inno}\cdot\frac{Inno}{V}$，$\xi_3=\frac{\partial V}{\partial Coor}\cdot\frac{Coor}{V}$，$\xi_4=\frac{\partial V}{\partial Gree}\cdot\frac{Gree}{V}$，$\xi_5=\frac{\partial V}{\partial Open}\cdot\frac{Open}{V}$，$\xi_6=\frac{\partial V}{\partial Shar}\cdot\frac{Shar}{V}$，$\xi_7=\frac{\partial V}{\partial Inst}\cdot\frac{Inst}{V}$分别表示相关维度的产出弹性，$g_1=\frac{dGrow}{Grow}$，$g_2=\frac{dInno}{Inno}$，$g_3=\frac{dCoor}{Coor}$，$g_4=\frac{dGree}{Gree}$，$g_5=\frac{dOpen}{Open}$，$g_6=\frac{dShar}{Shar}$，$g_7=\frac{dInst}{Inst}$表示各相关维度的增长率。

由式（7－4）可知，经济活力的提升是其经济成长性、经济创新性、经济协调性、经济绿色性、经济开放性、经济共享性和制度变迁等 7 个维度综合改善结果，这一则取决于每个维度提高的增长率，二则取决于每个维度产出弹性。若在一定时期内每个维度产出弹性保持不变，则可以推出以下结论。

（一）当经济成长性比较高时，经济活力就能得到极大释放

经济成长性反映一个国家或地区经济发展或增长的潜力性与发展后劲。若经

济成长性比较高，则其经济发展或增长的效率比较高，经济发展过程中的中间消耗越低，资源利用率越高，要素生产效率就越高，实现国民经济持续快速增长的潜力就越大，其经济活力就能得到极大释放；反之，就不能实现资源的合理配置，资源浪费严重，要素生产效率比较低，经济缺乏活力。

（二）若经济创新性比较高，经济主体创新热情高涨，就有助于提升经济活力

经济创新性一般是指技术创新应运于经济发展中，不断提升经济发展质量与效益。根据现代经济增长理论可知现代经济发展不再依赖于资源要素投入的增加而依靠提高劳动生产率，即提高全要素生产率，要不断提高生产效率就必须加快技术进步步伐。日新月异的技术进步与创新可以提高产业技术水平，有助于加快发展高新技术产业与战略性新兴产业，形成新的增长点，加快产业结构优化升级。而且技术进步有助于提高资源利用率，在一定程度上弱化资源环境约束，有利于实现经济持续性发展与增长。

（三）若经济协调发展，产业结构优化，就能提升其经济活力

经济协调发展有助于提高经济发展质量与效益，而且良好的经济结构是提升经济发展质量与效益的前提，也是实现经济高质量发展的核心内容。若产业结构科学合理，就有利于资源的有效配置，有助于国民经济持续快速稳定发展，提升其经济活力；而若供需结构不合理，就不利于资源的合理配置，导致资源浪费，不利于经济发展，我国实施的供给侧结构性改革，就是解决供需结构失衡，某些供给与实际需求不相匹配的问题；区域结构若不协调，就可能出现区域发展失衡，区域间与区域内部发展差距可能越拉越大；城乡结构若不协调，就可能出现城乡比例失调，不利于城乡一体化发展。

（四）经济发展中若能科学处理好人口、资源、环境的关系，就能实现绿色发展，有助于提升经济活力

经济发展绿色性是指在经济发展过程中要处理好经济发展或增长与资源、生态环境的关系。若一个国家或地区在经济发展过程中能科学处理好经济发展与人口、资源、环境的关系，就会降低对资源的依赖，提高资源利用效率并改善生态环境，提升经济发展质量，提升其经济活力。为此，首先要加快技术进步，通过技术进步来对生产要素进行重新组合以提升资源利用效率，提高经济发展质量。其次要加快经济发展方式转变，从粗放型向集约型转变，从外延向内涵转变。通过转变经济发展方式，提升经济主体自主创新能力、提高其资源节约、环境保护意识，提高资源利用效率，提升经济发展活力与经济增长质量。

（五）若经济开放度比较高，就有利于提升其经济活力

经济开放性反映一个国家或地区有效利用国际或国内其他地区资源的能力。若经济开放度比较高，也就意味着一个国家或地区经济发展势头比较好，其经济发展实力比较强、发展效率比较高，经济社会呈现一派生机勃勃的景象。同样，一个国家或地区经济发展外向型经济，一般而言，有比较完善的基础设施与之配套，劳动者受过良好的教育，国民素质比较高。这些都有助于进一步提升一个国家或地区经济发展活力。反之，若一个国家或地区封闭式发展，其经济发展就比较缓慢，基础设施缺乏，不利于其经济活力的释放。

（六）若经济主体能共享经济成果，则可激发其积极性、主动性与创造性，提升经济发展活力

一国或地区经济发展或增长的目的并不是追求经济的数量增长，而是看其成果能否改善全体居民福利水平，看其成果能否提高全体居民的收入水平、改善其衣食住行等物质条件、提高居民的医疗卫生水平、提升国民受教育水平及其素质。若经济主体可以公平分享经济发展成果，就有助于改善与提高全体居民福利水平，就能激发其积极性、主动性与创造性，经济活力可以得到极大释放。反之，若经济共享性比较低，贫富差距则会越拉越大，不但影响社会供需平衡，而且会导致居民在享受就业、教育、医疗卫生等机会的严重不平等，不利于提升全体居民素质，影响经济发展质量。

（七）科学完善的制度与制度设计以及适时的制度变迁既是经济发展或增长的重要因素，也是提升经济活力的关键

根据新制度经济学理论，制度是经济发展或增长的第四个因素（奥斯特罗姆、菲尼、皮希特，1996）[①]，而制度变迁是经济发展或增长的真正动因（North，Thowmas，1973[②]；North，1981[③]）。科学高效的产权制度是提升经济发展质量的关键。制度创新与制度变迁可进一步优化相关制度与制度安排，有助于为经济社会发展营造良好的制度环境与秩序，降低市场交易风险，减少经济社会交易成

---

① V. 奥斯特罗姆、D. 菲尼、H. 皮希特：《制度分析与发展的反思——问题与抉择》，商务印书馆1996年版，第26－31页。

② North，Douglass C. and Robert P. Thowmas.，1973，The Rise of the Western World：A New Economic History，Cambridge University Press.

③ North，Douglass C.，1981，Structure and Change in Economic History，New York：W. W. Norton & Company.

本，提高经济发展水平与效率。而且，科学高效的制度与制度变迁能提供一个激励机制，激发经济主体的积极性、主动性与创造性，提高其劳动生产率，提升经济发展质量与效益。

第二节　近年来安徽省非公有制经济活力的总体评价

一、非公有制经济活力指数构建

如前所述，经济活力是一个规范性的价值判断，其内涵非常丰富，所以本章在借鉴已有研究成果基础上构建的经济活力指数指标体系既不可能囊括经济活力所涉及的方方面面，也不能反映经济活力的全部内容，本章构建的经济活力指数仅仅涉及经济活力的主要内容，也只能基本判断经济活力的状态。由于本章将经济活力内涵界定为经济成长性、经济创新性、经济协调性、经济绿色性、经济开放性、经济共享性和制度变迁等7个维度，因此构建的经济活力指数就由这7个维度构成（见表7-1）。

表7-1　　经济活力指数指标体系构成

方面指数	基础指标	计量单位	指标属性		
			正指标	逆指标	适度指标
经济成长性	人均GDP	元	√		
	人均GDP三年平均增速	%	√		
	地方财政人均一般预算收入	元	√		
	地方财政人均一般预算收入年均增速	%	√		
	经济波动系数	—		√	
	失业率	%		√	
	物价弹性系数	—		√	
经济创新性	研发占GDP比重	%	√		
	非公科研经费投入比重	%	√		
	全要素生产率	—	√		
	专利申请量	件	√		
	科技人员数	万人	√		

续表

方面指数	基础指标	计量单位	指标属性		
			正指标	逆指标	适度指标
经济协调性	第三产业比重	%	√		
	资源配置率	%	√		
	区域人均增加值方差	—		√	
	第三产业就业比重	%	√		
	城镇化水平	%	√		
	城乡收入比	—		√	
	进出口比值	—	√		
经济绿色性	单位地区生产总值能耗	吨标准煤/万元		√	
	单位地区生产总值电耗	千瓦时/万元		√	
	森林覆盖率	%	√		
	单位 GDP 废水排放量	吨/万元		√	
	单位 GDP 废气排放量	标立方米/元		√	
	单位 GDP 废渣排放量	吨/万元		√	
	"三废" 综合处理率	%	√		
经济开放性	贸易依存度	%	√		
	外商投资占 GDP 比重	%	√		
	进口总值	亿元	√		
	出口总值	亿元	√		
经济共享性	人口死亡率	‰		√	
	城镇人均建筑面积	km^2/人	√		
	农村人均建筑面积	km^2/人	√		
	城镇恩格尔系数	—		√	
	农村恩格尔系数	—		√	
	劳动者报酬占比	%	√		
制度变迁	非国有化率	%	√		
	资源配置市场化程度	%	√		
	国家财政收入占 GDP 的比重	%			√
	外贸依存度	%	√		

就经济成长性测度指标的选择而言，经济成长性着眼于未来，从动态角度来分析评价经济活力，也就是一个国家或地区经济发展或增长的发展后劲如何。本

章从国内生产总值及其增长率、财政收入、经济稳定性、就业、物价等5个层面进行评价。国内生产总值及其增速测评经济活力的重要指标，它是经济未来发展的基础。财政收入及其增速是权衡地方政府筹集财政资金与发展地方经济的能力。经济稳定性反映经济波动情况，经济波动幅度太大不利于经济发展。就业反映经济发展或增长过程吸纳劳动者就业情况，以及是否能够持续提供新的就业岗位，有效实现劳动者就业，提高就业率，降低失业率。一般而言，温和通胀有助于经济平稳较快发展，而较高通胀则表明经济过热。选取以下指标：人均GDP、人均GDP三年平均增速、地方财政人均一般预算收入、地方财政人均一般预算收入年均增速、经济波动系数、失业率、物价弹性系数。

就经济创新性测度指标的选择而言，经济创新性侧重于技术进步对经济发展的重要作用，主要从创新能力与知识产权保护两个层面进行评价。选取以下指标：研发占GDP比重、非公科研经费投入比重、全要素生产率、专利申请量与科技人员数。

就经济协调性测度指标的选择而言，经济协调性侧重于考察经济结构的协调与否，从产业结构、区域结构、城乡结构与贸易结构等4个层面对其进行评价。经济结构最重要内容就是产业结构，产业结构若合理、协调，经济运行质量就高，经济活力就比较强。区域结构协调性反映区域内及区域间经济发展的均衡性，若区域经济协调发展，整体经济质量就比较高。城乡结构协调反映城乡经济发展的均衡性，城乡协调发展有助于缩小城乡差距，加快经济发展。贸易结构协调反映出口与进口的均衡发展，避免经济过于依赖进口或出口。选取以下指标：第三产业比重、资源配置率、区域人均增加值方差、第三产业就业比重、城镇化水平、城乡收入比和进出口比值。

就经济绿色性测度指标的选择而言，绿色发展主要关注经济发展与人口、资源、环境的关系，主要从能源耗费、绿化、废物排放与废物综合利用4个层面进行评价。选取以下指标：单位地区生产总值能耗、单位地区生产总值电耗、森林覆盖率、单位GDP废水排放量、单位GDP废气排放量、单位GDP废渣排放量、“三废”综合处理率。

就经济开放性测度指标的选择而言，经济开放性主要侧重于企业合理利用外部资源的能力，主要从企业进口与出口两个层面进行评价。选取以下指标：贸易依存度、外商投资占GDP比重、进口总值、出口总值。

就经济共享性测度指标的选择而言，经济共享性主要着眼于经济发展不是为了发展而发展，其根本目的在于提高全体国民的福利水平，主要从收入分配、人口寿命、居住面积、消费支出4个层面进行评价。选取以下指标：人口死亡率、城镇人均住宅建筑面积、农村人均住房面积、城镇恩格尔系数、农村恩格尔系数、劳动者报酬占比。

就制度变迁测度指标的选择而言，制度变迁主要分析制度及制度变迁在经济发展或增长中所起的作用，主要从改革与开放两个层面进行评价。选取以下 4 个代理变量指标：非国有化率、资源配置市场化程度、国家财政收入占 GDP 的比重与贸易依存度。

表 7－1 列出了测算经济活力指数所构建的全部指标，可以发现本章各维度选择的基础指标都是代表性非常强和可比性比较高的核心指标，经济活力指数有 40 个基础指标。

二、经济活力指数测度方法

经济活力涉及经济成长性、经济创新性、经济协调性、经济绿色性、经济开放性、经济共享性和制度变迁等诸多方面，所以经济活力指数理应是多指标综合作用的结果。如何量化经济活力指数，已有文献主要运用相对指数法、层次分析法（AHP）（陆晓丽等，2007）、因子分析法（杨开忠，2003；楼海淼等，2005；金延杰，2007）、模糊综合评价（胡斌等，2000）①、主成分分析法（principal components analysis，PCA）（孙发平等，2007）②、熵值法（侯荣涛，2015）③ 等。相对指数法存在各分项指标之间可能具有高度相关性的缺陷；层次分析法是主观赋权；熵值法虽是客观赋权，但反映相关指标之间的关系欠佳；因子分析法与主成分分析法都是客观赋权，但前者各个维度的具体变化情况不能很好刻画，只能反映公共因子变动情况，而后者不但可以量化经济活力各个维度的经济活力指数，而且能够很好刻画经济活力各维度基础指标对经济活力总指数的贡献程度。陈孝新（2004）指出主观赋权综合评价法次于客观赋权法，而熵值法、AHP 法和模糊综合评判法次于因子分析法④。

另外，鉴于基础指标的属性与量纲不同，主成分分析之前要进行科学处理。对逆指标本章运用倒数形式，达到所有指标对经济活力的作用力趋同。对原始指标采用均值法进行无量纲化处理。主成分分析的输入变量是均值化后的协方差矩阵。

---

① 胡斌、徐辉："基于模糊数学综合理论的国有企业活力评价应用模型研究"，载于《工业技术经济》2000 年第 2 期。

② 孙发平、马洪波、王兰英："增强青海经济活力问题研究"，载于《青海民族研究》2007 年第 3 期。

③ 侯荣涛："经济活力评价体系构建及对福田区实证分析"，载于《经济师》2015 年第 6 期。

④ 陈孝新："几种综合评价方法的实证比较"，载于《江西财经大学学报》2004 年第 3 期。

如此一来，本章运用 Stata 13 分析软件中的 PCA 法来计算各单项指数在方面指数中的权重以合成方面指数，并以相同方法合成总指数来科学测度安徽省 2002—2017 年经济活力指数①。另外，由于安徽省各个市相关数据很难获得，因此本章构建的非公有制经济活力综合评价指标体系就无法使用。采用安徽省 16 个市 2005—2017 年的非公有制企业的注册资本、吸纳就业、经济增加值、税收、投资、进出口等 6 个代表性指标数据按照前面的分析方法，利用 Stata 13 分析软件中的 PCA 法进行数据分析，计算 2005—2017 年安徽省 16 个市非公有经济活力指数，分析安徽省各个地区非公有制经济活力及活力指数差异。

三、近年来安徽省非公有制经济活力指数实证分析

（一）数据来源与指标计算

分析数据来自历年《安徽统计年鉴》《安徽省民营经济发展报告》《中部地区民营经济发展报告》《中国人口和就业统计年鉴》。鉴于数据的可得性，这部分分析数据以 2002 年为基年。部分缺失数据运用已有数据建立回归方程进行估测。指标体系中比较复杂的变量，经济波动系数用本期经济增长速度除以前一期经济增长速度再减去 1 计算；物价弹性系数用通货膨胀率除以经济增长率计算；资源配置率通过投资增长率除以 GDP 增长率计算；区域人均增加值方差 = $\sum$(安徽省人均增加值 - 我国人均 GDP)^2 × 安徽省人口数/我国总人口数。至于 TFP 计算，其估算方法大致有以下 4 种：索洛残值法、代数指数法、隐形变量法与潜在产出法，而索洛残值法自身不严谨，代数指数法不适合实证研究，隐形变量法测算只能反映技术效率的变动，估算不全面。因此本章运用潜在产出法中常用的 DEA - Malmquist 指数法来测算 2002—2017 年安徽省的 TFP。制度变迁的测算本章借鉴金玉国（2001）的研究成果，选取 4 个代理变量：非国有化率、资源配置市场化程度、国家财政收入占 GDP 的比重和贸易依存度②。

（二）确定基础指标与方面指数的权重

用 PCA 法进行多指标综合评价的最终目的是要赋予指标体系中的各指标合理的权重。主成分个数选取将直接决定了相应各指标的权重大小。主成分个数的选取标准是前面几个主成分累计贡献率不低于某一特定值（一般是 85%），而单

---

① 张鹏伟、李嫣怡等：《Stata 统计分析与应用》，电子工业出版社 2011 年版，第 355 - 357 页。

② 金玉国："宏观制度变迁对转型时期中国经济增长的贡献"，载于《财经科学》2001 年第 2 期。

个主成分以其贡献率来衡量综合原始数据信息。

在用 Stata 13 分析软件中的 PCA 法进行数据分析之前，先对标准化的数据进行 KMO 检验，经检验 KMO 值均在 0.8 以上，说明数据可以用主成分分析法进行分析。之后开始主成分分析，根据前面几个主成分的累计贡献率大于 85% 来确定主成分个数，指标权重等于以主成分的方差贡献率为权重对该指标在各主成分线性组合中的系数的加权平均的归一化，由此可以算出各方面指数，再以同样的方法计算出经济活力指数。

运用 Stata 13 分析软件进行 PCA 分析，可计算出各基础指标相应权重（见表 7-2），从而计算出各方面指数值，再用同样的方法计算各方面指数的权重。从表 7-2 可以看出，制度变迁在方面指数主成分分析中的权重最大，为 0.246，这意味着 2002—2017 年安徽省非公有制经济活力变化更多地体现在制度变迁这一维度上。而经济共享性、经济绿色性、经济创新性、经济协调性、经济开放性、经济成长性在安徽省非公有制经济活力指数中的权重分别为 0.183、0.178、0.169、0.151、0.139、0.125，而经济成长性权重最小，只有 0.125，这是因为其权重是由第一、第二主成分系数经特征根单位化后加权求得，系数相对大小与其对应方差的相对大小相关，经济成长性维度的第一特征根为 5.896，其系数为 0.3541，而第二特征根为 0.557，其系数为 -0.5756。

表 7-2　　基础指标、方面指数权重的选取

基础指标	基础指标权重	基础指标	基础指标权重
人均 GDP	0.173	单位地区生产总值电耗	0.144
人均 GDP 三年平均增速	-0.079	森林覆盖率	0.183
地方财政人均一般预算收入	0.188	单位 GDP 废水排放量	0.115
地方财政人均一般预算收入年均增速	0.038	单位 GDP 废气排放量	0.161
经济波动系数	0.255	单位 GDP 废渣排放量	0.194
失业率	0.198	“三废”综合处理率	0.075
物价弹性系数	0.227	贸易依存度	0.385
研发占 GDP 比重	0.335	外商投资占 GDP 比重	0.218
非公科研经费投入比重	0.334	进口总值	0.219
全要素生产率	0.383	出口总值	0.266
专利申请量	0.328	人口死亡率	0.105
科技人员数	0.334	城镇人均建筑面积	0.229
第三产业比重	0.167	农村人均建筑面积	0.297

续表

基础指标	基础指标权重	基础指标	基础指标权重
资源配置率	0.053	城镇恩格尔系数	0.290
区域人均增加值方差	0.155	农村恩格尔系数	0.277
第三产业就业比重	0.199	劳动者报酬占比	-0.190
城镇化水平	0.148	非国有化率	0.314
城乡收入比	0.217	资源配置市场化程度	0.051
进出口比值	0.172	国家财政收入占 GDP 的比重	0.256
全要素生产率	0.383	贸易依存度	0.385
方面指数	方面指数权重	方面指数	方面指数权重
经济成长性	0.125	经济开放性	0.139
经济创新性	0.169	经济共享性	0.183
经济协调性	0.151	制度变迁	0.246
经济绿色性	0.178		

（三）2002—2017 年安徽省非公有制经济活力指数测度结果

根据表 7－2 计算的各基础指标权重可以得到各方面指数值，再运用相同方法计算方面指数的权重，最后合成安徽省非公有制经济活力指数值，测度结果见表 7－3 与图 7－1。从安徽省非公有制经济活力指数值测度结果看也很好地验证了前面的经济活力数理模型。从表 7－3 与图 7－1 可以看出，2002—2017 年安徽省非公有制经济活力指数呈现上升的态势，由 2002 年的 0.051 上升到 2017 年的 1.329。经济活力指数演变趋势与制度变迁指数的变化趋势基本一致，这也表明 2002—2017 年安徽省非公有制经济活力变化主要体现在制度变迁方面，2002—2017 年安徽省非公有制经济活力的提升主要是由制度变迁带来的，但这并不表明安徽省提供的加快非公有制发展的相关制度与制度安排已处于极佳状态，只要它相对于原有的制度水平有了很大进步，就会带来其综合评价值的提高。其他 6 个方面指数也对安徽省非公有制经济活力指数值的提高发挥了重要作用，它们在 2002—2017 年同样处于上升态势。尤其是经济协调性指数、经济创新性指数、经济共享性指数与经济开放性指数在 2002—2017 年上升幅度比较大，很好地促进了安徽省非公有制经济活力指数值的提高。

表 7－3　　　2002—2017 年安徽省非公有制经济活力指数测算汇总

年份	经济成长性指数	经济创新性指数	经济协调性指数	经济绿色性指数	经济开放性指数	经济共享性指数	制度变迁指数	经济活力指数
2002	0.457	－0.324	0.470	0.078	0.306	－0.101	0.042	0.051
2003	0.348	－0.275	0.448	0.178	0.269	0.027	0.274	0.146
2004	0.075	－0.235	0.606	0.316	0.473	0.134	0.285	0.220
2005	0.332	－0.141	0.718	0.392	0.365	0.083	0.455	0.306
2006	0.308	－0.061	0.752	0.339	0.314	0.200	0.680	0.378
2007	0.207	0.003	0.846	0.302	0.334	0.298	0.751	0.414
2008	0.226	0.139	0.881	0.321	0.310	0.368	0.784	0.454
2009	0.467	0.329	1.006	0.415	0.266	0.505	0.473	0.451
2010	0.516	0.564	1.169	0.646	0.516	0.616	0.694	0.664
2011	0.485	0.756	0.378	0.530	0.703	0.617	0.750	0.625
2012	0.578	0.966	1.381	0.636	0.696	0.687	0.814	0.802
2013	0.699	1.137	1.573	0.604	0.876	0.658	0.851	0.876
2014	0.833	1.197	1.809	0.830	0.977	1.077	0.861	1.046
2015	0.780	1.328	1.927	0.883	1.102	1.122	0.857	1.102
2016	0.859	1.438	2.046	0.998	1.214	1.248	0.927	1.219
2017	0.936	1.447	2.126	1.035	1.327	1.358	1.023	1.329

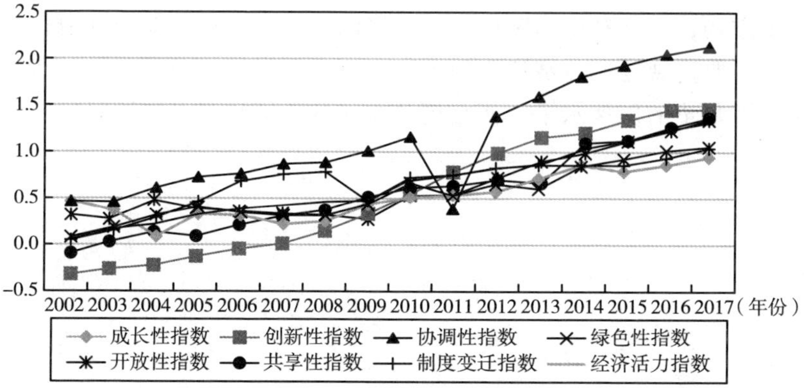

图 7－1　2002—2017 年安徽省非公有制经济活力指数

四、结论

本章在科学界定经济活力内涵及构建经济活力数理模型基础上构建了安徽省非公有制经济活力指数模型，运用均值化法对各指标数值进行无量纲化处理，以基础指标协方差矩阵为输入量，运用 Stata 13 分析软件中的 PCA 法确定各指标权重，测度安徽省 2002—2017 年非公有制经济活力指数值。

从总体视角分析看，2002—2017 年安徽省非公有制经济活力指数呈现上升态势。2002—2017 年安徽省非公有制经济活力变化主要体现在制度变迁方面。经济协调性、经济创新性、经济共享性、经济开放性、经济绿色性与经济成长性也对安徽省非公有制经济活力指数值的提高做出了重要贡献，尤其是经济协调性、经济创新性、经济共享性、经济开放性贡献比较大。

鉴于以上分析，可以得出以下建议：第一，安徽省要不断完善优化促进非公有制经济发展的法律法规与政策，为进一步提升非公有制经济活力提供良好的制度保障；第二，保持宏观经济调控方向与政策工具的持续性与稳定性，要调控手段多样化并进行微调，尽量降低非合理政策对经济运行的危害，增强经济发展或增长的稳定性；第三，安徽省要进一步加快非公有制经济结构转型升级，进一步优化产业结构、区域结构、城乡结构与贸易结构等，实现经济协调发展；第四，安徽省要加大非公经济研发投入，走科技创新之路，进一步促进非公有制经济创新式发展；第五，提升经济包容性发展或增长，加强收入分配的宏观调节，缩小收入差距，进一步促进非公有制经济共享式发展；第六，加快经济发展方式转变，积极发展循环经济、低碳经济、绿色经济，提供资源利用效率，加强生态环境保护；第七，要积极鼓励非公有制经济“走出去”与“引进来”，积极拓展国际国内两大市场，合理利用国际国内两大资源，进一步促进非公有制经济开放式发展；第八，要重视地区经济活力的差距，制定区域发展政策时，不但要考虑各地区经济发展数量的发展水平，而且更要兼顾各地区经济发展质量的差异。

第八章　近年来安徽省各个地区非公有制经济活力评价

第一节　安徽省各个地区非公有制经济活力的探索性空间数据分析

为了从空间视角更加清晰地比较安徽省16个市非公有制经济活力，本章收集了安徽省16个市2015年6个代表性指标数据进行探索性空间数据分析，这6个代表性指标分别是各市非公有制企业数量、非公有制企业从业人员数、非公有制企业固定资产投资、上市公司数量、全部规模以上非公有制工业总产值、私营企业税收，从这些数据的探索性空间数据分析可以发现安徽省各个地区非公有制经济活力的差异。

一、探索性空间数据分析的指标选择

下面用ArcGIS对2015年安徽省16个市的非公有制企业数量、非公有制企业从业人员、非公有制企业固定资产投资、上市公司数量、全部规模以上非公有制工业总产值、私营企业税收等6个方面的数据绘制其空间分布图。

二、安徽省各个地区非公有制经济活力的探索性空间数据分析

图8－1是2015年安徽各市非公有制企业数量分布图。从中可以看出，处于第一方阵的分别是合肥、芜湖、阜阳、安庆，其非公有制企业数量均在25324家以上，合肥最多，达到125553家；处于第二方阵的分别是滁州、六安、亳州、马鞍山，其非公有制企业数量均在21445—25323家；其他情况见图8－1。

图 8 - 2 是 2015 年安徽各市非公有制企业从业人员数分布图。从中可以看出，处于第一方阵的分别是阜阳、合肥、六安、亳州，其非公有制企业从业人员数在 3171961—5835026 人，阜阳非公企业从业人员数最多，达到 5835026 人；处于第二方阵的分别是宿州、安庆、滁州、蚌埠；其他情况见图 8 - 2。

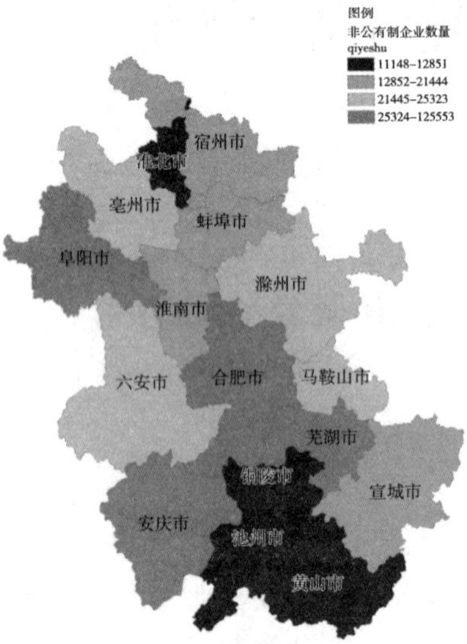

图 8 - 1　安徽各市非公有制企业数量示意图

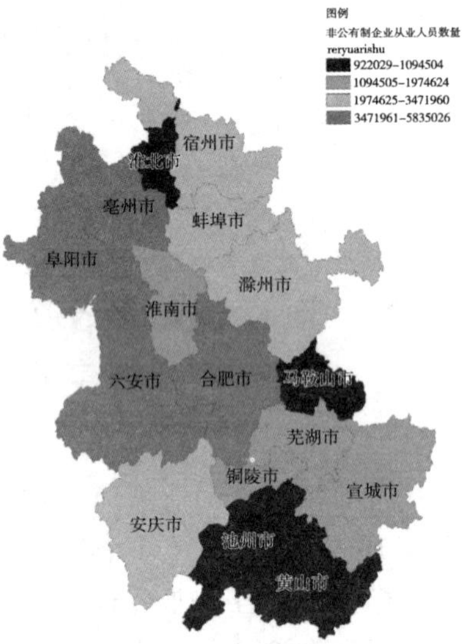

图 8 - 2　安徽各市非公有制企业从业人员数示意图

图 8 - 3 是 2015 年安徽各市非公有制企业固定资产投资额分布图。从中可以看出，处于第一方阵的分别是合肥、芜湖、马鞍山、蚌埠，合肥非公企业固定资产投资额最多，达到 4500 亿元；处于第二方阵的分别是滁州、安庆、宿州、宣城；其他情况见图 8 - 3。

图 8 - 4 是 2015 年安徽各市全部规模以上非公工业总产值分布图。从中可以看出，处于第一方阵的分别是合肥、芜湖、蚌埠、安庆，合肥全部规模以上非公工业总产值最大，达到 6843 亿元；处于第二方阵的分别是滁州、阜阳、马鞍山、宣城；其他情况见图 8 - 4。

图 8 - 5 是 2015 年安徽各市上市公司数量分布图。从中可以看出，处于第一方阵的分别是合肥、芜湖、马鞍山，合肥上市公司数量最多，达到 34 家；处于第二方阵的分别是铜陵、宣城、淮北；其他情况见图 8 - 5。

图 8 - 6 是 2015 年安徽各市私营企业缴纳税收分布图。从中可以看出，处于第一方阵的分别是芜湖、合肥、滁州、安庆，芜湖私营企业缴纳税收最多，

达到 77.7 亿元；处于第二方阵的分别是宣城、马鞍山、阜阳、淮北；其他情况见图 8－6。

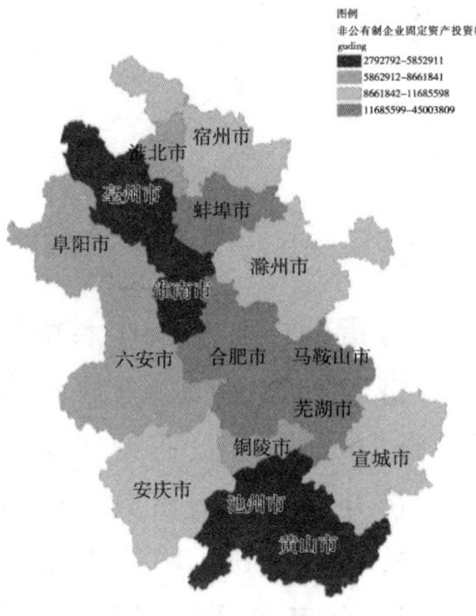

图 8－3　安徽各市非公企业固定资产投资额示意图

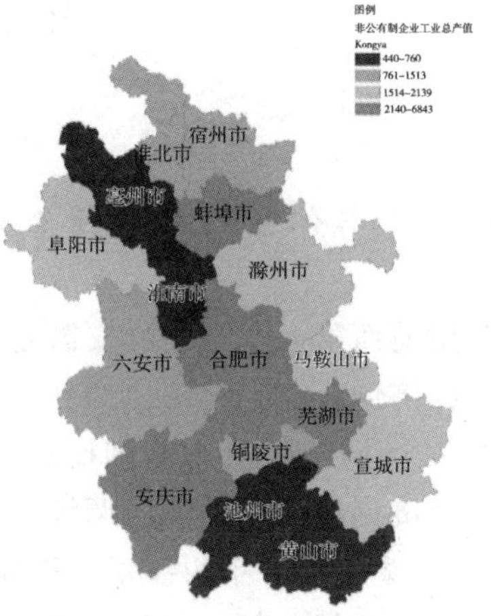

图 8－4　安徽各市全部规模以上非公工业总产值示意图

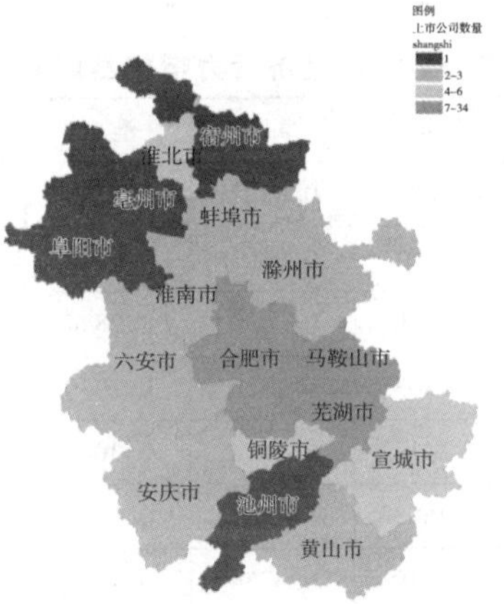

8－5　安徽省各市上市公司数量示意图

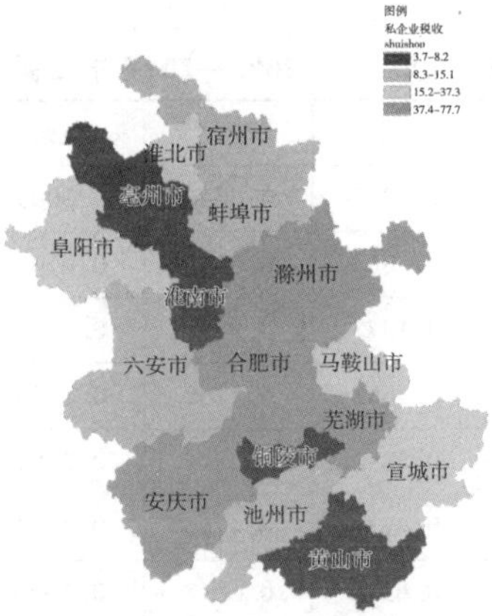

8－6　安徽各市私营企业税收示意图

从图 8－1—图 8－6 可以看出，2015 年安徽省 16 个市非公有制经济活力差异比较明显，主要以合肥市为中心向其周边辐射带动。合肥市是安徽省省会，是安徽省政治、经济、文化等中心，同样也是安徽省非公有制经济活力的中心，其次是芜湖、滁州、蚌埠、安庆、马鞍山、宣城、铜陵。

第二节　安徽省各个地区非公有制经济活力指数空间分析

一、指标体系构建与评价方法选择

利用前面第七章构建的安徽省非公有制经济活力指标体系，该体系由经济成长性、经济创新性、经济协调性、经济绿色性、经济开放性、经济共享性和制度变迁等 7 个维度及 40 个基础指标构成。搜集安徽省 16 个市非公有经济的经济成长性、经济创新性、经济协调性、经济绿色性、经济开放性、经济共享性和制度变迁等 2005—2017 年的数据，按照前面的分析方法，利用 Stata 13 分析软件中的 PCA 法进行数据分析，计算 2005—2017 年安徽省 16 个市非公有经济活力指数。具体情况见表 8－1、表 8－2 和图 8－7 与图 8－8。从分析结果可以发现安徽省各个地区非公有制经济活力指数差异比较明显。

表 8－1　　2005—2017 年安徽省合肥、淮北等非公有制经济活力指数测算汇总

年份	合肥	淮北	亳州	宿州	蚌埠	阜阳	淮南	滁州
2005	0.0267	0.0028	0.0009	0.0002	0.0005	0.0227	0.1105	0.0314
2006	0.1863	0.0336	0.0709	0.0404	0.0822	0.0603	0.1786	0.0606
2007	0.1377	0.0919	0.1091	0.0748	0.1546	0.0890	0.2844	0.0851
2008	0.1688	0.1769	0.1993	0.1418	0.1803	0.1350	0.2040	0.1604
2009	0.2890	0.2374	0.2481	0.2806	0.2419	0.1676	0.3088	0.1856
2010	0.4232	0.4256	0.2704	0.2676	0.2663	0.2284	0.2703	0.2873
2011	0.6336	0.6018	0.5069	0.4256	0.5349	0.3784	0.4380	0.4398
2012	0.8441	0.6436	1.0163	0.7065	0.6915	0.6191	0.5218	0.6533
2013	0.9840	0.8138	0.6717	0.6190	0.5812	0.5945	0.7639	0.6471
2014	0.9630	0.9484	0.8193	0.7730	0.8116	0.8786	0.8106	0.9007
2015	1.0662	0.9866	0.8381	0.9059	1.0052	0.9929	0.9329	0.9898
2016	1.1258	0.9912	0.9645	0.9246	1.0896	1.0066	0.9533	0.9988
2017	1.2106	1.0245	1.0124	0.9786	1.1247	1.1258	0.9876	1.1267

表 8-2　2005—2017 年安徽省六安、马鞍山等非公有制经济活力指数测算汇总

年份	六安	马鞍山	芜湖	宣城	铜陵	池州	安庆	黄山
2005	0.0300	0.0001	0.3342	0.0023	0.0002	0.1068	0.0956	0.0080
2006	0.0708	0.1161	0.3954	0.0509	0.1207	0.1485	0.1623	0.1085
2007	0.1150	0.1940	0.4336	0.0943	0.1915	0.1798	0.2521	0.1567
2008	0.1600	0.3754	0.4881	0.1363	0.2452	0.1166	0.2378	0.2474
2009	0.2310	0.2492	0.4730	0.2239	0.2393	0.2719	0.2670	0.3225
2010	0.2990	0.4116	0.6923	0.3231	0.3828	0.2573	0.2511	0.4346
2011	0.4446	0.6542	0.6975	0.4685	0.5516	0.3876	0.4312	0.5139
2012	0.6334	0.6581	0.8384	0.6677	0.5726	0.6171	0.5970	0.8910
2013	0.6101	0.7527	0.9109	0.7665	0.7386	0.7039	0.6916	0.7800
2014	0.8733	0.8374	1.1081	0.8663	0.8340	0.8221	0.9441	0.8749
2015	0.8471	0.9614	1.1602	0.9911	0.9402	0.8888	0.9880	0.7899
2016	0.9063	0.9945	1.2529	0.9987	0.9512	0.9146	0.9946	0.9047
2017	1.0127	1.1245	1.3913	1.0248	0.9876	0.9672	1.1267	1.0358

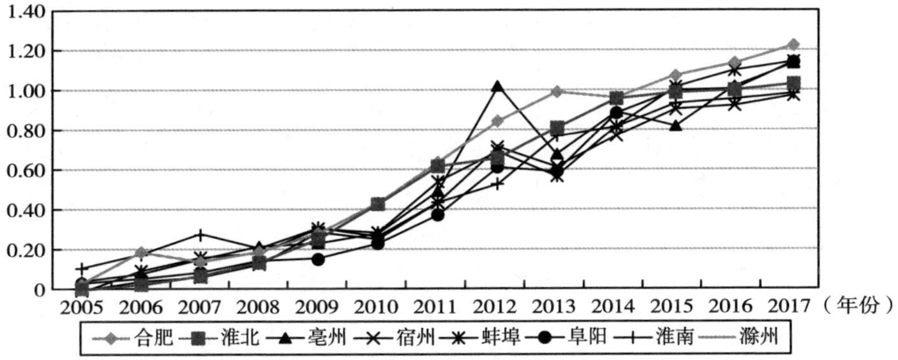

图 8-7　2005—2017 年安徽省合肥、淮北等非公有制经济活力指数

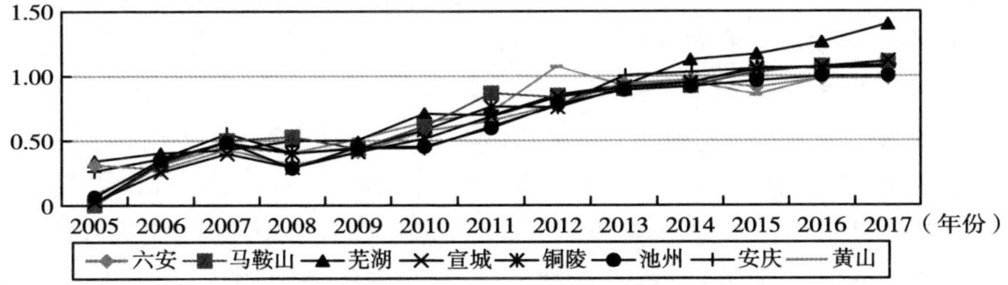

图 8-8　2005—2017 年安徽省六安、马鞍山等非公有制经济活力指数

二、安徽省各个地区非公有制经济活力指数空间分析

从分析结果可以看出，2005—2017 年安徽省 16 个市非公有经济活力指数都呈上升趋势。与此同时，也可以看出 2005—2017 年安徽省 16 个市非公有制经济活力指数差异比较明显，主要以合肥市为中心向其周边辐射带动。合肥市是安徽省省会，是安徽省政治、经济、文化等中心，同样也是安徽省非公有制经济活力的中心，其次是芜湖、蚌埠、阜阳、滁州、安庆、马鞍山、宣城、铜陵。

从区域视角分析看，2015 年安徽省 16 个市非公有制经济活力差异比较明显，形成了以合肥市为中心向其周边辐射带动的空间格局。合肥市是安徽省非公有制经济活力的中心，其次是芜湖、滁州、蚌埠、安庆、马鞍山、宣城、铜陵等。

第三节　芜湖市非公有制经济活力分析

近年来，芜湖市坚持推进工业强市战略，牢固树立创新、协调、绿色、开放、共享的发展理念，以《中国制造 2025》《中国制造 2025 安徽篇》和《中国制造 2025 芜湖三年行动计划》为统领，以提高非公有制经济发展质量和效益为中心，以供给侧结构性改革为主线，培育壮大战略性新兴产业，改造提升传统产业，非公有制经济发展活力得到很大提升。

一、非公有制企业总体发展情况

（一）非公有制经济总量稳步增长

2015 年芜湖市非公有制企业年末累计 41476 户，增长 23.14%，个体工商户年末累计 140195 户，增长 9.71%。全市非公有制规模以上工业企业、规模以上服务业企业、限额以上商贸业企业、资质以上建筑业企业及房地产开发企业 4017 户，其中规模以上工业企业 1847 户，增长 9.4%，规模以上服务业企业 774 户，增 27.5%，限额以上商贸企业 894 户，增长 20.2%，房地产企业 243 户，下降 2.4%。

据安徽省统计局测算，芜湖市 2016 年非公有制经济增加值 1717.8 亿元，增长 9%，非公有制经济占比达 63.6%，提高 0.3%。在 2016 年度安徽省百强民营企业榜单中，芜湖市有 40 家民企入选，其中入围纳税百强企业 24 家，占全省 24%，入围营收百强 21 家，占全省 21%，入围进出口百强企业 19 家，占全省 19%，申报及上榜数量在全省均位居第一。芜湖市非公有制经济在全省非公有制

经济考核中连续位居第二。2017 年以来，芜湖市非公有制经济保持稳中向好，稳中有进发展态势。2017 年 1—5 月新增个体工商户 12496 户，新增私营企业 4033 户。

（二）非公有制工业对全市经济发展贡献突出

据统计，2015 年芜湖市规模以上工业企业中，非公有制企业实现增加值 1022.78 亿元，增长 13.2%，增幅高于全部规模以上工业企业 2.8%；占规模以上工业企业比重为 70.9%，比上年提高 1.6%；对规模以上工业企业增长贡献率达 87.9%，拉动工业增长 9.1%。

2017 年 1—4 月，芜湖市规模以上工业实现增加值 505.42 亿元，同比增长 8.4%。规模以上非公有制工业企业实现增加值 374.78 亿元，占规模以上工业企业的 74.2%，同比增长 8.7%，高于平均水平 0.3%，非公有制工业活力增强。

（三）民间投资保持一定增长

2015 年，芜湖市民间投资 2135.47 亿元，同比增长 16.0%，占全市投资的比重为 78.8%，同比提高 1.9%。

2017 年 1—5 月，芜湖市民间投资 1041.60 亿元，增长 1.0%，低于全市投资增幅 7.5%。

（四）非公有制企业进出口呈下降趋缓

2015 年，芜湖市非公有制企业完成进出口总值 39.7 亿美元，增长 10.97%。

2017 年 1—5 月，芜湖市非公有制企业完成进出口总值 13.85 亿美元，同比下降 6.68%。

二、芜湖市非公有制企业发展经验

（一）加大政策支持力度，积极营造良好发展环境

1. 积极出台支持政策，助力非公有制企业发展

2015 年芜湖市加大非公有制经济政策和非公有制经济发展动态宣传力度。编印《民营经济政策汇编（二）》，收集 22 份政策文件，发放企业，帮助企业了解政策，用好用足政策。发挥芜湖市新闻媒体主体阵地作用，开展非公有制经济宣传，芜湖日报报业集团、广播电视台推出专栏刊发、播发稿件 922 余篇各部门采取多种形式深入企业开展优惠政策宣传解读。

2016 年芜湖市在整合以往出台的促进非公有制企业发展的系列政策基础

上，对接安徽省政府制定的《支持“三重一创”建设若干政策》《支持制造强省建设若干政策》《支持科技创新若干政策》等政策，学习借鉴长三角地区的先进做法，芜湖市市政府制定出台了“1 + 5 + 6”政策体系，即 1 个文件，《芜湖市人民政府关于印发芜湖市扶持产业发展政策的若干规定的通知》（芜政〔2017〕27 号），设立股权投资（基金）、人才优先发展、支持科技创新、支持人才团队项目建设和“一事一议”等五项公共扶持政策；建立支持新型工业化发展、促进工业企业技术改造、支持现代服务业发展、支持战略性新兴产业发展、支持现代农业发展和支持商贸业发展等六大产业扶持政策。发挥产业扶持政策“组合拳”效应，改变过去产业扶持政策重叠和碎片化现象，充分发挥财政资金的引导和激励作用。加大政策宣传力度，开展政策进园区、进企业活动，组织企业参加安徽省经信委关于制造强省系列政策宣讲会，提高企业政策知晓率。

2. 强化政策落实，降低企业成本

芜湖市积极落实提高增值税起征点、小型微利企业所得税减免、促进创业的税收优惠、高新技术企业税收优惠、研发费用加计扣除、固定资产加速折旧等税收优惠政策，培育和促进个体工商户、小微企业发展。2015 年 1—11 月，小型微利企业申报享受减免所得税 5416 户，减免所得税 2966 万元，小微企业申报享受减免增值税 89479 户，减免增值税 3651 万元，政策落实面均达 100%。2015 年 1—3 季度，对 25648 户/次民营经济纳税人减免地方各税 9511 万元，对 52224 户个体工商户减免个人所得税 3346 万元。

芜湖市认真贯彻国家和省有关减轻企业负担促进实体经济发展政策，出台了《芜湖市人民政府关于进一步降成本减轻实体经济企业负担的实施意见》（芜政〔2016〕74 号），从降低制度性交易成本、税费成本、人工成本、财务成本、关键生产要素成本和物流成本等 6 个方面制定了 25 条具体措施，政策落实成效明显。企业用电成本降低，全市工业用电大客户全面纳入发用电双方直接交易范围，降低企业用电成本约 2.15 亿元。企业税费成本降低，2017 年 1—5 月，芜湖市降率减征社保费 4.54 亿元，缓缴社保费 0.4 亿元。2016 年 1 月 ~2017 年 5 月，芜湖市共有 11178 户/次企业享受小型微利企业所得税税收优惠 0.73 亿元。共有 132106 户/次享受小微企业增值税优惠 1.35 亿元。2017 年第 1 季度，芜湖市 109 户企业申报享受了高新技术企业税收优惠政策，减免企业所得税 2.69 亿元。芜湖市已有 5.57 万户企业享受政府性基金优惠政策，符合高新企业及固定资产折旧条件的企业享受所得税减免政策 6.82 亿元。

3. 放宽民间投资市场准入，加强和改善政府服务

为落实国务院第七、第八批和安徽省取消和调整行政审批项目等事项，

2015 年公布芜湖市市级政府责任清单，实现市级政府部门的行政权力网上运行。全面实施企业投资负面清单管理，理顺政府与市场关系，大力推行企业投资负面清单管理办法及负面清单目录管理，原则上对农林业、电力、有色金属、化工、建材、机械、轻工、纺织、医药等 16 大类、155 项（类）产业项目禁止准入。

按照“非禁即准”原则，全面放宽民间投资市场准入。（1）在安徽省率先公布了市级行政权力清单、企业投资负面清单。市级行政权力事项由 7521 项精简到 2565 项，精简 66%；行政审批仅保留 166 项，精简 40%。公布《芜湖市企业投资项目负面清单管理办法》，实行了企业投资准入“负面清单”管理模式，对企业投资由“备案审批制”改为“告知登记制”。（2）修订了政府投资核准目录，市级核准投资项目减少 33%。建立了 260 项事中、事后监管制度。公布了市级涉企收费清单，收费项目由 170 项精简到 129 项，对收费额度较大、企业反映较为集中的 19 项收费标准下调 20% ~30%。整合 60 个部门数据资源，138 项行政管理事项实现在线办理。（3）探索建立行政权力项目库、行政权力网上运行平台、政务公开服务平台、法制监督平台、电子监察平台为一体的行政权力“一库四平台”，明确责任主体和权力运行流程，建立责任清单，绘制权力运行流程图，规范行政权力。

4. 深化商事制度改革，营造宽松有序的营商环境

2015 年芜湖市印发了《芜湖市市场主体住所（经营场所）登记管理办法(试行)》推出包括“一照多址”“一址多照”等放宽住所登记的措施，有效解决了企业住所与经营场所相分离的现实问题，为企业发展提供了便利。出台了《芜湖市人民政府办公室关于深入推进商事制度改革的实施意见》（芜政办〔2015〕24 号）和《芜湖市人民政府办公室转发市工商局等部门关于贯彻落实“三证合一、一照一码”登记制度改革的实施意见（芜政办秘〔2015〕196 号)》，努力营造有利于大众创业、万众创新的法治化营商环境。截至 2015 年 10 月 27 日，共颁发“三证合一、一照一码”营业执照 1532 份，同比增长 46%，其中，新设立企业 776 户，同比增长 51%。

2016 年芜湖市深入实施商事制度改革，全面完成“一照一码”营业执照换照工作，在全省率先探索开展了企业登记全程电子化试点工作、企业简易注销改革、经营范围标准化改造等一系列新举措，市个体工商户营业执照和税务登记证“两证整合”全面实施。深入推进行政权力网上运行“互联网 + 政府服务”。芜湖市企业登记全程电子化改革工作已进入实施阶段，完成了工商登记“零见面”“零费用”“无纸化”的预定目标。

（二）加强“创业特区”建设，激发大众创业新动力

1. 继续深入推进“创业特区”建设

通过建立芜湖市统一的组织架构、设立专项创业扶持资金、出台具体的扶持政策等措施，以重点工作为引领，创新推动芜湖市的创业工作。截至2015年，全市新增创业企业7761户，新增个体工商户1.91万户，万人拥有私营企业户数475户，万人拥有私营企业注册资金10.92亿元，分别同比增长25.6%、1.2%、3.7%、60.1%。全年兑付创业扶持资金3883万元，累计兑付1.91亿元。2015年新增发放创业担保贷款10.1亿元，累计发放48.93亿元，新增发放量和累计发放量连续5年居全省首位。举办“观致杯”皖江青年科技创新创业大赛，近732个青年创业团队、5326名创业青年参加了比赛，动员参赛队伍落地芜湖，已有“菜地网”、安徽华拓智能科技有限公司等6家企业在芜湖落户。

通过建立全市统一的组织架构、设立专项创业扶持资金、出台具体的扶持政策等措施，以重点工作为引领，创新推动芜湖市创业工作。2016年新增发放创业担保贷款9.68亿元，兑付创业扶持资金3282万元。举行“江淮双创汇走进芜湖”专场活动。积极参加“中国创翼”创业大赛、全省“创业江淮”创业大赛。成功举办了第三届皖江青年创新创业大赛，报名项目424个，涉及13个省区30余所高校，20个项目获大赛奖励。

2. 加强创业载体建设

2015年芜湖市出台了《芜湖市人民政府关于发展众创空间推进大众创新创业的实施意见》（芜政〔2015〕74号），推出以“首投、首担、首贷、首补”为核心的八项扶持政策，实施5大工程15项重点任务发展众创空间推进大众创新创业，打造创业特区。芜湖市建有市级孵化基地43个，省级小微企业创业基地6家，全省A类1等青年创业园1个，评选科技类创业项目37个。这些有效改善了小微企业创业环境，降低了创业成本。

2016年芜湖市进一步深化了《芜湖市人民政府关于发展众创空间推进大众创新创业的实施意见》（芜政〔2015〕74号），推出以“首投、首担、首贷、首补”为核心的八项扶持政策，实施5大工程15项重点任务发展众创空间推进大众创新创业，打造创业特区。全市建有1个国家级小微企业创业创新基地、1个国家级双创示范基地、12家省级小微企业创业基地、3个省级青年创业园、19个市级众创空间、46个创业孵化基地。积极落实创业孵化场地租金减免、水电费优惠政策，不断提升“双创”基地承载能力。

（三）实施创新驱动，推动非公有制企业提质提效

1. 积极促进“专精特新”发展

围绕“做专做精，创业创新”，坚持“专精特新”发展方向，芜湖市积极培育一批具有核心竞争力的“专精特新”中小企业。2015 年芜湖市 26 户企业被认定为“安徽省‘专精特新’中小企业”，占全省 8.7%，居全省第二位。主要分布在装备制造业、汽车零部件、机械制造、电子信息、新材料及纺织服装等行业。其中有 4 家企业的多个产品成为全国产销量的“冠军”，另有 18 家企业成长为全省同类产品的“单打冠军”。2016 年芜湖市 50 户企业被认定为“安徽省‘专精特新’中小企业”，占全省 10%，居安徽省第二位。截至目前，芜湖市共有 112 户省级“专精特新”中小企业，围绕“专业化、精细化、特色化、新颖化”的发展目标，成就了一批全国及全省“单打冠军”，企业拥有较为先进的产品制造技术，产品科技水平达国内领先水平，主导产品在全国或全省细分市场中排名前列，市场占有率较高。

2. 加强产业集群专业镇建设

以无为县高沟镇、繁昌县孙村镇省级示范点为典型引领，提升产业集群的发展质量，截至 2015 年年末，8 个省级产业集群专业镇共集聚企业 1453 户，其中，规模以上企业 477 户，同比增长 3.5%；销售收入 766.5 亿元，同比增长 12.92%；利润 53.54 亿元，同比增长 6.15%；上缴税金 44.52 亿元，同比增长 34.79%。产业销售收入 100 亿元以上的有 3 个，50 亿元以上的有 5 个，20 亿元以上的产业集群专业镇有 7 个。2016 年芜湖市推荐无为县无城镇被评为第五批产业集群专业镇。大力扶持产业集群专业镇发展，指导督促繁昌孙村镇、无为高沟镇 2 个省级产业集群专业镇建设示范点编制“十三五”发展规划，以典型引领，提升全市 9 个产业集群专业镇共同发展。

3. 强化企业技术创新主体作用

持续推进企业技术中心建设，2015 年芜湖市新增省级以上企业技术中心 11 家，省级工业设计中心 3 家。组织开展了第三批科技小巨人培育企业申报工作，各县区推荐科技小巨人项目 58 项，对获得认定的科技小巨人企业，将安排委托贷款资金，助推企业开展项目研发和开发新产品，提升企业创新能力。加快推进产业技术研究院等新型研发机构建设，截至 10 月底，全市正在建设的产业技术研究院共 18 家，主要分布在汽车、机器人、通用航空、3D 打印、电线电缆等产业，有力支撑了产业的发展壮大。

2016 年芜湖市实施工业技术改造“双百”工程，组织了 100 余家重点企业、实施 100 余个重大技术改造项目，不断加大企业技术改造力度，通过加大政策支

持力度，引导企业扩大研发投入，实现技术升级和产品升级。加大国家、省、市三级企业技术中心培育，截至目前，芜湖市累计通过省级以上企业技术中心认定的数量已达到144家，省级工业设计中心4家。高新技术企业培育工作持续开展，2017年第一批233家企业申报认定高新技术企业，其中新认定85家，重新认定148家。

4. 加强专利创造运用保护

加快建设知识产权强市，制定《芜湖市加快知识产权强市建设实施方案》。实施知识产权密集型产业和强企培育工程，对支柱产业和战略性新兴产业开展专利导航产业创新发展，发挥示范企业引领带动作用，促进知识产权密集型产业集聚发展。加快国家知识产权强市创建，制定了《芜湖市国家知识产权强市创建工作方案》，认真组织编写了国家知识产权强市申报材料并按时报送国家知识产权局。2017年1—5月，芜湖市专利申请8435件，其中，发明专利申请4834件；芜湖市专利授权3875件，其中发明专利授权1154件；万人发明专利拥有量达23.08件，继续领跑安徽省。芜湖市9家企业获得专利权质押贷款，质押融资达1.88亿元。

5. 推进“两化融合”，扩大信息消费

主动顺应“互联网+”新业态，组织开展互联网与工业融合创新试点工作，深入开展信息化和工业化融合管理体系贯标试点工作，2015年芜湖市组织全市100家规模以上工业企业参与国家“两化融合”贯标诊断活动，新增省级“两化融合”示范企业5家，新增“智慧企业”200家，全市累计建成“智慧企业”达1000家。“互联网+”新业态快速发展，信息消费进一步扩大，4G网络实现全覆盖，微信、微博、电子商务广泛应用。全市软件服务业年营业收入36.11亿元，同比增长26%。2016年芜湖市推荐了溜溜果园集团、三花自控元器件、华菱电缆等17家企业申报国家和省级两化融合贯标试点企业。全面开展企业两化融合评估诊断和对标引领工作，组织全市430家规模以上工业企业通过中国两化融合咨询服务平台安徽省评估诊断。“互联网+”新业态快速发展，信息消费进一步扩大，4G网络实现全覆盖，微信、微博、电子商务广泛应用。

6. 大力推进政府和社会资本合作模式

2015年芜湖市已初步建立全市特许经营项目库，入库项目45个，项目总投资1017亿元。项目涉及重大交通、能源、水利、供水、供气、污水处理、信息化、健康养老、教育、卫生等，鼓励和吸引民间资本以多种方式参与建设与营运。在总结城南过江隧道、中电环保垃圾发电等项目基础上，再谋划一批轨道交通、机场、水利、道路、市政、环保、医院、学校等项目，科学合理地制定合作方案。2016 年芜湖市已初步建立全市 PPP 项目库，入库项目 45 个，项目总投资 1017 亿元。目前已经签约了商合杭公铁大桥接线工程、芜湖城南过江隧道、省江北产业集中区污水处理厂、芜湖餐厨废物垃圾处理厂、芜湖城南垃圾焚烧厂等一批项目，同时正在积极推进芜湖市轨道交通等重大项目签约。累计争取上级补助资金 7750 万元用于支持项目建设。

（四）深化非公有制企业合作，实施“走出去”战略

1. 进一步深化与全国知名非公有制企业合作

强化跟踪服务，推动项目建设高效化，把签约项目的落地开工作为重点，对已签合同项目抓落地、抓进度、抓投产，截至 2015 年 10 月，芜湖市与全国知名民企合作发展签约合同项目数 17 个，投资规模达 206 亿元，已竣工 2 个。在安徽省与全国知名民营企业推动长江经济带发展合作项目签约仪式上，2016 年芜湖市签约项目 55 个，总规模 848.8 亿元，占全省 16%；推介项目共计 70 个，总规模 893.92 亿元，在全省排名前列。纳入安徽省集中调度的 8 个项目，已有 5 个项目开工建设，3 个项目 2017 年开工建设。在 2017 年第十届中国中部投资贸易博览会上，芜湖市推荐签约民企项目 21 项，投资总规模达 415.1 亿元。

2. 鼓励和支持非公有制企业开展对外贸易

加大外贸促进政策叠加配套支持力度，非公有制企业“走出去”步伐明显加快。组织 42 家企业参加 2015 年中国安徽中小企业跨境投资与贸易合作对接会，逾 30 家企业现场达成合作意向。2015 年 1—10 月，芜湖市非公有制企业新设对外投资企业 17 家，实际对外投资 3284 万美元，同比增长 56.5%。预计 2015 年非公有制企业对外投资企业 18 家，实际对外投资超过 3500 万美元。组织非公有制企业参加 118 届广交会和第十二届中国国际中小企业博览会等各类展会，吸引众多客商前来洽谈咨询，赢得广泛关注。

2016 年芜湖市加大力度鼓励非公有制企业“走出去”，积极组织企业参加境内外展会，开拓市场，组织企业参加第二十届中国国际软件博览会、第四届中国国际新材料产业博览会、第九届 APEC 中小企业技术交流暨展览会、第十三届中国国际中小企业博览会等。推进中德政府合作项目，中德（芜湖）中小企业合作园区已获批，目前芜湖德绍中德中小企业技术文化交流中心建设、园区标准化厂房规划建设、园区配套基础设施建设、招商工作等都在有序进行。组织芜湖市企业参加中德政府合作中小企业经营管理人员“高端制造业”赴德培训班，组织 8 位企业家报名参加培训。

（五）加大金融扶持非公有制企业力度，帮助企业纾困解难

1. 降低企业杠杆率

强力推动企业进入资本市场。2016 年以来，芜湖市重点培育 IPO 目标企业 20 余家，截至目前，新增东隆羽绒 IPO 辅导，加快“新三板”企业挂牌。新增蜂联科技、雅宝轩等 11 家企业“新三板”挂牌。加快直接融资步伐。积极鼓励企业扩大债券融资规模，不断优化融资结构。2017 年已完成直接融资 71.9 亿元，其中楚江新材股权融资 13.5 亿元，悠派科技、苏立电热、金贸流体、达尔智能等 9 家“新三板”挂牌企业股权融资 1.4 亿元，奇瑞汽车、市宜居公司、扬子银行、皖江金租、无为农商行债券融资 57 亿元，全年力争直接融资 400 亿元。集聚各类基金支持实体经济发展。通过财政资金引导，撬动社会资本在芜湖市设立各类基金，支持战略性新兴产业和高新技术企业发展。累计设立基金 150 余只，总规模达 383.6 亿元。创新设立政府引导基金“新三板”定增跟投机制，促进挂牌企业加速发展。开展金融业务创新。推动人行征信中心与奇瑞汽车联合建成国内汽车行业供应链融资新模式，解决产业链上的中小企业融资难。

2. 推进科技金融发展

推动高新区科技与金融深层次结合，引导金融机构加强专利权、商标权抵押贷款业务的应用，满足非公有制科技企业融资需求。开辟科技企业绿色通道，继徽商银行、扬子银行之后，浦发银行成立科技专营银行。支持“专、精、特、新”企业发展，“科创贷”“增级贷”“创意贷”“助跑贷”等信贷产品不断涌现。

3. 降低企业融资成本

为金融机构提供流动性支持。支持扬子银行、皖江金融租赁先后发行金融债，加大对小微、“三农”信贷投放。率先建立利率定价自律机制。目前芜湖市金融机构、银行机构贷款加权平均利率分别为 6.14%、5.25%，较年初分别下降 77 个、37 个基点。在落实全省新型政银担合作风险分担机制基础上，形成市县区风险分担比例进一步降低的“芜湖模式”，截至 2017 年 5 月末，芜湖市新增政银担业务 16.5 亿元，累计发放续贷过桥资金 21.8 亿元，新增税融通贷款 4.67 亿元，累计发放税融通贷款 14.79 亿元。

（六）加大人才引进培育力度，打造人才高地

1. 加快集聚高层次科技人才团队

全方位力促创新创业科技团队来芜湖市创业，2015 年新招引团队 58 个，集聚了两院院士 3 人、“千人计划”专家 12 人、海归专家 41 人、博士 182 人、硕

士 151 人。市政府择优对其中 23 个团队予以重点扶持，扶持金额达 2.03 亿元，9 个团队被纳入省重点考察对象。

芜湖市大力实施人才优先发展主战略，2016 年招引科技团队达 194 个。芜湖市招引的 194 个科技团队中，共 13 个团队入选省重点扶持团队，78 个科技团队获得市重点支持；5 个进入挂牌上市重点后备企业名单；16 个被认定为高新技术企业或入库培育；37 个已实现生产销售；2 个团队项目 2016 年销售超亿元，其中新能源汽车杨爱喜团队实现销售收入 2.1 亿元，基于大数据的第五方物流平台卢立新团队平台交易额达 11 亿元，当年实现营业收入 2.6 亿元；11 个团队销售收入超 1000 万元；34 个团队完成了厂房建造装修、设备安装及人员招聘培训等工作，2017 年将陆续运营投产。

2. 开展经营管理人员培训

利用安徽省、芜湖市经信委等培训资源，组织非公有制企业经营管理人员参加建立现代企业制度、中小微企业“专精特新”发展、融资、传统企业如何实现互联网 +，中小微企业运营模式创新与变革，中小微企业如何调结构、转方式、促升级等培训，2015 年有 200 多家中小微企业的高层经营管理人员参加培训。

利用安徽省、芜湖市经信委、市金融办、市工商联等培训资源，组织非公有制企业经营管理人员参加建立现代企业制度、中小微企业“专精特新”发展、融资、民营经济提升工程培训、品牌质量建设培训等多期培训，2016 年芜湖市 300 多家中小微企业的高层经营管理人员参加了培训，通过培训，使企业管理者开阔视野，提升综合素质。

3. 开展免费创业培训

2015 年芜湖市建立创业培训师资队伍信息库，建成创业定点培训机构 7 所，全年开展创业培训 5500 人次。大力实施“百千万”人才引进计划，深入推进城乡就业援助工作，开展实名制就业帮扶活动，完善覆盖城乡人力资源信息化网络，强化就业资金绩效考评。走进高校设立公共人才服务站，将服务平台前伸，开展各类专场招聘会，统筹做好高校毕业生、退役军人、就业困难人员、零就业家庭等各类群体就业。

2016 年芜湖市开展社会人员创业培训 5250 人次，在校大学生创业模拟实训 2820 人。各众创孵化平台累计开展创客培训、辅导、交流活动 335 场次，共有 1.2 万人次参加。大力实施“百千万”人才引进计划，深入推进城乡就业援助工作，开展实名制就业帮扶活动，完善覆盖城乡人力资源信息化网络，强化就业资金绩效考评。走进高校设立公共人才服务站，将服务平台前伸，开展各类专场招聘会，统筹做好高校毕业生、退役军人、就业困难人员、零就业家庭等各类群体就业。

（七）加大服务企业力度，完善服务体系建设

1. 推进企业服务中心建设

2015 年芜湖市建立了市、县区两级企业服务中心，成功开发“易企网”平台，形成线上、线下服务企业新格局。“易企网”注册用户 8312 个，汇集了全市 45214 家企业信息数据 98573 个个体信息数据，基本建立了全市企业大数据。全面开通网上政务服务和公共服务事项，整理归纳 3300 余条涉企政策信息，方便企业查询，受理企业网上查询 2688 件，办理企业网上需求服务事项 3659 件。开展芜湖市“网融 e + 服务万家”扶助企业专项行动，利用“易企网”搭建企业融资平台，8 家金融机构联手推出网上金融产品线上线下服务，受理企业网上贷款申请 72 笔，帮助中小企业实现融资 481 万元。全面开展精准帮扶企业行动，实现了规模以上企业服务常态化、特色化和全覆盖。全年收集企业各类问题 2376 件，其中超过 2150 件已得到解决，办结率超过 90%。

2016 年芜湖市建立了市、县区两级企业服务中心，成功开发“易企网”平台，形成线上线下服务企业新格局。截至 2016 年 5 月，“易企网”注册用户达 28599 户，基本实现规上企业全覆盖，“易企网”金融平台已与全市 20 余家银行建立合作关系，6 家银行 26 款产品上线。“易企网”网上政务服务办事平台上线 24175 个办事事项，用户在“易企网”上申请事项 12490 次，办结 10482 次，同期线下办事 744226 次，办结事项 710048 次。企业足不出户、网上快捷办事的服务格局基本形成。

2. 推进中小企业公共服务体系建设

2015 年芜湖市新增省级中小企业公共服务示范平台 4 家，以国家、省中小企业公共服务示范平台、中小企业服务平台网络为基础，进一步整合服务资源，扩展功能，提升服务能力，为小微企业创立和发展提供优质服务。

2016 年芜湖市新增省级中小企业公共服务示范平台 3 家，芜湖市共有国家级中小企业服务示范平台 1 家，省级中小企业公共服务示范平台 12 家。以国家、省中小企业公共服务示范平台、中小企业服务平台网络为基础，进一步整合服务资源，扩展功能，提升服务功能，为小微企业创立和发展提供优质服务。

三、芜湖市非公有制经济发展活力存在的问题及原因

目前，以非公有制企业为主的小微企业普遍面临转型难、创新难、融资难、融资贵等困难与问题。

（1）转型难。大多数中小企业因产品技术单一，处于价值链低端，低价格、低效益，产品同质化严重，转型难。

（2）创新难。传统产业领域中的大多数中小企业处于产业链中低端，人才结构性不合理，激励机制不完善，产学研协同创新不紧密，创新能力较弱。

（3）融资难。由于小微企业缺乏有效抵押产品，银行对小微企业的动产、商标等抵押物很少认可，导致小微企业实际上可供抵押措施严重不足。出于风险控制的需要，银行手续烦琐，获批率低。

（4）融资贵。融资成本高，除银行利息外，一般需要支付审计费、担保费、抵押资产评估等相关费用，增加了企业融资的沉重负担。

四、芜湖市非公有制经济发展活力指数分析

（一）数据来源与指标计算

分析数据来自历年《芜湖统计年鉴》《安徽统计年鉴》《芜湖市民营经济发展报告》《安徽省民营经济发展报告》《中部地区民营经济发展报告》《中国人口和就业统计年鉴》及部分调研数据。鉴于数据的可得性，这部分分析数据以 2005 年为基年。部分缺失数据运用已有数据建立回归方程进行估测。指标体系中比较复杂的变量，经济波动系数用本期经济增长速度除以前一期经济增长速度再减去 1 计算；物价弹性系数用通货膨胀率除以经济增长率计算；资源配置率通过投资增长率除以 GDP 增长率计算；区域人均增加值方差 = $\sum$(芜湖市人均增加值 - 我国人均 GDP)^2 × 芜湖市人口数/我国总人口数。至于 TFP 计算，其估算方法大致有以下 4 种：索洛残值法、代数指数法、隐形变量法与潜在产出法，而索洛残值法自身不严谨，代数指数法不适合实证研究，隐形变量法测算只能反映技术效率的变动，估算不全面。因此本节运用潜在产出法中常用的 DEA - Malmquist 指数法来测算 2005—2017 年芜湖市 TFP。制度变迁的测算本节借鉴金玉国（2001）的研究成果，选取 4 个代理变量：非国有化率、资源配置市场化程度、国家财政收入占 GDP 的比重和贸易依存度。

（二）2005—2017 年芜湖市非公有制经济发展活力指数测度结果

运用第七章构建的安徽省非公有制经济发展活力综合评价指标体系及核算方法，来测算 2005—2017 年芜湖市非公有制经济发展活力指数值，测度结果见表 8 - 3 和图 8 - 9。

表 8-3　　2005—2017 年芜湖市非公有制经济发展活力指数测算汇总

年份	经济成长性指数	经济协调性指数	经济创新性指数	经济潜力性指数	经济分享性指数	资源环境友好性指数	制度变迁指数	经济发展活力指数
2005	0.328	0.736	-0.146	0.381	0.187	0.402	0.467	0.334
2006	0.313	0.771	-0.063	0.332	0.219	0.355	0.697	0.395
2007	0.209	0.865	0.013	0.351	0.324	0.321	0.773	0.434
2008	0.230	0.904	0.162	0.328	0.386	0.335	0.805	0.488
2009	0.473	0.955	0.440	0.273	0.538	0.436	0.477	0.473
2010	0.519	1.060	0.591	0.538	0.651	0.681	0.738	0.692
2011	0.497	1.161	0.775	0.740	0.654	0.559	0.772	0.698
2012	0.591	1.286	0.987	0.712	0.711	0.672	0.843	0.838
2013	0.733	1.401	1.149	0.908	0.692	0.650	0.889	0.911
2014	0.853	1.447	1.323	1.006	0.792	0.864	0.886	1.108
2015	0.798	1.558	1.365	1.150	0.838	0.910	0.894	1.160
2016	0.870	1.769	1.486	1.262	0.953	1.109	0.976	1.253
2017	0.934	1.852	1.611	1.353	1.260	1.150	1.048	1.391

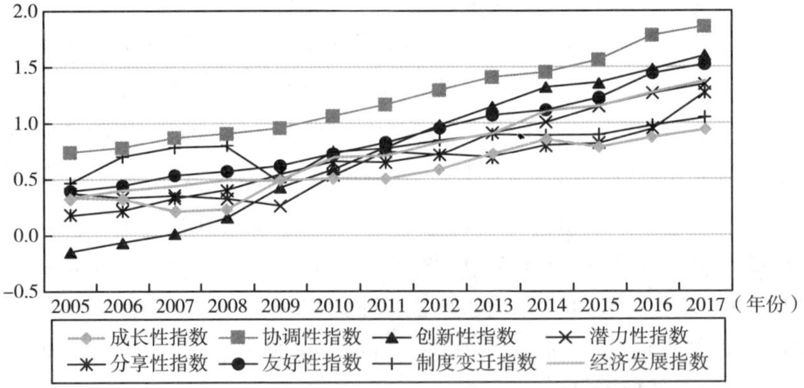

图 8-9　2005—2017 年芜湖市非公有制经济活力指数

从表 8-3 与图 8-9 可以看出，2005—2017 年芜湖市非公有制经济发展活力指数呈现上升的态势，由 2005 年的 0.334 上升到 2017 年的 1.391。非公有制经济发展活力指数演变趋势与制度变迁指数的变化趋势基本一致，这也表明 2005—2017 年芜湖市非公有制经济发展活力变化主要体现在制度变迁方面，2005—2017 年芜湖市非公有制经济发展活力的提升主要是由制度变迁带来的，但这并不表明芜湖市提供的加快非公有制经济发展的相关制度与制度安排已处于极佳状态，只要它相对于原有的制度水平有了很大进步，就会带来其综合评价值的提高。其他6个方面指数也对芜湖市非公有制经济发展活力指数值的提高发挥了重要作用，它们在2005—2017年同样处于上升态势。尤其是经济协调性指数、经济创新性指数、经济分享性指数与经济潜力性指数在2005—2017年上升幅度比较大，很好地促进了芜湖市非公有制经济活力指数值的提高。

五、进一步激发芜湖市非公有制经济发展活力的对策

（一）进一步提升服务能力

抓住“大众创业、万众创新”的机遇，继续培育“创客空间”，打造一批省级小微企业创业基地和产业集群；发挥市、县（区）两级企业服务中心和“易企网”平台作用，整合社会各类服务资源，为广大创业者和中小企业提供更多的政策咨询、技术人才、投融资等服务；继续深入开展“一企一组一策”帮扶工作机制，着力帮助解决企业发展中遇到的政策落实、融资需求、技术人才、人力资源等问题，增强企业投资信心，提高市场应变能力，促进形成规模企业稳定增长。

（二）不断深化“放管服”改革

急需深化商事制度改革。开展“一照一码、多证合一”改革，推进“互联网+政府服务”网上审批工作，继续推进登记注册全程电子化试点；探索个体工商户简易注销，建设大数据监管与服务应用系统，实施大数据监管。深化简政放权。对项目建设所需的能评、环评、土地、规划等相关审批事项，实行并联审批，以建立和完善简化高效、监管完备的项目审批新模式。加强事中事后监管。从事前审批真正转为事中、事后监管，建立事中、事后监管的长效机制；加快推进企业投资负面清单网上运行平台建设，大力推进网上申报、登记、公告，公开透明，阳光操作；适时更新负面清单。

（三）不断优化创新创业服务体系

聚焦众创空间建设，构建起芜湖市级示范型和县区专业型相结合、综合引领型和产业特色型相互补充的众创空间体系。成立芜湖市众创空间管理有限公司，通过公司化的运作模式，引领各县区按照“四新”经济加资本市场运作的发展思路，整合优质资源，吸引和集聚一批优质的创客项目成功转化。构建多元化的融资扶持渠道。在做好现有的创业担保贷款、创业引导资金等融资渠道的同时，

成立集创业项目发现、培育和转化引导为一体的众创股权投资基金，引进和培育一批天使投资基金、投资人，构建起立足芜湖，有效沟通发达地区和产业前沿的金融服务渠道，以资本引导创业项目，激发市场活力。

（四）加快非公有制企业转型升级

抢抓“中国制造2025”战略机遇，以安徽省十大高成长产业和芜湖市确定培育的新兴产业为抓手，加大招商引资力度，加快落地项目实施进度，及时协调解决项目建设中的问题，提高项目开工率，为工业经济发展备足后劲。推动重点行业智能化改造试点示范，落实设备加速折旧、进口设备和重大装备进口零部件免税等政策，继续实施好《中国制造2025芜湖三年行动方案》，突出发展智能制造、工业机器人、3D打印、高端装备、新一代信息技术应用。加快建设一批两化融合示范企业、“智慧企业”“数字工厂”和“数字车间”，提升工业和信息化融合发展水平。实施调转促十大工程，加大“专精特新”中小企业培育力度，提升非公有制企业优势核心竞争力，打造全国细分市场“隐性冠军”；深化与全国知名非公有制企业合作，谋划实施一批重大合作项目；激励非公有制企业扩大进出口业务，不断扩大国际市场份额；深入开展跨境电子商务工作，强化孵化促进工作，进一步壮大外贸企业队伍；开展非公有制企业“走出去”调研，服务企业转型发展；深入推进PPP项目，继续争取市民间投资项目纳入安徽省鼓励社会资本参与建设营运的示范项目，加大争取民间投资项目的上级补助资金力度。

（五）创新金融支持非公有制企业发展方式

大力推动直接融资。围绕建设长江经济带重要的创新创业先行区，推动符合条件的企业、银行机构开展直接融资；加大债务融资工具发行力度，支持有条件的企业利用上市、发债、票据等方式，通过资本市场扩大直接融资。加大“续贷过桥资金”“税融通”业务实施，帮助具备良好成长性、诚信纳税企业解决融资困难。扩大应收账款融资服务平台应用力度，发挥征信基础设施服务实体经济发展的作用。创新服务科技金融产品。支持金融机构开发和完善适合科技企业融资需求特点的授信模式，发展知识产权质押融资、商标权质押融资等业务，建立质押融资风险补偿机制；针对科技型中小企业不同成长阶段的发展特点和金融需求，量身定制产品与服务。

（六）充分发挥财政税务优惠政策的引导作用

落实“1+5+6”政策体系，统筹使用扶持政策资金，完善资金监管方式，提高资金使用效益，确保扶持政策奖补资金真正落到实处；进一步落实支持非公有制企业和小微企业的税收优惠政策；继续推行“互联网 + 税务”的模式，扩大网上办税的覆盖面，减轻非公有制企业办税负担；通过纳税辅导，引导非公有制企业完善自身财务管理制度。

（七）提升人才、土地要素保障能力

完善高端人才扶持政策，教育、科技、公安、财政、人社等部门联动，为引进人才提供优质高效便捷服务，吸引优秀人才到芜湖市创新创业，进一步提升人才特区建设水平；强化节约集约，建立闲置土地清理处置长效工作机制，严控增量、盘活存量，将有限的用地指标向非公有制企业倾斜；深入开展“深化工业项目用地市场化配置改革试点工作”，围绕探索多渠道供地方式，进一步完善和制定出台试点配套政策，促进非公有制企业健康协调发展。

第四节　蚌埠市非公有制经济活力分析

改革开放以来，尤其是进入 21 世纪以来，蚌埠市非公有制经济迅速发展，对蚌埠市经济社会的发展做出了巨大贡献，是蚌埠市国民经济非常重要的组成部分，已经与公有制经济形成“一荣俱荣、一损俱损”的协调发展格局。随着我国国民经济的进一步发展与社会主要矛盾的转化，我国经济社会发展进入了“新常态”，与此同时，蚌埠市经济社会发展也进入了“新常态”。在新时代，随着国际国内宏观环境的变化，尤其是中美贸易争端持续发展，大有愈演愈烈之势，给国内经济发展带来一定的不确定性。在此背景下，进一步激发蚌埠市非公有制经济发展活力，大力促进非公有制经济发展，有助于助推蚌埠市经济社会协调发展进程，提升其经济发展质量，实现城乡协调发展，增加就业，提高人民生活水平，尤其是有助于加快实现蚌埠市“两个一百年”奋斗目标以及更好地完善其市场经济体制。

本节首先系统分析了蚌埠市非公有制经济发展演变，从中可以看出蚌埠市非公有制经济取得的巨大成就；其次，对蚌埠市非公有制经济发展水平进行综合评价。

一、蚌埠市非公有制经济发展现状

（一）非公有制经济规模日益壮大

改革开放以来，随着国际国内大环境的变化以及国家、安徽省、蚌埠市相继

出台了一系列政策措施鼓励民营经济发展，蚌埠市民营经济发展迅速，在经济社会发展中的地位和作用日益突出，成为蚌埠市国民经济重要组成部分。

1. 非公有制企业数量增加，全民创业活力迸发，"孵化器"作用凸显

从表8-4与图8-10可知，2009—2017年蚌埠市规模以上工业企业中外资、私营、股份合作、有限责任和股份有限企业数（个）与占全市比重的演变情况：首先看外资企业数量情况，2009—2010年外资企业数从47个降到40个；从外资企业数占全市比重看，呈现下降的趋势。其次看私营企业数量情况，2009—2017年蚌埠市私营企业数量增加比较快，2009—2010年呈增加之势，由2009年的337个增加到2010年的546个，而2011年降到335个，之后又开始增加，从2012年的380个增加到2016年的794个；从私营企业数占全市比重看，基本呈现上升趋势。从这也可反映出随着改革开放的深入推进，企业外部环境得到改善，蚌埠市私营企业得到快速发展。最后看股份合作企业数量情况，2009—2010年股份合作企业数从6个增加到14个，之后基本上在1—2个徘徊；从股份合作企业数占全市比重看，呈现先升后降的趋势，2012年以后基本没有多大波动。有限责任和股份有限波动不是很大，具体见表8-4与图8-10。从表8-4中可以看出，2009—2017年蚌埠市规模以上工业企业中非公有制企业数对全市企业数的贡献逐年增加，其贡献率从2009年的92.7%增加到2017年的99.3%。

表8-4　2009—2017年蚌埠市规模以上工业非公有制企业单位数与占全市比重

年份	外资（个）	占比（%）	私营（个）	占比（%）	股份合作（个）	占比（%）	有限责任（个）	占比（%）	股份有限（个）	占比（%）
2009	47	7.8	337	56.2	6	1.0	145	24.2	21	3.5
2010	44	5.1	546	63.2	14	1.6	180	20.8	26	3.0
2011	38	6.5	335	57.5	5	0.9	162	27.8	19	3.3
2012	39	5.7	380	55.5	4	0.6	206	30.1	23	3.4
2013	33	4.5	488	66.1	1	0.1	184	24.9	22	3.0
2014	37	4.2	587	66.7	1	0.1	223	25.3	25	2.8
2015	39	3.8	691	67.7	2	0.1	252	24.7	30	2.9
2016	41	3.5	794	68.4	2	0.2	281	24.2	35	3.0
2017	40	3.6	766	68.7	2	0.2	264	23.7	35	3.1

资料来源：《蚌埠统计年鉴》（2010—2018）；《蚌埠市民营经济发展报告》（2010—2018）；《安徽省民营经济发展报告》（2010—2018）。

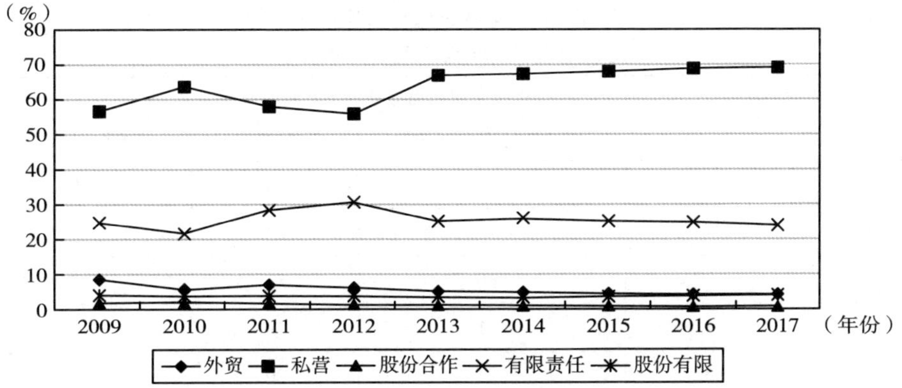

图 8－10　2009—2017 年蚌埠市规模以上工业非公有制企业单位数占全市比重

随着蚌埠市非公有制企业数量的增加，推动创业创新，进一步激发了市场主体活力。截至目前，蚌埠市市省级以上研发平台已达 163 家之多，其中国家级研发平台 10 个；国家战略创新平台 2 个；国家级众创空间 5 家，省级众创空间家 10 家，院士工作站 14 个，博士后科研工作站 6 家。蚌埠市万人发明专利拥有量 8.5 件，集聚了“千人计划”专家 12 名、“百人计划”专家 8 名、省“特支计划”人才 30 名、省“115”产业创新团队 18 支。

2018 年 8 月，安徽省经信委公布 2018 年省级工业设计中心名单，蚌埠市中建材蚌埠玻璃工业设计研究院有限公司、华东光电集成器件研究所、安徽意义环保设备有限公司、安徽柳工起重机有限公司、安徽魔猴三维科技有限责任公司等 5 家企业，被认定为 2018 年省级工业设计中心（企业），新认定数与合肥市并列全省第 1 位。其中安徽魔猴三维科技有限责任公司为安徽省认定的唯一一家工业设计企业。目前，蚌埠市先后创建省级工业设计中心（企业）16 家，总数居全省第 3 位。

再看 2009—2017 年安徽省民营企业进入全国民营企业“500 强”情况及蚌埠市情况。从表 8－5 可以看出，2009 年安徽省民营企业进入全国民营企业“500 强”有 6 户，之后出现下降，但基本维持在 3—4 户，但 2014 年降到 2 户，2015 年与 2016 年分别为 3 户与 4 户，2017 年也是 4 户。另外，从安徽省民营企业进入全国民营企业“500 强”在全国的排名来看，与其他省（自治区、直辖市）还有很大差距，实力还有大进一步提升。另外，从表 8－5 也可看出 2009—2017 年蚌埠市民营企业没有一家进入全国民营企业“500 强”，这也反映出蚌埠市民营企业整体实力与全国及安徽省其他市的差距，蚌埠市民营企业经济实力总体比较弱，还有很大的提升空间。

表 8 - 5　　2009—2017 年安徽省民营企业进入全国民营企业“500 强”及蚌埠市情况

年份	进入全国民营企业“500 强”情况			
	户数（户）	同比增加户数（户）	排名	蚌埠市户数（户）
2009	6	—	16	0
2010	3	-3	17	0
2011	3	0	17	0
2012	4	1	18	0
2013	3	-1	20	0
2014	2	-1	23	0
2015	3	1	23	0
2016	4	1	24	0
2017	4	0	20	0

资料来源：《2010—2018 中国民营企业“500 强”分析报告》。

2. 非公有制企业实力增强，资产、固定资产增长迅速

从表 8 - 6 与图 8 - 11 可知，2009—2017 年蚌埠市规模以上工业企业中外资、私营、股份合作、有限责任和股份有限资产（亿元）与占全市比重的演变情况：2009—2017 年蚌埠市外资企业资产（亿元）及其占全市比重的波动都比较大，2009—2012 年蚌埠市外资企业资产呈增长趋势，外资资产从 2009 年的 96.1 亿元增加到 115.1 亿元，占全省的比重从 20.1% 降到 13.6%，其他情况见表 8 - 6 与图 8 - 11。2009—2017 年蚌埠市私营企业资产（亿元）及其占全市比重都呈增加之势，私营企业资产由 2009 年的 55.7 亿元增加到 2016 年的 416 亿元，占比从 11.6% 提升到 27.4%。而股份合作的变化基本上与集体企业相似，具体情况见表 8 - 6 与图 8 - 11。2009—2017 年蚌埠市有限责任企业资产（亿元）及其占全市比重都呈增加之势，有限责任资产由 2009 年的 98.7 亿元增加到 2016 年的 610.9 亿元，2017 年降为 346.1 亿元，占比从 2009 年的 20.6% 提升到 2017 年的 40.2%。而股份有限企业波动不是很大，具体情况见表 8 - 6 与图 8 - 11。从中可以看出 2009—2017 年蚌埠市规模以上工业企业中民营企业资产对全市资产的贡献逐年增加，其贡献率由 2009 年的 73.2% 提高到 2017 年的 85.6%。

表 8-6　　2009—2017 年蚌埠市规模以上工业非公有制企业资产与占全市比重

年份	外资（亿元）	占比（%）	私营（亿元）	占比（%）	股份合作（亿元）	占比（%）	有限责任（亿元）	占比（%）	股份有限（亿元）	占比（%）
2009	96.1	20.1	55.7	11.6	1.8	0.4	98.7	20.6	98.0	20.5
2010	91.0	15.4	112.0	19.0	2.8	0.5	121.3	20.6	113.3	19.2
2011	49.7	7.1	97.4	14.0	3.9	0.6	181.8	26.1	112.7	16.2
2012	115.1	13.6	149.3	17.6	1.0	0.1	236.3	27.9	115.8	13.7
2013	67.7	7.1	237.2	25.0	0.3	0.0	274.7	28.9	137.6	14.5
2014	82.9	7.4	279.5	25.1	0.3	0.0	359.2	32.2	153.4	13.8
2015	109.3	8.3	347.7	26.4	0.6	0.0	485.0	36.8	144.5	11.0
2016	135.6	8.9	416.0	27.4	0.9	0.1	610.9	40.2	135.5	8.9
2017	56.4	6.5	249.0	28.9	0.8	0.1	346.1	40.2	85.2	9.9

资料来源：《蚌埠统计年鉴》（2010—2018）；《蚌埠市民营经济发展报告》（2010—2018）；《安徽省民营经济发展报告》（2010—2018）。

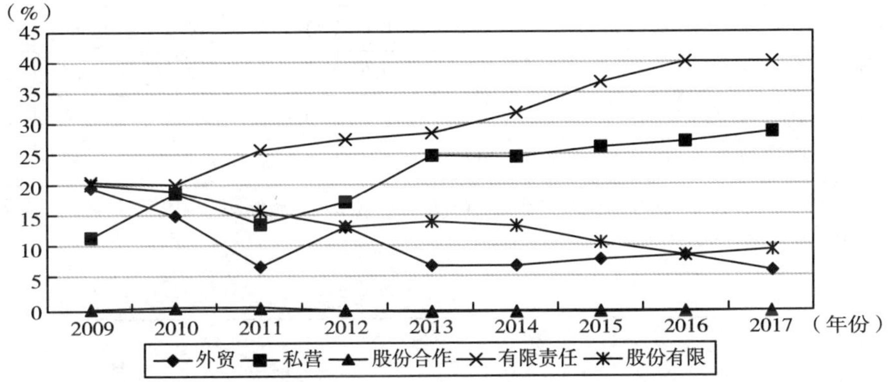

图 8-11　2009—2017 年蚌埠市规模以上工业非公有制企业资产占全市比重

再看 2009—2017 年蚌埠市规模以上工业企业中外资、私营、股份合作、有限责任和股份有限固定资产（亿元）与占全市比重的演变情况：2009—2017 年蚌埠市外资企业固定资产（亿元）及其占全市比重的波动都很大，呈现先升后降再上升的趋势。2009—2016 年蚌埠市私营企业固定资产（亿元）及其占全市比重都呈增加之势，私营企业固定资产由 2009 年的 21.2 亿元增加到 2017 年的 125.6 亿元，占比从 10.6% 提升到 33.4%。而股份合作的变化基本上与集体企业相似，具体情况见表 8－7 与图 8－12。2009—2017 年蚌埠市有限责任企业固定资产（亿元）及其占全市比重都呈增加之势，有限责任固定资产由 2009 年的 27.3 亿元增加到 2016 年的 180.1 亿元，2017 年降为 117.3 亿元，占比从 2009 年的 13.6% 提升到 2016 年的 37.3%，2017 年降为 31.2%。而股份有限企业固定资产波动比较大，具体情况见表 8－7 与图 8－12。从中可以看出 2009—2017 年蚌埠市规模以上工业企业中非公有制企业固定资产对全市固定资产的贡献逐年增加，其贡献率由 2009 年的 66.9% 提高到 2017 年的 89%。

表 8－7　　2009—2017 年蚌埠市规模以上工业非公有制企业固定资产与占全市比重

年份	外资（亿元）	占比（%）	私营（亿元）	占比（%）	股份合作（亿元）	占比（%）	有限责任（亿元）	占比（%）	股份有限（亿元）	占比（%）
2009	25.2	12.6	21.2	10.6	0.9	0.4	27.3	13.6	59.7	29.7
2010	46.2	16.3	56.9	20.1	1.3	0.5	40.6	14.3	75.3	26.5
2011	79.3	27.3	36.4	12.5	0.5	0.2	51.2	17.7	55.1	19.0
2012	35.7	11.5	55.3	17.9	0.3	0.1	75.8	24.5	57.0	18.4
2013	22.8	7.5	77.2	25.4	0.0	0.0	64.6	21.2	70.2	23.1
2014	23.6	6.1	93.6	24.2	0.0	0.0	102.3	26.4	78.8	20.4
2015	38.4	8.8	110.3	25.4	0.2	0.0	141.2	32.5	61.8	14.2
2016	53.1	11.0	126.9	26.3	0.3	0.1	180.1	37.3	44.8	9.3
2017	47.4	12.6	125.6	33.4	0.8	0.2	117.3	31.2	43.7	11.6

资料来源：《蚌埠统计年鉴》（2010—2018）；《蚌埠市民营经济发展报告》（2010—2018）；《安徽省民营经济发展报告》（2010—2018）。

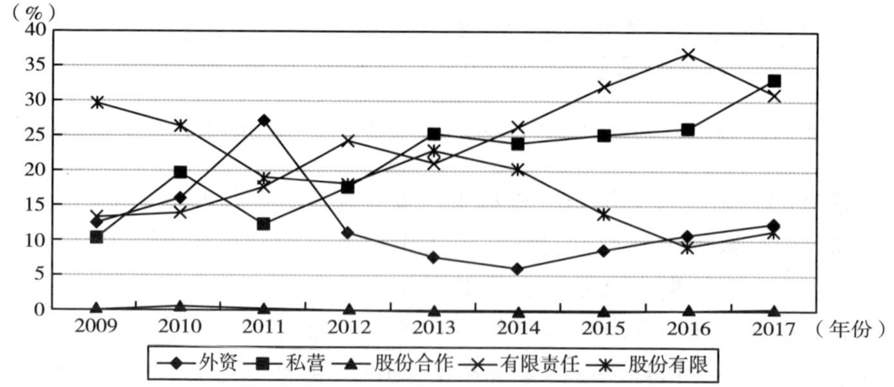

图 8－12　2009—2017 年蚌埠市规模以上工业非公有制企业固定资产占全市比重

（二）非公有制经济对社会经济的贡献不断提升，“稳定器”作用凸显

1. 非公有制企业是吸纳就业的重要渠道

从表8－8与图8－13可知，2009—2017年蚌埠市规模以上工业企业中外资、私营、股份合作、有限责任和股份有限企业从业人员与占全市比重的变化情况。首先，蚌埠市外资企业吸纳就业情况，2009—2017年蚌埠市外资企业吸纳就业波动不大，基本上呈现先升后降的变化趋势。其次，蚌埠市私营企业吸纳就业情况，2009—2017年蚌埠市私营企业吸纳就业基本上逐年增加，由2009年的2.5万人增加到2017年的8.7万人；私营企业吸纳就业占全市比重由2009年的25.8%提高到2017年的48.8%。而股份合作企业的变化基本上与集体企业相似，具体情况见表8－8与图8－13。2009—2017年蚌埠市有限责任企业吸纳就业波动不大，有限责任企业吸纳就业由2009年的2.9万人增加到2017年的4.3万人，呈现先升后降再基本不变的趋势。而股份有限企业吸纳就业波动比较大，具体情况见表8－8与图8－13。从中可以看出2009—2017年蚌埠市规模以上工业企业中非公有制企业吸纳就业对全市就业的贡献逐年增加，其贡献率由2009年的87.2%提高到2017年的91.8%。

表8－8　2009—2017年蚌埠市规模以上工业非公有制企业从业人员与占全市比重

年份	外资（万人）	占比（%）	私营（万人）	占比（%）	股份合作（万人）	占比（%）	有限责任（万人）	占比（%）	股份有限（万人）	占比（%）
2009	1.31	13.7	2.5	25.8	0.14	1.5	2.9	30.4	1.5	15.4
2010	1.40	11.8	4.0	34.0	0.18	1.5	3.3	27.6	1.5	13.0
2011	1.89	17.1	3.5	32.0	0.09	0.8	3.6	32.7	1.2	11.1
2012	1.48	11.8	4.7	37.8	0.09	0.7	3.2	25.8	1.5	11.9
2013	1.07	8.6	6.1	49.1	0.01	0.1	2.6	21.0	1.5	11.6
2014	1.21	8.8	6.7	48.8	0.01	0.1	3.1	23.0	1.5	11.0
2015	1.40	8.8	7.7	48.8	0.02	0.1	3.6	23.0	1.7	11.0
2016	1.58	8.8	8.7	48.8	0.02	0.1	4.1	23.0	2.0	11.0
2017	1.67	8.9	8.7	48.8	0.02	0.1	4.3	23.0	2.1	11.0

资料来源：《蚌埠统计年鉴》（2010—2018）；《蚌埠市民营经济发展报告》（2010—2018）；《安徽省民营经济发展报告》（2010—2018）。

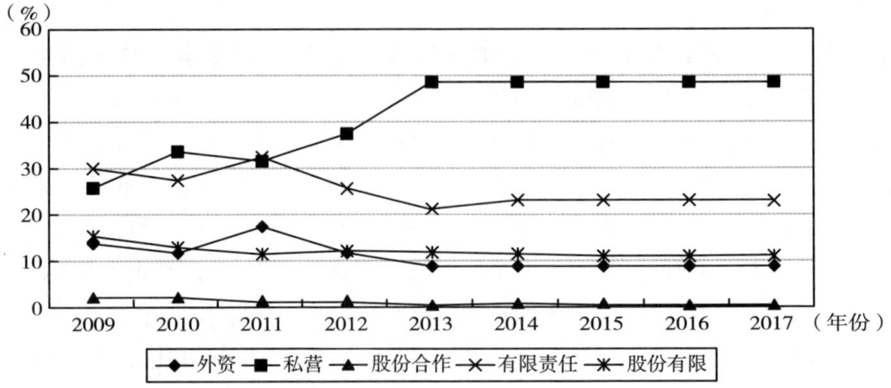

图 8－13　2009—2017 年蚌埠市规模以上工业非公有制企业从业人员占全市比重

2. 非公有制工业企业对全市工业总产值的贡献逐年增加

从表 8－9 与图 8－14 可知，2009—2017 年蚌埠市规模以上工业企业中外资、私营、股份合作、有限责任和股份有限企业总产值与占全市比重的变化情况。首先，外资企业总产值情况，2009—2017 年蚌埠市外资企业总产值与占比波动不大，基本上呈现先升后降再升的趋势。其次，私营企业总产值情况，2009—2017 年蚌埠市私营企业总产值增加非常快，由 2009 年的 127.1 亿元增加到 2017 年的 1822.2 亿元，而且私营企业总产值占全市比重上升也非常迅速，由 2009 年的 24% 迅速上升到 2017 年的 59.4%。而股份合作企业的变化基本上与集体企业相似，具体情况见表 8－9 与图 8－14。2009—2017 年蚌埠市有限责任企业总产值呈增加之势，有限责任企业总产值由 2009 年的 101.4 亿元增加到 2016 年的 702.8 亿元，2017 年降为 667.8 亿元，呈现先升后降的趋势，其占比从 2009 年的 19.1% 提升到 2011 年的 27.2%，之后开始下降，2017 年降为 21.8%。而股份有限企业总产值呈增加趋势，其占比却呈下降之势，具体情况见表 8－9 与图 8－14。从中可以看出 2009—2017 年蚌埠市规模以上工业企业中非公有制企业总产值对全市工业总产值的贡献逐年增加，其贡献率由 2009 年的 78% 提高到 2017 年的 94.7%。

表 8－9　2009—2017 年蚌埠市规模以上工业非公有制企业总产值与占全市比重

年份	外资（亿元）	占比（%）	私营（亿元）	占比（%）	股份合作（亿元）	占比（%）	有限责任（亿元）	占比（%）	股份有限（亿元）	占比（%）
2009	83.8	15.8	127.1	24.0	4.1	0.8	101.4	19.1	97.1	18.3
2010	111.2	14.4	229.7	29.7	4.5	0.6	149.8	19.4	122.2	15.8

续表

年份	外资（亿元）	占比（%）	私营（亿元）	占比（%）	股份合作（亿元）	占比（%）	有限责任（亿元）	占比（%）	股份有限（亿元）	占比（%）
2011	240.9	18.7	378.7	29.3	5.0	0.4	351.0	27.2	155.8	12.1
2012	115.6	7.8	590.7	39.7	6.6	0.4	393.8	26.5	165.1	11.1
2013	115.1	6.3	908.2	49.8	0.4	0.0	392.6	21.5	197.4	10.8
2014	143.5	6.5	1178.3	53.2	0.4	0.0	465.5	21.0	215.1	9.7
2015	168.2	6.7	1426.0	56.4	0.5	0.0	584.1	23.1	200.7	7.9
2016	192.8	6.8	1673.6	59.0	0.6	0.0	702.8	24.8	186.4	6.6
2017	230.4	7.5	1822.2	59.4	0.6	0.0	667.8	21.8	183.1	6.0

资料来源：《蚌埠统计年鉴》（2010—2018）；《蚌埠市民营经济发展报告》（2010—2018）；《安徽省民营经济发展报告》（2010—2018）。

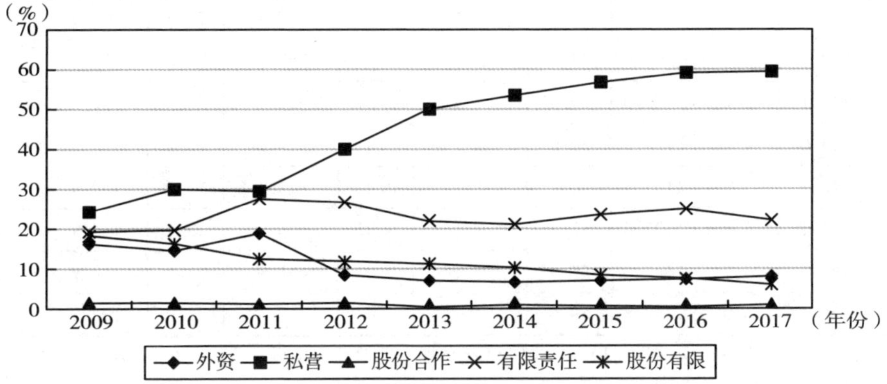

图 8－14　2009—2017 年蚌埠市规模以上工业非公有制企业总产值占全市比重

3. 非公有制工业企业对全市工业主营业务收入的贡献逐年增加

从表 8－10 与图 8－15 可知，2009—2017 年蚌埠市规模以上工业企业中外资、私营、股份合作、有限责任和股份有限企业主营业务收入与占全市比重的变化情况。首先，外资企业主营业务收入情况，2009—2017 年蚌埠市外资企业主营业务收入呈现先升后降的趋势。其次，私营企业主营业务收入情况，2009—2017 年蚌埠市私营企业主营业务收入增加非常快，由 2009 年的 122 亿元增加到 2017 年的 1648.8 亿元，而且私营企业主营业务收入占全市比重上升也非常迅速，由 2009 年的 23.6% 迅速上升到 2017 年的 60.6%。股份合作企业的变化基本上与集体企业相似，具体情况见表 8－10 与图 8－15。2009—2017 年蚌埠市有限责任企业主营业务收入呈增加之势，有限责任企业主营业务收入由2009年的112亿元增加到2016年的658.4亿元，2017年降为623.1亿元，呈现先升后降的趋势，其占比从2009年的21.7%提升到2011年的29.6%，之后开始下降，2017年降为22.9%。而股份有限企业主营业务收入总体呈增加趋势，而其占比却呈下降之势，具体情况见表8－10与图8－15。从中可以看出，2009—2017年蚌埠市规模以上工业企业中非公有制企业主营业务收入对全市工业主营业务收入的贡献逐年增加，其贡献率由2009年的77.1%提高到2017年的94.5%。

表8－10　2009—2017年蚌埠市规模以上工业非公有制企业主营业务收入与占全市比重

年份	外资（亿元）	占比（%）	私营（亿元）	占比（%）	股份合作（亿元）	占比（%）	有限责任（亿元）	占比（%）	股份有限（亿元）	占比（%）
2009	81.8	15.87	122.0	23.6	3.9	0.77	112.0	21.7	78.4	15.2
2010	123.2	16.37	221.9	29.5	4.3	0.57	159.7	21.2	101.5	13.5
2011	222.1	18.05	360.0	29.3	3.8	0.31	363.8	29.6	128.0	10.4
2012	110.1	7.79	558.0	39.4	4.1	0.29	392.2	27.7	134.8	9.5
2013	103.0	6.16	846.8	50.6	0.3	0.02	374.9	22.4	153.3	9.2
2014	113.2	5.74	1105.7	56.1	0.4	0.02	421.1	21.4	150.9	7.7
2015	141.3	6.20	1327.0	58.2	0.5	0.02	539.8	23.7	134.9	5.9
2016	169.4	6.55	1548.3	59.9	0.6	0.02	658.4	25.5	118.9	4.6
2017	165.6	6.09	1648.8	60.6	0.6	0.02	623.1	22.9	132.2	4.9

资料来源：《蚌埠统计年鉴》（2010—2018）；《蚌埠市民营经济发展报告》（2010—2018）；《安徽省民营经济发展报告》（2010—2018）。

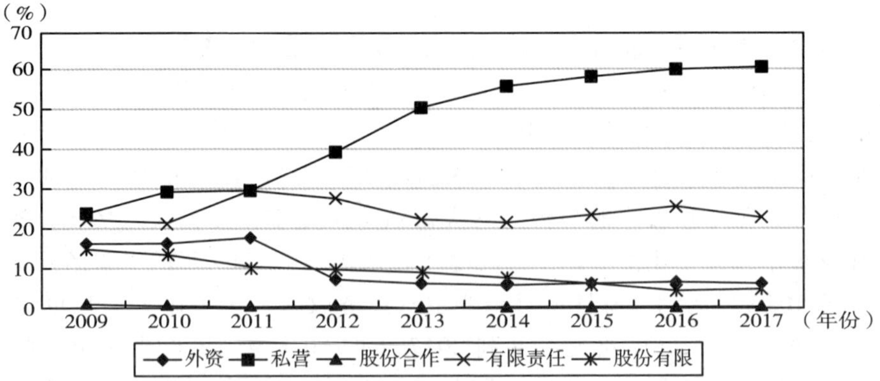

图8－15　2009—2017年蚌埠市规模以上工业非公有制企业主营业务收入占全市比重

4. 非公有制工业企业对全市工业利润总额的贡献逐年增加

从表 8 - 11 与图 8 - 16 可知，2009—2017 年蚌埠市规模以上工业企业中外资、私营、股份合作、有限责任和股份有限企业利润总额与占全市比重的变化情况。首先，外资企业利润总额情况，2009—2017 年蚌埠市外资企业利润总额与占比波动都比较大。其次，私营企业利润总额情况，2009—2017 年蚌埠市私营企业利润总额增加非常快，由 2009 年的 2 亿元增加到 2016 年的 40. 2 亿元，2017 年降为 39. 7 亿元，而且私营企业利润总额占全市比重上升也非常迅速，由 2009 年的 6. 5% 迅速上升到 2017 年的 52. 2% 。而股份合作企业的变化基本上与集体企业相似，具体情况见表 8 - 11 与图 8 - 16。2009—2017 年蚌埠市有限责任企业利润总额呈增加之势，有限责任企业利润总额由 2009 年的 5. 1 亿元增加到 2016 年的 22. 3 亿元，2017 年降为 16. 6 亿元，呈现先升后降的趋势，其占比从 2009 年的 16. 8% 提升到 2012 年的 26. 6% ，之后开始下降，2017 年降为 21. 8% 。股份有限企业利润总额总体呈增加趋势，而其占比却呈先升后降之势，具体情况见表 8 - 11 与图 8 - 16。从中可以看出 2009—2017 年蚌埠市规模以上工业企业中非公有制企业利润总额对全市工业利润总额的贡献逐年增加，其贡献率由 2009 年的 59. 3% 提高到 2017 年的 92. 2% 。

表 8 - 11 2009—2017 年蚌埠市规模以上工业非公有制企业利润总额与占全市比重

年份	外资（亿元）	占比（%）	私营（亿元）	占比（%）	股份合作（亿元）	占比（%）	有限责任（亿元）	占比（%）	股份有限（亿元）	占比（%）
2009	5. 4	18. 00	2. 0	6. 5	0. 04	0. 12	5. 1	16. 8	5. 4	17. 9
2010	8. 7	19. 13	4. 6	10. 2	0. 18	0. 40	9. 6	21. 1	7. 8	17. 1
2011	6. 5	15. 66	6. 7	16. 2	0. 14	0. 33	7. 6	18. 3	9. 2	22. 3
2012	6. 6	10. 64	17. 0	27. 6	0. 16	0. 25	16. 4	26. 6	4. 6	7. 4
2013	3. 2	5. 13	24. 2	39. 0	0. 01	0. 01	10. 6	17. 1	6. 8	10. 9
2014	3. 1	4. 87	26. 3	40. 8	0. 01	0. 02	12. 2	18. 9	6. 6	10. 2
2015	5. 2	7. 10	33. 3	45. 2	0. 03	0. 05	17. 3	23. 5	7. 5	10. 2
2016	7. 3	8. 83	40. 2	48. 7	0. 06	0. 07	22. 3	27. 0	8. 5	10. 3
2017	8. 3	8. 92	39. 7	52. 2	0. 02	0. 02	16. 6	21. 8	7. 1	9. 3

资料来源：《蚌埠统计年鉴》（2010—2018）；《蚌埠市民营经济发展报告》（2010—2018）；《安徽省民营经济发展报告》（2010—2018）。

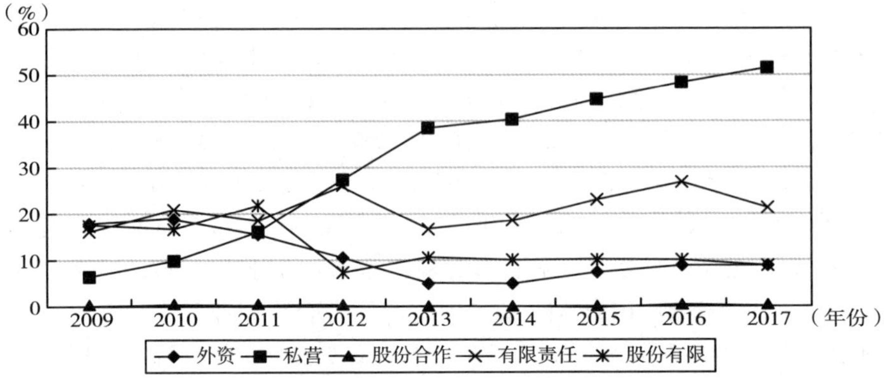

图 8-16　2009—2017 年蚌埠市规模以上工业非公有制企业利润总额占全市比重

5. 非公有制企业税收贡献越来越大

从表 8-12 与图 8-17 可知，2009—2017 年蚌埠市规模以上工业企业中外资、私营、股份合作、有限责任和股份有限企业税收总额与占全市比重的变化情况。首先，外资企业税收总额情况，2009—2017 年蚌埠市外资企业税收总额与占比波动比较大，基本呈现先升后降再相对平稳的变化趋势。其次，私营企业税收总额情况，2009—2017 年蚌埠市私营企业税收总额增加非常快，由 2009 年的 3.6 亿元增加到 2017 年的 51.4 亿元，而且私营企业税收总额占全市比重上升也非常迅速，由 2009 年的 4.8% 迅速上升到 2017 年的 25.6%。股份合作企业的变化基本上与集体企业相似，具体情况见表 8-12 与图 8-17。2009—2017 年蚌埠市有限责任企业税收总额总体呈增加之势，个别年份有波动，可能是统计数据出现问题，有限责任企业税收总额由 2009 年的 9 亿元增加到 2017 年的 25.3 亿元，呈现先降后升再降再到基本不变的趋势，其占比从 2009 年的 12.1% 降到 2010 年的 0.1%，之后提升到 2012 年的 17.8%，之后基本保持在 12% 左右。股份有限企业税收总额总体呈增加趋势，而其占比却呈先升后降之势，具体情况见表 8-12 与图 8-17。从中可以看出 2009—2017 年蚌埠市规模以上工业企业中非公有制企业税收总额对全市工业税收总额的贡献逐年增加，其贡献率由 2009 年的 38.8% 提高到 2017 年的 48.9%。

表 8-12　2009—2017 年蚌埠市规模以上工业非公有制企业税收总额与占全市比重

年份	外资（亿元）	占比（%）	私营（亿元）	占比（%）	股份合作（亿元）	占比（%）	有限责任（亿元）	占比（%）	股份有限（亿元）	占比（%）
2009	8.8	11.8	3.6	4.8	0.08	0.11	9.0	12.1	7.4	10.0
2010	12.4	12.4	7.6	7.5	0.38	0.38	0.1	0.1	9.9	9.8

续表

年份	外资（亿元）	占比（%）	私营（亿元）	占比（%）	股份合作（亿元）	占比（%）	有限责任（亿元）	占比（%）	股份有限（亿元）	占比（%）
2011	9.2	8.7	10.3	9.8	0.19	0.18	13.2	12.5	12.6	12.0
2012	10.1	7.4	25.0	18.3	0.19	0.14	24.3	17.8	8.6	6.3
2013	6.1	4.3	35.3	24.8	0.01	0.01	17.3	12.2	11.2	7.9
2014	6.2	4.1	38.4	25.2	0.02	0.02	18.7	12.3	11.0	7.2
2015	7.2	4.1	44.5	25.2	0.03	0.02	21.7	12.3	12.7	7.2
2016	8.1	4.1	50.3	25.2	0.03	0.02	24.5	12.3	14.4	7.2
2017	2.9	3.2	51.4	25.6	0.02	0.02	25.3	12.6	15.1	7.5

资料来源：《蚌埠统计年鉴》（2010—2018）；《蚌埠市民营经济发展报告》（2010—2018）；《安徽省民营经济发展报告》（2010—2018）。

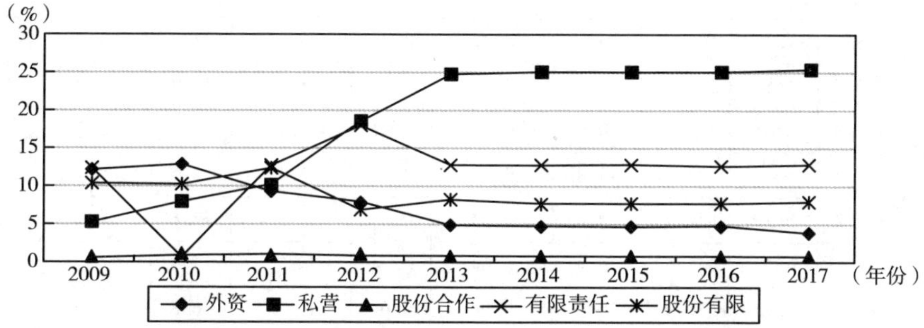

图 8－17　2009—2017 年蚌埠市规模以上工业非公有制企业税收总额占全市比重

6. 非公有制企业投资增长强劲，“助推器”作用凸显

从表 8－13 与图 8－18 可知，2009—2017 年蚌埠市外资、私营、股份合作、有限责任和股份有限企业投资与占全市比重的变化情况。首先，外资经济投资情况，2009—2012 年蚌埠市外资经济投资波动比较大，2009 年外资投资只有 306 亿元，2017 年增加到 1375.7 亿元，外资投资总额呈增加之势，但占比却呈下降趋势。其次，私营经济投资情况，2009—2017 年蚌埠市私营经济投资增加非常快，由 2009 年的 98.6 亿元增加到 2016 年的 350.9 亿元，2017 年降到 256.8 亿元，但私营企业投资占全市比重呈现先上升后下降的趋势，由 2009 年的 32.2% 迅速上升到 2011 年的 55.8%，之后呈下降趋势，2017 年降到 18.7%。这也反映出最近几年国际、国内投资环境欠佳，私营企业投资占比下降比较快。股份合作企业的变化基本上与集体企业相似，具体情况见表 8－13 与图 8－18。2009—2017 年蚌埠市有限责任企业投资呈先升后降再升的趋势，有限责任企业投资总

额由2009年的3.2亿元增加到2010年的9.3亿元，2011—2013年基本维持在5亿—6亿元，之后迅速增加，2017年达到52.2亿元，呈现先升后降再升的趋势，其占比从2009年的10.5%升到2010年的22.5%，之后开始下降，2013年之后又开始上升，2017年提高到37.9%。股份有限企业投资总额（亿元）总体呈先增后减的趋势，其占比呈先升后降之势，具体情况见表8-13与图8-18。从中可以看出2009—2017年蚌埠市规模以上工业企业中非公有制企业投资总额对全市工业投资总额的贡献逐年增加，其贡献率由2009年的51.7%提高到2017年的59.1%。

表8-13　2009—2017年蚌埠市非公有制企业投资与占全市比重

年份	外资（亿元）	占比（%）	私营（亿元）	占比（%）	股份合作（亿元）	占比（%）	有限责任（亿元）	占比（%）	股份有限（亿元）	占比（%）
2009	306.0	7.41	98.6	32.2	0.30	0.98	3.2	10.5	2.4	7.8
2010	413.5	1.35	140.3	33.9	0.29	0.70	9.3	22.5	3.0	7.4
2011	479.4	1.64	267.3	55.8	0.28	0.59	5.3	11.0	3.8	7.9
2012	612.0	2.61	306.1	50.0	0.56	0.91	5.6	9.2	7.2	11.7
2013	659.2	1.45	328.5	49.8	0.05	0.08	5.7	8.6	8.1	12.3
2014	772.9	0.17	344.4	44.6	0.03	0.04	9.7	12.6	6.5	8.4
2015	981.1	0.52	347.6	35.4	0.04	0.04	26.7	27.3	4.2	4.3
2016	1189.3	0.75	350.9	29.5	0.04	0.04	43.8	36.8	2.0	1.7
2017	1375.7	0.66	256.8	18.7	0.00	0.00	52.2	37.9	3.1	2.2

资料来源：《蚌埠统计年鉴》（2010—2018）；《蚌埠市民营经济发展报告》（2010—2018）；《安徽省民营经济发展报告》（2010—2018）。

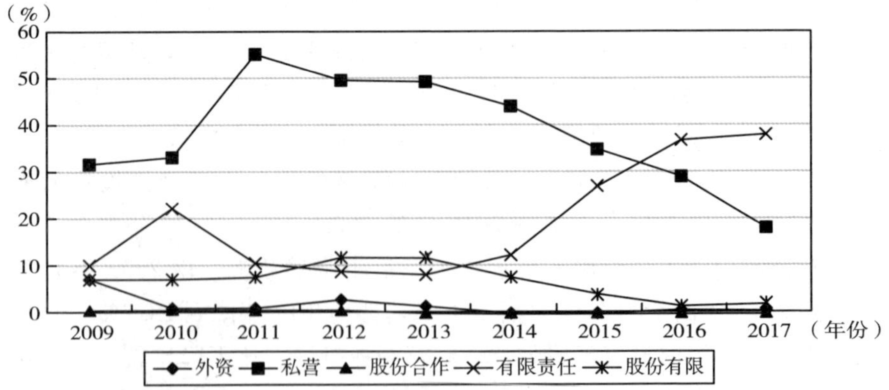

图8-18　2009—2017年蚌埠市非公有制企业投资占全市比重

此外，蚌埠市各级政府积极采取有效措施扩大民间投资。根据蚌埠市市区位优势和产业优势，围绕基础设施建设、产业平台、综合交通、社会事业、现代服务业、国有企业增资等六个领域，支持民间资本以独资、控股、参股等方式参与建设。鼓励非公有制大企业大集团加快与央企、省企、国企合作，通过兼并、联合、重组、上市等形式，推进跨地区、跨行业、跨所有制的资产并购重组，实现资源和生产要素优化配置，促进混合所有制经济发展。大力推进与社会资本合作，实施生活垃圾焚烧发电、城市污水处理设施、长淮卫临港开发区基础设施等项目。

7. 非公有制经济成为发展外向型经济的关键力量

随着国际国内经济环境的变化，蚌埠市民营企业积极参与国际竞争，充分利用国际与国内两种资源来更好地发展自己、提升自身经济实力与竞争力。从表 8-14 与图 8-19 可知，2009—2017 年蚌埠市规模以上工业企业中外资、私营、股份合作、有限责任和股份有限企业出口交货值与占全市比重的变化情况。首先，外资企业出口交货值情况，2009—2017 年蚌埠市外资企业出口交货值波动比较大，外资企业出口交货值呈现先升后降。其次，私营企业出口交货值情况，2009—2017 年蚌埠市私营企业出口交货值增加比较快，由 2009 年的 2 亿元增加到 2014 年的 10.2 亿元，之后开始下降，2017 年降到 6.5 亿元，而且私营企业出口交货值占全市比重呈现先上升后下降再到比较稳定的变化趋势，由 2009 年的 5.2% 迅速上升到 2012 年的 18.3%，之后维持在 12%—13%。股份合作企业的变化基本上与集体企业相似，具体情况见 8-14 与图 8-19。2009—2017 年蚌埠市有限责任企业出口交货值与占比都呈先升后降再升再降的趋势。股份有限企业出口交货值与占比都呈先降后升再降再升之势，具体情况见表 8-14 与图 8-19。从中可以看出 2009—2017 年蚌埠市规模以上工业企业中非公有制企业投资总额对全市工业投资总额的贡献逐年增加，其贡献率由 2009 年的 55.8% 提高到 2017 年的 97%。

表 8-14　2009—2017 年蚌埠市规模以上工业非公有制企业出口交货值与占全市比重

年份	外资（亿元）	占比（%）	私营（亿元）	占比（%）	股份合作（亿元）	占比（%）	有限责任（亿元）	占比（%）	股份有限（亿元）	占比（%）
2009	16.2	41.2	2.0	5.2	0.88	2.24	4.7	12.1	14.3	36.3
2010	17.7	32.0	5.8	10.4	0.57	1.03	11.4	20.6	18.5	33.3
2011	16.7	31.8	4.8	7.8	0.02	0.03	11.1	17.9	14.7	23.6

续表

年份	外资（亿元）	占比（%）	私营（亿元）	占比（%）	股份合作（亿元）	占比（%）	有限责任（亿元）	占比（%）	股份有限（亿元）	占比（%）
2012	14.8	30.4	8.9	18.3	0.06	0.12	8.6	17.6	16.1	33.2
2013	29.5	41.2	8.3	11.6	0.14	0.20	13.6	18.9	20.0	27.9
2014	34.9	45.0	10.2	13.1	0.06	0.08	15.5	20.0	16.8	21.6
2015	26.0	41.6	7.9	12.6	0.04	0.06	15.3	24.5	13.2	21.1
2016	17.2	36.2	5.6	11.7	0.02	0.03	15.1	31.7	9.7	20.3
2017	18.8	38.1	6.5	13.3	0.01	0.03	11.4	23.1	12.4	25.1

资料来源：《蚌埠统计年鉴》（2010—2018）；《蚌埠市民营经济发展报告》（2010—2018）；《安徽省民营经济发展报告》（2010—2018）。

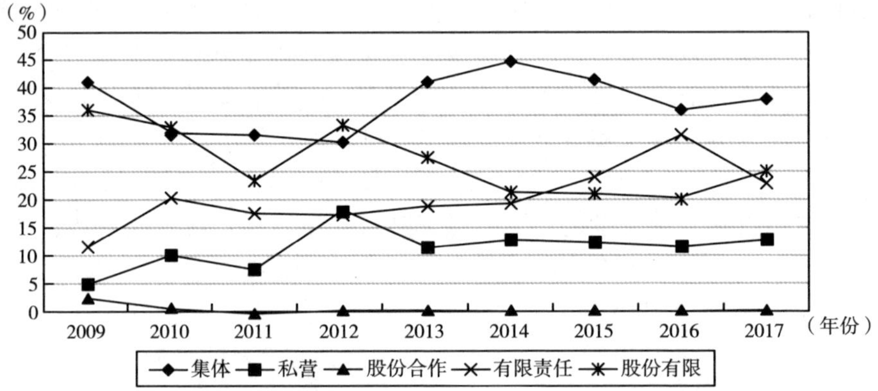

图 8-19　2009—2017 年蚌埠市规模以上工业非公有制企业出口交货值占全市比重

（三）非公有制经济发展环境不断优化

深入落实国家、省、市促进非公有制经济发展的扶持政策，着力为非公有制经济和中小企业营造优良的发展环境。利用促进新型工业发展、战略性新兴产业发展、自主创新、现代服务业、现代农业等方面系列政策，提升政策扶持精准度。进一步减少审批事项，简化审批程序，培育更多的市场主体。同时，大力宣传各项扶持政策，营造有利于非公有制经济发展和鼓励创新创业的良好舆论环境。关注政策动态，及时送政策到企业。加强政策知晓率和执行率检查，督促部门落实好政策。

首先，优化非公有制企业营商环境。以打造创优“四最”营商环境为目标，以“行走企业”“千干扶千企”等活动为载体，不断优化政策扶持，强化要素保障，切实减轻实体经济企业负担。全面优化行政审批，推进行政审批许可权相对集中改革试点，深化“放管服”改革。全面推进“多证合一、一照一码”改革，“多证合一”覆盖面达92%。全面推进电子营业执照的发放和应用，累计颁发、换发“多证合一”营业执照4.1万份。大力推进“互联网+政务服务”，市政务服务大厅82个项目实现网上全程办理，与省政务服务平台实现无缝对接，确保所有权力事项5天、公共服务事项1天办结。

其次，强化主体培育。到目前为止，蚌埠市已培育高新技术非公有制企业230余家，省级企业技术中心82个、工业设计中心11个；培育省级“专精特新”中小企业108家，其中11家企业主导产品在国内细分市场占有率第一；促进“互联网+工业”融合，开展“千企上云端”，引导企业用好云服务、大数据平台；培育两化融合管理体系贯标企业13家，培育省级制造业与互联网融合发展试点企业5家，智能制造服务企业成长迅速。

再次，强化企业发展服务。制定《蚌埠市领导联系十强和三十佳工业企业方案》，开通运行“华佗医院”，深化“四送一服”“千干扶千企”等活动，搭建手机APP服务平台，实现联系常态化、服务精准化。推进中小企业服务体系建设，累计建成省级以上中小企业公共服务平台4个、小型微型企业创业基地10个，中小企业产业园130余万平方米。目前，蚌埠市全面推进“多证合一、一照一码”改革，累计颁发、换发“多证合一”营业执照4.55万份；大力推进“互联网+政务服务”，全程网办政务服务事项达668项，行政许可5日办结率达99.63%，公共服务1日办结率达100%；开通运行“华佗医院”，协调解决问题2000余个，办结率达95%；建立“园区零收费”制度，对在园区投资的工业项目，免收28项行政事业性收费，年减轻企业负担1700余万元。截至目前，市领导、县（区）班子共走访调研企业1500余次，收集问题建议1216个，协调解决问题1153个，办结率达95%。

最后，强化发展要素保障。出台《关于实施创新驱动发展战略加快“两个中心”建设的若干意见》，涵盖“三重一创”、创新型城市、工业强市、技工大市、人才高地5个板块共50条，真金白银支持企业发展；全面落实惠企政策，降低企业税费、人工成本，年累计降本减负逾50亿元；降低企业融资成本，设立1000万元专项扶持资金，综合运用税融通、过桥资金、“4321”新型政银担等，强化企业融资服务，截至2018年5月末，全市“税融通”业务贷款余额5.23亿元，安排小微企业过桥续贷资金近1亿元，惠及企业169户。建立上市企业后备资源库，全市直接融资43.49亿元。实施拟用地工业项目联审制度，保障工业用地1300余亩。广泛开展省、市政策宣传，建立《2018年拟争取制造强省政策支持重点企业（项目）培育库》，积极指导企业争取各类专项资金支持，确保应报尽报、应享尽享。

（四）非公有制企业创新能力提升，“倍增器”作用凸显

坚持创新驱动引领，依托合芜蚌国家自主创新示范区和本地大专院校与研究所创新资源优势，发力供给侧结构性改革，大力推进工业创新发展平台培育、资源集聚和成果转化，着力提升质量品牌水平。支持企业建设市级以上企业技术中心、工程（技术）研究中心、重点实验室。支持非公有制企业创建品牌。引导和鼓励非公有制企业树立品牌意识，建立非公有制企业知识产权保护机制；引导民营企业加强工业设计，提高产品附加值；鼓励非公有制企业参与标准制定和专利申报，加大自主知识产权保护；鼓励和支持具有比较优势、拥有自主知识产权、产品质量好、消费者信誉度高、市场竞争力强的非公有制企业依法申请安徽省著名商标、中国驰名商标。

首先，积极推进全民创新创业，激发经济主体创业创新活力。蚌埠市大力鼓励百姓创家业，能人创企业。鼓励各类院校毕业生和城镇失业人员自主创业，鼓励支持科研人员自主创业，落实高校、科研院所等专业技术人员在职和离岗创业政策。引导有条件的领军企业设立创业基金，建立内部创业孵化机制。多措并举解决企业招用工难题，继续实施“孔雀计划”，引导本地劳动力就地就近就业。

其次，积极搭建创新创业平台，推进创新平台发展提升。加快全民创业园、科技企业孵化器、小微企业创业基地、中小企业产业园等创新创业平台建设。引导文化企业集聚发展，建设一批文化产业示范园。加快建设众创空间，依托合工大和上理工国家技术中心蚌埠分中心等平台，为企业与高校、科研院所搭建桥梁，鼓励引导蚌埠市企业以共建研发平台为手段，促进高校科技成果转化和企业技术进步。依托高校院所、重点企业、重点园区等，高标准推进玻璃设计院国家制造业创新中心建设，服务丰原集团创建第二批省级制造业创新中心，国家新型工业化军民融合产业示范基地正式获批，高新区（硅基新材料）获国家新型工业化产业示范基地发展质量评价四星级等次。

再次，加快创新资源集聚。发挥 1 亿元驻蚌单位创新成果转化专项资金引导作用，依托中科院成果转化中心、中国创新驿站等平台，持续深化与驻蚌科研院所、本地高校合作，共收集 103 家企业 122 条技术合作需求。积极构建“创业苗圃 + 孵化器 + 加速器 + 产业基地”产业孵化体系，省级以上众创空间达 10 家，孵化面积超 40 万平方米。建立高新技术企业培育库，摸排推荐申报高新技术企业 78 家。

最后，促进创新成果转化。实施工业精品、新产品“双品”培育计划，不断提升供给质量，新认定省级新产品10个，累计培育安徽工业精品28个；超薄浮法电子玻璃厚度突破0.12毫米，再次刷新世界纪录；环球药业研发的国家一类新药“盐酸安妥沙星”获国家技术发明二等奖，填补了国内空白。推进品牌强企战略，培育中国驰名商标6件、省著名商标109件。

（五）中小企业“专精特新”发展迅速，产业集群发展明显

支持“专精特新”中小企业围绕主导产品实施一批技术改造项目，不断做精做强主业，培育更多具有核心竞争力的全国“单打冠军”“配套专家”“行业小巨人”。引导中小企业专注核心业务，为大企业、大项目和产业链提供配套产品和配套服务，打造自主品牌，开展技术、管理和商业模式创新，引导民营企业由家族式管理向现代企业制度转变。

近几年蚌埠市经信委坚持梯次培育、标杆引领、精准服务、融合发展、搭建平台等，持续实施“专精特新”中小企业培育工程。

首先，蚌埠市先后制定出台了《促进非公有制经济加快发展实施意见》《蚌埠市“专精特新”中小企业认定办法》《申报“专精特新”企业清单》《关于进一步推进中小企业“专精特新”发展的实施意见》等一系列政策措施，真金白银支持“专精特新”企业创新升级。实施中小微企业培育“雏鹰计划”，积极引导中小企业走战略专一化、研发精深化、产品特色化、业态新型化道路。近年来，蚌埠市共培育市级“专精特新”企业200余家。近三年，蚌埠市已累计培育安徽工业精品28个、开发新产品100余个，省级以上众创空间达10家，孵化面积超40万平方米。

其次，建立全市“专精特新”企业动态数据库，全面动态掌握企业经营发展，择优推荐申报省级“专精特新”企业，近年来，省认定108家“专精特新”企业，占全省6.5%，11家“专精特新”中小企业在省“专精特新板”成功挂牌。

再次，建立领导干部结对服务“专精特新”企业机制，帮助企业解决实际问题。出台相关政策，支持“专精特新”企业开展设备改造、地产品配套等。对获得省“专精特新”、成长型小微企业称号的企业，推荐申请“制造强省”政策支持，分别给予50万元奖补，市再按照省奖补资金1∶1配套奖补。

最后，大力支持“专精特新”企业董事长、总经理能力提升培训，每年组织“专精特新”企业负责人参加省、市有关方面主办的培训人数超过500人次，实现了“专精特新”企业培训全覆盖。

中国中小企业协会在2018年“小企业大梦想”高峰论坛暨第六届中国中

小企业投融资交易会上，发布首届全国“专精特新”资质中小企业名单，蚌埠市安徽昊方机电股份有限公司、安徽凤凰滤清器股份有限公司、安徽航天生物科技股份有限公司、安徽天柱绿色能源科技有限公司、安徽龙泉硅材料有限公司、安徽育安实验室装备有限公司6家企业荣获国家级“专精特新”中小企业称号。

目前，蚌埠市已累计培育认定“专精特新”企业211户，其中省级108户。全市“专精特新”企业综合实力进一步提升，已成为蚌埠中小企业转型升级的主力军。2018年上半年，全市“专精特新”企业累计完成产值301.82亿元，同比增长15.5%，高于全部规模以上工业3.3个百分点，对规模以上工业增速贡献率达27.7%，有力地促进了全市工业经济持续平稳较快增长。

（六）非公有制合作成果丰硕

首先，蚌埠市积极深化民企合作。围绕工业园区、产业集群专业镇骨干企业及“专精特新”中小企业合作发展需求，策划实施一批重大民企合作项目，积极参与全国、全省知名民企合作推进活动。加大项目招引，围绕蚌埠市家电信息、汽车、硅基材料、新型化工等重点产业，聚焦主攻重点区域，瞄准国内“500强”、行业“100强”民营企业，紧盯行业领军企业、龙头企业和关键配套企业，着力引进一批投资规模大、有助建链补链强链民企合作项目，提高主导产业集聚度；积极在新兴工业、现代农业、现代服务业和科技、电子商务等新兴领域招引一批10亿元以上重大项目，促进结构调整和产业升级。

其次，蚌埠市大力推进“凤还巢”，充分挖掘在蚌外籍企业家、在外蚌籍企业家资源，集中走访全国“500强”民营企业50余家，开展项目推介活动。先后引进德豪光电、大富机电等一批蚌埠籍在外人士返乡投资重点项目。此外，组织开展北京乡友联谊会、蚌埠籍乡友回家看看等活动，借力“安徽省与全国知名民营企业推动长江经济带发展聚焦战略支撑点建设洽谈会”，2016年成功签约大富科技产业园、豪威科技蚌埠IWB、高桥特种防火电缆、芯华微波集成电路等81个亿元以上项目，总投资826亿元，项目个数、投资额均全省第3位。

最后，统筹安排市级工业强市、自主创新等专项资金，重点支持民营企业发展。建立民企合作项目月调度制度，强化项目推进服务，纳入省调度的17个重点民企合作项目开工率达100%，义乌国际商贸城、新地城市综合体、智能终端（手机）产业园等一批与全国知名民企合作的项目初具规模。据统计，蚌埠市列入2015年省重点调度的5亿元以上民企合作项目有17个，总投资规模348亿元，居全省第三位。2016年省与全国知名民营企业推动长江经济带战略发展洽谈会上，蚌埠市有9个5亿元以上民企合作重点项目在会上集中签约，总投资规模236亿元。2017年蚌埠市列入省重点调度的5亿元以上民企合作项目有26个，总投资规模584亿元，居全省第三位。

二、蚌埠市非公有制经济发展存在的突出问题

（一）供需结构失衡

制约蚌埠市非公有制经济进一步发展的一个最大难题是供需结构严重失衡。蚌埠市绝大部分非公有制企业由于技术水平落后以及对发展理念认识上的短期性，盲目模仿和低水平的重复建设十分严重，从而导致严重低端产能过剩、无效供给过大等问题。此外，由于蚌埠市大部分非公有制企业创新能力不足，企业产品科技含量低，高端产品缺乏、有效供给不足，使企业产品知名度不高，品牌影响力较弱。而随着生产力的发展，品牌对提质增效、转型发展的作用日益凸显，人们对个性化、品牌化、差异化的消费需求也更加强烈，民营经济的传统供给已经难以适应市场需求。供需中的结构性矛盾，制约了蚌埠市非公有制经济发展，也决定了非公有制企业供给侧结构性改革的必要性与长期性。

（二）企业发展层次低，产业结构仍需优化

蚌埠市非公有制企业主要集中在劳动密集型、技术含量较低的第三产业，第二产业进入不足，具体产业主要分布在加工业、建筑业、餐饮住宿业等一般竞争性领域，产业结构层次低。产品和服务位于价值链低端、经济发展方式落后，导致产品科技含量低、能源消耗大、环境污染严重等问题，整体竞争力不够。在全国工商联发布的2016中国民营企业“500强”榜单中，安徽省国购投资集团、文一投资控股集团、中鼎控股集团股份有限公司、蓝德集团股份有限公司4家企业上榜，分别列第247位、第356位、第438位、第447位；2017中国民营企业“500强”榜单中，安徽省有5家企业入围，分别是安徽省文一投资控股集团（排名211位）、安徽国购投资集团（排名243位）、安徽蓝德集团股份有限公司（排名420位）、安徽中鼎控股（集团）股份有限公司（排名443位）、安徽山鹰纸业股份有限公司（排名495位）；2018中国民营企业“500强”榜单中，安徽省有4家企业入围，分别是文一投资控股集团（第247位）、安徽国购投资集团（第355位）、众泰汽车股份有限公司（第361位）、山鹰国际控股股份公司（443位）。入围2018中国民营企业制造业“500强”的安徽企业和排序分别是：众泰汽车股份有限公司（211位）、山鹰国际控股股份公司（255位）、安徽中鼎控股（集团）股份有限公司（331位）、铜陵精达铜材（集团）有限责

任公司（376位）、安徽楚江科技新材料股份有限公司（381位）、芜湖长信科技股份有限公司（385位）、安徽蓝德集团股份有限公司（412位）、安徽天康（集团）股份有限公司（426位）、阳光电源（447位）、安徽环新集团有限公司（476位）、安徽中普石油能源有限公司（490位）、安徽省贵航特钢有限公司（498位）。入围2018中国民营企业服务业“100强”的安徽企业为文一投资控股集团，排名第65位。这些入围企业，蚌埠市没有一家，因此，与全省其他市相比，差距明显，可以看出蚌埠市有影响力的大型民营企业极其匮乏，民营经济发展层次低。

（三）要素投入结构不合理

长久以来，蚌埠市非公有制经济过度依赖廉价劳动力、土地、资源等一般性生产要素投入。现阶段，从劳动力投入来看，人口逐渐老龄化，经济发展所依赖的“人口结构红利”已经消失，企业用工成本越来越高。同时，由于企业内部缺乏有效的激励机制，员工对薪酬待遇的满意度较低，一些员工过早地看到职业“天花板”，导致人才流失。人员不稳定、企业重复招工，致使企业面临招工难的困境。此外，资源过度消耗，生态环境承载能力逐渐下降，生态短板日益突出。生产要素价格作为供给成本的核心，呈现出成本递增、投资回报率递减趋势。

（四）创新驱动力不足

蚌埠市虽然拥有合芜蚌自主创新示范区等战略平台，但体制机制束缚严重，市场创新活力没有充分激发。全市研发机构、研发人员、研发经费投入来自规模以上工业企业的比重均仅为70%左右，而上海、深圳等地的上述指标均已超过90%；产学研联系松散，蚌埠市仅有4.6%的规模以上工业企业与高校院所开展合作研发，3.8%的企业合作兴办了产学研经济实体。市内大部分民营企业缺乏高素质的科研人员、管理人员、市场营销人才，企业现有的技术能力、管理能力、市场运营能力很难支撑企业可持续性发展。

（五）中小企业融资难问题没有有效解决

据统计2017年蚌埠市有融资需求的中小企业中，38.7%的企业反映融资需求不能满足，较上年降低0.4个百分点，没有明显改善。银行惜贷、压贷、抽贷、断贷现象时有发生，银行对中小企业贷款利率普遍上浮30%以上。此外，蚌埠中小企业销售回款难、人才缺乏、环保约束加大、创新转型难、制度性交易成本高、政府公共服务有待进一步优化等问题，也都严重影响着蚌埠市中小企业发展和企业家发展信心，投资意愿总体偏弱。另据国家统计局数据显示，2016年，民间固定资产投资同比增长3.2%，增速比上年同期回落6.9个百分点；占全国固定资产投资（不含农户）的比重为61.2%，比上年低3.0个百分点。2017年全国民间固定资产投资比上年名义增长6.0%，增速比1—11月提高0.3个百分点。民间固定资产投资占全国固定资产投资（不含农户）的比重为60.4%，比1—11月回落0.1个百分点。2018年1—6月，全国固定资产投资（不含农户）同比增长6%，增速比1—5月回落0.1个百分点。

（六）非公有制经济发展体制机制不完善

制度不健全与体制不完善是阻碍当前蚌埠市非公有制经济进一步发展的重要因素。主要表现如下：(1) 市场准入问题突出。"三门"问题是制约民营经济发展的顽疾，众多民营企业深有体会。名义上对民营企业实施"非禁即入"，但在现实操作中仍变相存在种种准入障碍，还存在"身份歧视"，80%以上的民营企业遭遇"三门"现象。(2) 法制建设仍需加强。当前蚌埠市大多数民营企业是家族企业，大部分家族企业产权不清，权责不明，治理结构不够科学。因此，产权制度、分配制度还需进一步优化。(3) 切实转变政府职能。一些地方政企边缘界限依然模糊，政府还存在重管理、轻服务的现象，对企业干预过多，行政审批事项繁杂。(4) 政策执行和监管不到位。一些地方政府优惠政策和措施缺少配套文件，导致优惠政策兑现难、成本高，严重抑制了民营企业创新积极性，制约了其发展。

三、蚌埠市市非公有制经济发展活力指数分析

（一）数据来源与指标计算

分析数据来自历年《蚌埠统计年鉴》《安徽统计年鉴》《蚌埠市民营经济发展报告》《安徽省民营经济发展报告》《中部地区民营经济发展报告》《中国人口和就业统计年鉴》及部分调研数据。鉴于数据的可得性，这部分分析数据以2005年为基年。部分缺失数据运用已有数据建立回归方程进行估测。指标体系中比较复杂的变量，经济波动系数用本期经济增长速度除以前一期经济增长速度再减去1计算；物价弹性系数用通货膨胀率除以经济增长率计算；资源配置率通过投资增长率除以GDP增长率计算；区域人均增加值方差 = ∑(蚌埠市人均增加值 - 我国人均GDP)^2 ×蚌埠市人口数/我国总人口数。至于TFP计算，其估算方法大致有以下4种：索洛残值法、代数指数法、隐形变量法与潜在产出法，而索洛残值法自身不严谨，代数指数法不适合实证研究，隐形变量法测算只能反映技

术效率的变动，估算不全面。因此本节运用潜在产出法中常用的 DEA - Malmquist 指数法来测算 2005—2017 年蚌埠市 TFP。制度变迁的测算本节借鉴金玉国（2001）的研究成果，选取 4 个代理变量：非国有化率、资源配置市场化程度、国家财政收入占 GDP 的比重和贸易依存度。

（二）确定基础指标与方面指数的权重

用 PCA 法进行多指标综合评价的最终目的是要赋予指标体系中的各指标合理的权重。主成分个数选取将直接决定了相应各指标的权重大小。主成分个数的选取标准是前面几个主成分累计贡献率不低于某一特定值（一般是 85%），而单个主成分以其贡献率来衡量综合原始数据信息。

在用 Stata 13 分析软件中的 PCA 法进行数据分析之前，先对标准化的数据进行 KMO 检验，经检验 KMO 值均在 0.8 以上，说明数据可以用主成分分析法进行分析。之后开始主成分分析，根据前面几个主成分的累计贡献率大于 85% 来确定主成分个数，指标权重等于以主成分的方差贡献率为权重对该指标在各主成分线性组合中的系数的加权平均的归一化，由此可以算出各方面指数，再以同样的方法计算出经济活力指数。

运用 Stata 13 分析软件进行 PCA 分析，可计算出各基础指标相应权重（见表 8 - 15），从而计算出各方面指数值，再用同样的方法计算各方面指数的权重。从表 8 - 15 可以看出制度变迁在方面指数主成分分析中的权重最大，为 0.172，这意味着 2005—2017 年蚌埠市民营经济发展活力变化更多地体现在制度变迁这一维度上。经济创新性、经济分享性、经济潜力性、资源环境友好性、经济协调性、经济成长性在蚌埠市民营经济发展活力指数中的权重分别为 0.159、0.157、0.146、0.143、0.141、0.082，而经济成长性权重最小，只有 0.082，这是因为其权重是由第一、第二主成分系数经特征根单位化后加权求得，系数相对大小与其对应方差的相对大小相关，经济成长性维度的第一特征根为 5.768，其系数为 0.3468，而第二特征根为 0.565，其系数为 -0.5853。

表 8 - 15　　基础指标、方面指数权重的选取

基础指标	基础指标权重	基础指标	基础指标权重
人均 GDP	0.167	规模以上高新技术产业增加值比重	0.203
人均 GDP 三年平均增长率	-0.081	新产品比率	0.208
人均地方财政一般预算收入	0.179	平均受教育年限	0.264

续表

基础指标	基础指标权重	基础指标	基础指标权重
人均地方财政一般预算收入平均增长率	0.047	人口死亡率	0.103
经济波动系数	0.265	城镇人均建筑面积	0.227
失业率	0.187	农村人均建筑面积	0.291
物价弹性系数	0.236	城镇恩格尔系数	0.293
第三产业比重	0.148	农村恩格尔系数	0.276
资源配置率	0.061	劳动者报酬占比	-0.190
区域人均增加值方差	0.132	单位地区生产总值能耗	0.141
第三产业就业比重	0.146	单位地区生产总值电耗	0.145
城镇化水平	0.151	森林覆盖率	0.167
城乡收入比	0.201	单位 GDP 废水排放量	0.118
进出口比值	0.161	单位 GDP 废气排放量	0.163
研发占/GDP 比重	0.337	单位 GDP 废渣排放量	0.187
非公科研经费投入比重	0.333	“三废”综合处理率	0.079
在校学生比例	-0.332	非国有化率	0.308
专利申请量	0.326	资源配置市场化程度	0.067
科技人员	0.336	国家财政收入占 GDP 的比重	0.247
全要素生产率	0.325	贸易依存度	0.378
方面指数	**方面指数权重**	**方面指数**	**方面指数权重**
经济成长性	0.082	经济分享性	0.157
经济协调性	0.141	资源环境友好性	0.143
经济创新性	0.159	制度变迁	0.172
经济潜力性	0.146		

（三）2005—2017 年蚌埠市非公有制经济发展活力指数测度结果

根据表 8－15 计算的各基础指标权重可以得到各方面指数值，再运用相同方法计算方面指数的权重，最后合成蚌埠市非公有制经济发展活力指数值，测度结果见表 8－16 与图 8－20。

表 8-16　　2005—2017 年蚌埠市非公有制经济发展活力指数测算汇总

年份	经济成长性指数	经济协调性指数	经济创新性指数	经济潜力性指数	经济分享性指数	资源环境友好性指数	制度变迁指数	经济发展活力指数
2005	0.322	0.721	-0.143	0.374	0.183	0.394	0.458	0.328
2006	0.307	0.756	-0.062	0.326	0.215	0.348	0.684	0.388
2007	0.205	0.848	0.013	0.344	0.318	0.315	0.758	0.425
2008	0.225	0.886	0.159	0.322	0.379	0.328	0.789	0.479
2009	0.464	0.936	0.431	0.267	0.528	0.428	0.468	0.464
2010	0.509	1.039	0.579	0.528	0.638	0.668	0.724	0.679
2011	0.487	0.478	0.759	0.725	0.642	0.548	0.757	0.684
2012	0.580	1.261	0.968	0.698	0.697	0.658	0.827	0.822
2013	0.719	1.373	1.127	0.890	0.679	0.637	0.872	0.893
2014	0.836	1.419	1.297	0.987	0.777	0.847	0.869	1.086
2015	0.783	1.527	1.338	1.128	0.822	0.893	0.877	1.137
2016	0.853	1.735	1.457	1.237	0.935	1.088	0.956	1.228
2017	0.916	1.816	1.579	1.326	1.235	1.127	1.027	1.364

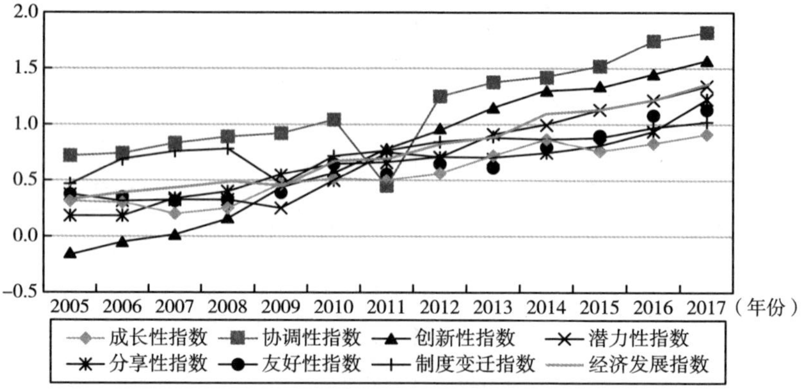

图 8-20　2005—2017 年蚌埠市非公有制经济活力指数

从表 8-16 与图 8-20 可以看出，2005—2017 年蚌埠市非公有制经济发展活力指数呈现上升的态势，由 2005 年的 0.328 上升到 2017 年的 1.364。非公有制经济发展活力指数演变趋势与制度变迁指数的变化趋势基本一致，这也表明 2005—2017 年蚌埠市非公有制经济发展活力变化主要体现在制度变迁方面，2005—2017 年蚌埠市非公有制经济发展活力的提升主要是由制度变迁带来的，但这并不表明蚌埠市提供的加快非公有制经济发展的相关制度与制度安排已处于极佳状态，只要它相对于原有的制度水平有了很大进步，就会带来其综合评价值的提高。其他6个方面指数也对蚌埠市非公有制经济发展活力指数值的提高发挥了重要作用，它们在2005—2017年同样处于上升态势。尤其是经济协调性指数、经济创新性指数、经济分享性指数与经济潜力性指数在2005—2017年上升幅度比较大，很好地促进了蚌埠市非公有制经济活力指数值的提高。

第九章　国家、安徽省出台的促进非公有制经济发展的政策措施实施效果与偏差分析

第一节　国家、安徽省出台的促进非公有制经济发展的政策措施

从前面分析可以看出，进入21世纪以来，安徽省非公有制经济发展非常迅速。本节主要搜集近几年来国家、安徽省与安徽省相关市出台的促进非公有制经济发展的政策措施。

一、近年来国家、安徽省与安徽省相关市出台的促进非公有制经济发展的政策措施

表9-1列出了国家、安徽省与安徽省相关市2005—2018年出台的促进民营经济发展的相关法律、政策措施。

表9-1　近年来国家、安徽省与安徽省相关市出台的促进民营经济发展的相关法律、政策措施

政策出台时间	政策分析与评价
2005年	被称为“非公经济36条”的《国务院关于鼓励支持和引导个体私营等非公有制经济发展的若干意见》正式发布，这是新中国成立以来第一部以促进民营经济发展为主题的中央文件。意见指出，改革开放以来，我国个体、私营等民营经济不断发展壮大，已经成为社会主义市场经济的重要组成部分和促进社会生产力发展的重要力量。积极发展个体、私营等民营经济，有利于繁荣城乡经济、增加财政收入，有利于扩大社会就业、改善人民生活，有利于优化经济结构、促进经济发展，对全面建设小康社会和加快社会主义现代化进程具有重大的战略意义

续表

政策出台时间	政策分析与评价
2007 年	安徽省政府以“1 号文件”出台《关于进一步加快个体私营等非公有制经济发展推进全民创业的意见》，强调凡是法律法规未禁入的行业和领域都允许非公经济进入，任何地方和部门不得设置限制条件。此后，省委、省政府陆续制定相关的配套措施，省有关部门也陆续出台关于加快产业集群发展、建设小企业创业基地等一系列配套政策，激发民营企业的投资积极性。据统计，仅金融危机以来，为保持经济平稳较快增长，国家及部委出台了 30 多个政策文件，省委、省政府出台了 16 个政策文件，省直部门出台了 28 个政策文件，力度之大是前所未有
2010 年 9 月	《国务院关于鼓励和引导民间投资健康发展的若干意见》（“新 36 条”）出台，明确鼓励和引导民间资本进入法律法规未明确禁止准入的行业和领域。9 月，安徽省出台了《安徽省人民政府关于进一步促进非公有制经济和中小企业加快发展的实施意见》，该实施意见在放宽民间投资领域、拓宽民间融资渠道、全面落实各项配套支持政策、改进完善民间投资服务、为民间投资营造良好发展环境等五个方面提出了政策措施，提高了文件的针对性和可操作性，旨在进一步推动全省非公有制经济和中小企业转变发展方式，加快结构调整，实现科学发展
2010 年 11 月	《安徽省人民政府关于进一步促进非公有制经济和中小企业加快发展的实施意见》（皖政〔2010〕93 号），鼓励支持全民创业；支持小企业创业基地建设；培育“专、精、特、新”企业和成长性小企业；扶持产业集群专业镇发展；支持非公有制经济和中小企业提升技术创新能力；支持非公有制经济和中小企业发展自主品牌；进一步拓宽民间资本投资领域和范围；加大信贷支持力度；落实支持中小企业发展的金融政策；支持中小企业从资本市场融资；促进中小企业担保业发展；加快信用体系建设；扩大中小企业（非公有制经济）专项资金规模；落实好税收扶持政策；推进非公有制经济和中小企业结构调整与发展方式转变；鼓励非公有制企业和中小企业提升管理水平和开拓国内外市场；加强和改善对非公有制经济和中小企业的服务；完善协调保障机制
2012 年 3 月	全国政协十一届五次会议上，全国政协常委、安徽省政协副主席、安徽省工商联主席李卫华的一份《关于大力支持中小实体企业发展》的提案反响强烈，并且得到了工信部的肯定。《2012 年安徽省政府工作报告》在重点做好十个方面的工作中提到大力发展民营经济。加快落实促进民营经济健康发展的政策措施，进一步优化发展环境。鼓励民营经济参与国有企业改革，进入基础产业、基础设施、社会事业、金融等领域。实施初创企业、小型微型企业扶持工程和中小企业成长工程，加快完善中小企业社会化服务体系，使我省真正成为民营经济的投资沃土和创业乐园
2012 年 4 月	安徽省人民政府出台的《安徽省人民政府关于促进经济平稳较快发展的若干意见》中，在帮助企业解困、产业结构调整、外贸进出口和金融服务工作等方面提出 30 条意见，以确保经济平稳较快增长目标任务全面完成。该意见出台于“十二五”时期承前启后的重要一年，国内经济形势复杂多变，经济社会发展目标的实现难度加大。为深入贯彻落实科学发展观，坚持稳中求进的工作总基调，以保持经济平稳较快发展为首要任务，努力缓解当前制约经济发展的突出问题，着力增加有效投入，着力扩大消费需求，着力推进经济结构调整，着力优化发展环境，确保全年目标任务全面完成，安徽省人民政府出台了该意见

续表

政策出台时间	政策分析与评价
2012 年 11 月	十八大报告明确了非公有制经济在法律保护、要素使用、市场竞争等方面与公有制经济享有平等的权利，并毫不动摇鼓励、支持、引导非公有制经济发展十八届三中全会要求废除非公经济发展的各种不合理规定和隐性壁垒，为非公有制经济发展创造良好的环境。在此背景下，非公经济应该不断提升经营理念，结合当地优势资源，发挥核心竞争力，建立适合其自身发展的模式，模式不可能一赋而就，都有一定的局限性，随着情境的变化，模式也随之变化，才能适应不断变化的经济社会的要求，为经济的发展贡献力量
2012 年 12 月	安徽省高级人民法院根据党的十八大精神和安徽省近年来发展非公有制经济的一系列政策、措施，结合工作实际，对该院 2003 年制定的《关于充分发挥审判职能作用 依法促进非公有制经济发展的指导意见》进行全面修订和完善，并经审判委员会讨论通过后，于日前下发全省法院参照执行。修订后的《意见》共七个部分 36 条内容，从牢固树立依法平等保护的观念；依法惩处侵犯非公有制经济及其所有者、经营管理者人身、财产和经营活动安全的各类犯罪活动，营造良好的社会治安环境；公正、高效审理涉及非公有制经济的各类民商事案件，维护平等、有序、竞争的市场经济秩序；充分发挥行政审判职能，不断促进非公有制经济外部环境的优化；加大执行力度，依法实现非公有制经济主体的合法权益；增强服务意识，转变审判作风，进一步提高依法促进非公有制经济发展的能力和水平；加强组织领导，完善工作机制等方面提出了具体意见和措施。修订后的《意见》要求建立、健全涉及非公有制经济各类重大案件报告、督办制度；采取多种形式，加强对涉及非公有制经济案件情况的调研；加强与工商联、行业商会的沟通联系，认真听取意见和建议，不断完善多元纠纷化解机制
2013 年 3 月	《2013 年政府工作报告》在 2013 年要重点做好十个方面的工作，其中包括：促进民营经济大发展。全方位优化发展环境，出台强有力支持政策，建立专项扶持资金，重点用于项目贴息和融资担保，强化工作推进和绩效考核，迅速掀起民企招商潮，激发全民创业潮，推动徽商“凤还巢”。2013 年 2 月，出台了《中共安徽省委 安徽省人民政府关于大力发展民营经济的意见》，意见从激发主体活力、拓展发展空间、加大财税支持、改善金融服务、加强用地保障、强化人才支撑、优化发展环境和加强督查考核八个方面对我省民营经济发展提出了相关政策意见
2013 年 11 月	党的十八届三中全会作出的《中共中央关于全面深化改革若干重大问题的决定》（以下简称《决定》），对促进非公有制经济健康发展提出了一系列新思想、新论断，对非公有制经济作出了新定位。《决定》首次明确将非公有制经济和公有制经济摆在同等重要的地位，为非公有制经济发展提供了制度保证。《决定》强调，公有制经济和非公有制经济都是社会主义市场经济的重要组成部分，都是我国经济社会发展的重要基础；必须毫不动摇巩固和发展公有制经济，必须毫不动摇鼓励、支持、引导非公有制经济发展。《决定》明确提出了发挥市场在资源配置中的决定性作用，让非公企业有了更大的舞台。《决定》提出鼓励发展非公有制资本控股的混合所有制企业，有利于激发民间资本活力。允许更多国有经济和其他所有制经济发展成为混合所有制经济，允许非国有资本参与国有投资项目，鼓励非公企业参与国有企业改革，对非公企业来说，其激励鼓舞作用是不言而喻的。在新的混合所有制企业中，国有民营资本不仅可以齐头并进，并且你中有我，我中有你，一方面有利于打破电信、铁路、能源、医疗领域的投资垄断，营造出更加公平的市场环境；另一方面也可以让一些行业得到整合，提高产业集中度，有利

续表

政策出台时间	政策分析与评价
	于拓宽民间资本的投资领域，推动非公企业建立现代企业制度。《决定》强调要强化企业在技术创新中的地位，有利于激发非公企业创新活力。《决定》允许农村集体经营性建设用地出让、租赁、入股，这为非公企业提供了新的市场空间，有利于发挥非公企业资本、管理、人才优势，在更大的范围、更广的空间参与新农村建设，让农民分享城镇化建设的红利。《决定》提出建立和完善环境保护管理制度，完善污染物排放许可制，一方面对企业转型升级提出了刚性约束；另一方面也为具有核心竞争力的非公环保企业，提供了参与治理大气污染、污水和垃圾处理等方面的广阔舞台
2014 年 3 月	《安徽省政府工作报告》指出，民营经济是我省经济增长的最大潜力和持续动力。坚持权利平等、机会平等、规则平等，废除各种不合理规定和隐性壁垒，全面落实支持民营经济健康发展的政策措施。支持民间资本参与经营性基础设施和公益事业项目建设，制定民营企业进入特许经营领域具体办法，推进工商注册制度便利化。加强中小企业公共服务体系和市场化服务平台建设，加大科技创新、人才引进的服务支持力度，突出解决好融资难、用工难、用地难等问题，推动民营经济不断壮大规模、提升水平
2014 年 9 月	对民营企业主导制定标准进行奖补是安徽省首次开展的一项主要工作，也是贯彻落实《中共安徽省委 安徽省人民政府关于大力发展民营经济的意见》（皖发〔2013〕7 号）的一项重要举措。对促进蚌埠市民营企业标准化建设加速民营经济发展将起到积极的推动作用
2014 年 11 月	国务院印发《关于扶持小型微型企业健康发展的意见》，从财政扶持、税收优惠、创业基地建设、促进企业信息互联互通等方面提出一系列政策措施，扶持小微企业（含个体工商户）健康发展；并提出加大中小企业专项资金支持小企业创业基地建设、鼓励政府设立的创业投资引导基金支持小型微型企业、进一步完善小型微型企业融资担保政策、大力推进小微企业公共服务平台建设等十个方面的政策措施，全面服务中小微企业发展
2015 年 3 月	安徽省政府出台的《安徽省政府工作报告》提出要加快发展民营经济。其中包括：落实支持民营经济发展政策，实施扶助小微企业专项行动，强化金融、土地、人才等要素保障。推广政府与社会资本合作（PPP）模式，支持民间资本发起设立产业投资基金和股权投资基金。鼓励大众创业，深化商事制度改革，降低企业创办门槛，加快青年创业园和留学人员创业园建设，在江淮大地掀起新一轮创业热潮
2015 年 3 月	为切实扶持小型微型企业健康发展，根据《国务院关于扶持小型微型企业健康发展的意见》（国发〔2014〕52 号）精神，经省政府同意，结合安徽省实际，提出如下实施意见：积极发挥中小企业扶持资金支持作用；全面落实支持小型微型企业税收优惠政策；加大中小企业专项资金对小企业创业基地建设支持力度；落实小型微型企业吸纳就业补助政策；鼓励各类投资基金投资小型微型企业；完善政策性融资担保体系；进一步扩大小型微型企业信贷融资；鼓励高校毕业生到小型微型企业就业创业；建立支持小型微型企业发展信息互联互通机制；大力推进小型微型企业公共服务平台建设

续表

政策出台时间	政策分析与评价
2015 年 5 月	为贯彻落实《安徽省人民政府关于促进经济持续健康发展的意见》（皖政〔2015〕51 号）精神，支持蚌埠市中小企业维持良好的信用记录，助推全市经济特别是实体经济发展，蚌埠市政府决定设立“中小企业续贷转贷过桥资金”（以下简称“过桥资金”），为蚌埠市符合国家产业政策和银行信贷条件、生产经营正常、贷款（含银行承兑汇票）即将到期但足额还贷出现暂时困难的中小企业按期还贷、续贷转贷提供临时性周转资金
2015 年 7 月	为充分利用税务部门掌握的企业信用及纳税信息，进一步缓解小微企业融资难题，根据国家税务总局关于加强“银税互动”工作及省、市相关会议精神，结合蚌埠实际，蚌埠市人民政府办公室关于印发蚌埠市税融通业务开展实施方案的通知
2015 年 11 月	根据《中华人民共和国企业所得税法》及其实施条例有关规定，为进一步贯彻落实《中共中央 国务院关于深化体制机制改革加快实施创新驱动发展战略的若干意见》精神，更好地鼓励企业开展研究开发活动（以下简称研发活动）和规范企业研究开发费用（以下简称研发费用）加计扣除优惠政策执行，财政部 国家税务总局 科技部关于完善研究开发费用税前加计扣除政策的通知
2016 年 6 月	为充分发挥出口信用保险的贸易促进作用，支持小微企业开拓国际市场，提高财政资金使用效益，规范小微企业信用险经营秩序，根据《安徽省商务厅 安徽省财政厅关于 2016 年我省外贸促进政策的通知》（皖商办贸发函〔2016〕432 号）等文件精神，安徽省商务厅 安徽省财政厅关于进一步完善小微企业出口信用险保费补贴政策的通知
2016 年 7 月	为贯彻落实《国务院办公厅关于发展众创空间推进大众创新创业的指导意见》（国办发〔2015〕9 号）和《安徽省人民政府办公厅关于发展众创空间推进大众创新创业的实施意见》（皖政办〔2015〕41 号）精神，加快发展众创空间等新型创新创业平台，努力营造良好的创新创业生态环境，激发大众创新创业活力，打造蚌埠经济发展新引擎，结合蚌埠市创新创业实际，蚌埠市人民政府办公室关于发展众创空间推进大众创新创业的实施意见
2016 年 8 月	为深入贯彻中央经济工作会议和全省经济工作暨城市工作会议精神，全面落实习近平总书记视察安徽重要讲话精神，按照《安徽省人民政府关于降成本减轻实体经济企业负担的实施意见》（皖政〔2016〕54 号）要求，结合蚌埠实际，推进降本增效，减轻实体经济企业负担，促进经济持续健康较快发展，蚌埠市人民政府关于印发蚌埠市降成本减轻实体经济企业负担实施方案的通知
2016 年 8 月	为深入推进大众创业万众创新工作，贯彻落实《安徽省人民政府关于进一步做好新形势下就业创业工作的实施意见》（皖政〔2015〕82 号）、《蚌埠市人民政府关于进一步做好新形势下就业创业工作的实施意见》（蚌政〔2015〕60 号）精神，根据《安徽省民营创业孵化基地认定管理办法（试行）》要求，决定认定一批民营创业孵化基地，蚌埠市人力资源和社会保障局，蚌埠市财政局关于开展民营创业孵化基地认定的通知

续表

政策出台时间	政策分析与评价
2016 年 11 月	为深入贯彻落实国家关于推进供给侧结构性改革决策部署和《中共安徽省委安徽省人民政府关于进一步促进民间投资的若干意见》（皖发〔2016〕35 号）精神，充分发挥民间投资对稳定增长、促进创新、增加就业、改善民生等方面重要作用，为保持经济平稳健康发展提供有力支撑，蚌埠市人民政府印发关于进一步促进民间投资的实施意见的通知
2017 年 5 月	为深入推进五大发展行动计划，充分利用国内外各类经济要素，加快培育发展新动能，切实以开放促创新、促改革、促发展，根据《国务院关于扩大对外开放积极利用外资若干措施的通知》（国发〔2017〕5 号）精神，结合安徽省实际，安徽省人民政府关于进一步做好招商引资工作的意见
2017 年 5 月	“五证合一”“两证整合”登记制度改革的相继实施有效提升了政府行政服务效率，降低了市场主体创设的制度性交易成本，激发了市场活力和社会创新力，但目前仍然存在各类证照数量过多、“准入不准营”、简政放权措施协同配套不够等问题。为进一步优化营商环境，国务院办公厅印发关于加快推进“多证合一”改革的指导意见
2017 年 8 月	安徽省经信委印发《安徽省 2017 年度落后产能退出工作方案》（皖经信产业〔2017〕170 号）。该方案牢固树立和践行创新、协调、绿色、开放、共享的发展理念，坚持市场倒逼、企业主体、政府推动、依法依规、统筹协调、突出重点的原则，以钢铁、煤炭、水泥、电解铝、平板玻璃等行业为重点，通过严格常态化执法和强制性标准的实施，促使一批能耗、环保、安全、技术达不到标准和生产不合格产品或淘汰类产能依法依规关停退出
2017 年 9 月	为了改善中小企业经营环境，促进中小企业健康发展，扩大城乡就业，发挥中小企业在国民经济和社会发展中的重要作用，制定了《中华人民共和国中小企业促进法》。该法律是 2002 年 6 月 29 日第九届全国人民代表大会常务委员会第二十八次会议通过，2017 年 9 月 1 日第十二届全国人民代表大会常务委员会第二十九次会议修订
2018 年 8 月	为贯彻落实《安徽省人民政府关于进一步推进中小企业“专精特新”发展的意见》（皖政〔2018〕46 号）等文件精神，推进中小微企业特别是制造业企业“专精特新”发展，培育“隐形冠军”，加快经济转型升级，持续增强实体经济发展活力，结合蚌埠市实际，蚌埠市人民政府关于印发关于进一步推进中小企业“专精特新”发展的实施意见

二、安徽省鼓励支持非公有制经济迅速发展政策精选

（一）促进创新创业方面的政策

（1）支持企业技术改造。2016 年，安徽省财政较大幅度增加企业技术改造专项资金规模，综合运用贷款贴息、设备补助等方式，引导企业开展适应供给侧改革、消费需求和产业升级的技术改造、降本增效等。对经省级认定的首台

（套）重大技术装备，按首台（套）售价的10%分别给予省内研制和使用单位补助，最高100万元。

条文出处：《安徽省人民政府关于促进经济持续健康较快发展的意见》（皖政〔2016〕1号）。

（2）提升企业自主创新能力。发挥创新型省份建设专项资金使用效益，对符合条件的企业购置用于研发的关键仪器设备（原值10万元以上），按其年度实际支出额的15%予以补助，单台仪器设备补助分别不超过200万元，单个企业补助分别不超过500万元；对符合安徽省市共建条件的企业实验室，连续3年，省里每年给予100万元的补助支持。实施科技重大专项计划，重点支持战略性新兴产业的科技需求，企业研发投入占比不低于60%，省给予不高于20%的补助；企业和高等学校、科研院所以技术入股、转让、授权使用等形式在皖转化科技成果，省按其技术合同成交并实际到账额，给予技术输出方10%的补助，单项成果最高补助不超过100万元；每年扶持30个高层次科技人才团队在皖创新创业，省专项资金对每个科技团队出资参股300万—1000万元；对产品研发责任保险等险种，省按投保企业实际支出保费的20%给予补助。

条文出处：《安徽省人民政府关于促进经济持续健康发展的意见》（皖政〔2015〕51号）、《安徽省人民政府办公厅关于修订印发实施创新驱动发展战略进一步加快创新型省份建设配套文件的通知》（皖政办〔2015〕40号）、《安徽省人民政府办公厅关于发展众创空间推进大众创新创业的实施意见》（皖政办〔2015〕41号）。

（3）鼓励建设众创空间和科技企业孵化器。鼓励各地在高校院所、开发园区周边等创新资源密集区建设众创空间，统筹科技资金，对新认定的省级众创空间和科技企业孵化器，省、市或县（市、区）分别给予10万—30万元补助。

条文出处：《安徽省人民政府关于促进经济持续健康较快发展的意见》（皖政〔2016〕1号）、《关于加快众创空间发展服务实体经济转型升级的指导意见》（国办发〔2016〕7号）、《中共安徽省委办公厅安徽省人民政府办公厅〈战略性新兴产业集聚发展工程实施方案〉》（皖办发〔2015〕61号）。

（4）推动技术资源开放共享。鼓励大型科学仪器共享共用，省按出租仪器设备年度收入的20%给予仪器设备管理单位补助，最高不超过500万元；设备租用单位所在市（县）按租用仪器设备年度支出的20%给予租用单位补助，最高不超过200万元。

条文出处：《安徽省人民政府办公厅关于修订印发实施创新驱动发展战略进一步加快创新型省份建设配套文件的通知》（皖政办〔2015〕40号）。

（5）支持创业培训活动。对定点培训机构开展创业意识培训、创办企业培训（改善企业培训）、创业模拟实训的，分别按照100元/人、1000元/人、1300元/人的标准给予补贴。创业服务机构、行业协会有意开展创业培训的，可按规定申请认定为定点创业培训机构，开展创业培训后享受创业培训补贴。

条文出处：《安徽省人民政府办公厅关于发展众创空间推进大众创新创业的实施意见》（皖政办〔2015〕41号）。

（6）支持大学生创业。推动实施以大学生为重点的青年创业计划，对高校毕业生初始创办科技型、现代服务型小型微型企业的，给予一次性5000—10000元补助。每年支持新建4—5个青年创业园，培育1万名以上大学生自主创业。

条文出处：《安徽省人民政府办公厅关于全面推进大众创业万众创新的实施意见》（皖政办〔2016〕6号）。

（7）打造系列创新创业活动品牌。高规格举办中国（安徽赛区）创新创业大赛、大学生创新创业大赛、青年创新创业大赛、“赢在江淮”创业大赛、工业设计大赛以及全国“双创”活动周活动。

条文出处：《安徽省人民政府办公厅关于全面推进大众创业万众创新的实施意见》（皖政办〔2016〕6号）。

（8）创新金融服务模式。对符合条件的城乡创业者，可在创业地申请最高额度10万元的担保贷款。对向个人发放的创业担保贷款，银行在基础利率基础上上浮3个百分点以内的，由财政给予贴息。扩大“青年之星”信用贷款试点，创新“债股联投”新方式，为创业青年提供融资支持。

条文出处：《安徽省人民政府办公厅关于全面推进大众创业万众创新的实施意见》（皖政办〔2016〕6号）。

（二）降成本方面的政策

（1）降低企业税费成本。2016年，土地使用税适用税额标准不作上调，符合国家调整产业结构和促进土地节约集约利用要求、纳税确有困难的企业，可申请减征或免征城镇土地使用税；2016年，对已按规定按时缴纳社会保险费的暂时困难企业（“僵尸”企业除外），经批准可缓缴养老、医疗、失业、工伤、生育保险费，缓缴期限暂定6个月，缓缴期满按规定补缴后，允许其继续申请缓缴。

条文出处：《安徽省人民政府关于促进经济持续健康较快发展的意见》（皖政〔2016〕1号）。

（2）落实税收等优惠政策。自2015年10月1日至2017年12月31日，对年应纳税所得额低于30万元（含30万元）的小型微利企业，其所得减按50%

计入应纳税所得额，按 20% 的税率缴纳企业所得税；对按月纳税的月销售额不超过 3 万元（含 3 万元）的增值税小规模纳税人，免征增值税；对按月纳税的月销售额或营业额不超过 10 万元（含 10 万元），以及按季纳税的季度销售额或营业额不超过 30 万元（含 30 万元）的缴纳义务人，免征教育费附加、地方教育附加、水利建设基金；对按月纳税的月销售额或营业额不超过 3 万元（含 3 万元），以及按季纳税的季度销售额或营业额不超过 9 万元（含 9 万元）的缴纳义务人，免征文化事业建设费。对缴纳房产税、城镇土地使用税确有困难的小型微型企业，按税收管理权限报批后，可以给予减征或免征房产税、城镇土地使用税。对符合产业导向、因特殊困难不能按期缴纳税款的小型微型企业，可依据相关税收法规申请延期缴纳税款（不超过 3 个月）。小型微型企业从事国家鼓励发展的投资项目，进口项目自用且国内不能生产的先进设备，按照有关规定免征关税。

条文出处：《安徽省人民政府办公厅关于扶持小型微型企业健康发展的实施意见》（皖政办〔2015〕15 号）、《财政部国家税务总局关于进一步扩大小型微利企业所得税税收优惠政策范围的通知》（财税〔2015〕99 号）、《财政部国家税务总局关于小型微型企业所得税优惠政策的通知》（财税〔2015〕34 号）、《财政部国家税务总局关于扩大有关政府性基金免征范围的通知》（财税〔2016〕12 号）、《财政部国家税务总局关于全面推开营业税改征增值税试点的通知》（财税〔2016〕36 号）。

（3）进一步降低企业运行成本。按照煤电联动机制，降低燃煤发电机组上网电价，降低工商业用电价格 0.0276 元/度。实行工商企业用水基本水价同价。支持和鼓励大用户开展电力、天然气直接交易，价格由双方协商确定。各类企业新招用就业困难人员，享受公益性岗位和社保补贴。

条文出处：《安徽省人民政府关于促进经济持续健康发展的意见》（皖政〔2015〕51 号）。

（4）降低企业登记成本。实注册资本登记制度改革，放宽新注册企业场所登记条件限制，推动“一址多照”“集群注册”等住所（经营场所）登记改革。试行电子商务秘书企业登记注册。积极实施工商营业执照、组织机构代码证和税务登记证“三证合一”“一照一码”，落实“先照后证”改革，简化工作流程。

条文出处：《安徽省人民政府办公厅关于全面推进大众创业万众创新的实施意见》（皖政办〔2016〕6 号）。

（5）积极扶持农业企业发展。对受电变压器容量 315 千伏安以下的农业种养殖企业生产性用电，执行农业生产电价。对受电变压器容量 315 千伏安及以上的谷物、棉花、油料、蔬菜等农作物种植企业，以及生猪、畜禽、鱼类等养殖企业生产性用电，符合条件的执行农业生产电价。

条文出处：《安徽省人民政府关于促进经济持续健康发展的意见》（皖政〔2015〕51号）。

（三）助融资方面的政策

（1）设立续贷过桥资金。省财政安排10亿元，市、县（市、区）按不低于2倍配套，设立续贷过桥资金，对符合条件的小微企业提供短期过桥资金。

条文出处：《安徽省人民政府关于金融支持服务实体经济发展的意见》（皖政〔2015〕87号）。

（2）拓宽融资渠道。对成功发行企业债、公司债、债务融资工具、中小企业私募债和中小企业集合信托计划的中小企业，省和同级财政按发行额度3%给予补助，最高不超过75万元。

条文出处：《中共安徽省委安徽省人民政府关于大力发展民营经济的意见》（皖发〔2013〕7号）。

（3）实施新型政银担合作机制。出台风险分担和代偿补偿试点方案，在全省推行"4321"政银担风险分担模式。由担保机构、省级及中央财政、银行、县区财政按照4∶3∶2∶1的比例，建立以风险补偿为核心的风险分担机制。全省政策性融资担保机构新发生的单户在保余额500万元以下各类融资担保业务全部纳入"4321"政银担合作试点。省财政每年安排3亿元，建立省级融资担保风险补偿专项基金，暂免收取再担保费。

条文出处：《安徽省人民政府关于金融支持服务实体经济发展的意见》（皖政〔2015〕87号）、《安徽省人民政府关于促进经济持续健康较快发展的意见》（皖政〔2016〕1号）。

（4）开展"税融通"业务。对已有纳税记录、无不良信用记录、纳税信用级别不低于B级的中小微企业发放"税融通"贷款。需要融资担保的，市县以企业近2年年平均纳税额的1—5倍核定担保额度，由政策性融资担保机构提供低费率担保增信服务。

条文出处：《安徽省人民政府关于金融支持服务实体经济发展的意见》（皖政〔2015〕87号）。

（5）支持企业上市（挂牌）。企业因上市而改制的，改制当年应补缴的企业所得税地方留成部分，省和同级财政给予等额奖励，政策执行到2017年。对改制完成并办理上市辅导备案登记的拟上市企业，省财政给予30万元奖励，成功上市后再给予70万元奖励，其所在地政府相应分别给予不低于30万元、70万元奖励。对成功在"新三板"和省区域性股权交易市场挂牌融资的中小企业，省及所在地财政分别按首次股权融资额的1%给予奖励，单个企业省财政奖励金额不超过70万元。

条文出处：《安徽省人民政府关于金融支持服务实体经济发展的意见》（皖政〔2015〕87号）。

（四）开拓市场方面的政策

（1）支持进出口贸易。省财政统筹安排专项资金，对列入《安徽省重点鼓励进口先进技术、设备和产品目录》内，未享受国家补贴的先进技术、设备及产品进口，每美元给予0.02元以内的奖励。鼓励企业扩大出口规模，支持开展国际产品认证、专利申请和商标注册，对参加境外展会、考察境外市场、建设境外营销网络、发展跨境电子商务、建设外贸平台、开展外贸综合服务等方面给予补助。

条文出处：《安徽省人民政府关于促进经济持续健康较快发展的意见》（皖政〔2016〕1号）。

（2）推动企业"走出去"。支持有条件的企业开展海外投资、跨国并购，建立生产基地和营销网络，以投资合作带动贸易、技术、资源等合作。对符合条件的项目给予对外投资合作专项资金支持。

条文出处：《安徽省人民政府关于促进经济持续健康发展的意见》（皖政〔2015〕51号）。

（五）强化保障方面的政策

（1）支持企业引进和培育人才。对非公有制企业引进省外"两院"院士、"千人计划""百人计划""万人计划"人员并签订3年以上合同（每年在安徽省实际工作时间6个月以上）的，分别给予100万元、50万元、20万元、20万元补贴资金。对建立院士工作站、博士后科研工作站和技能大师工作室的民营企业，分别给予50万元、10万元、10万元的建站资助。

条文出处：《中共安徽省委安徽省人民政府关于大力发展民营经济的意见》（皖发〔2013〕7号）。

（2）强化人才支撑。鼓励青年人才来皖创新创业，所创（领）办企业属安徽省重点发展战略性新兴产业或具有创新商业模式的高端现代服务业的，择优给予10万—50万元创业资助。

条文出处：《安徽省人民政府关于促进经济持续健康较快发展的意见》（皖政〔2016〕1号）。

（3）支持小型微型企业吸纳就业。小型微型企业招用就业困难人员，签订1年以上劳动合同并按规定缴纳社会保险费的，给予职工基本养老、医疗、失业、工伤和生育保险等5项社会保险补贴，享受社会保险补贴不超过3年（以初次核定其享受社会保险补贴时年龄为准），距法定退休年龄不足5年（含5年）的可延长至退休。对小型微型企业招用毕业年度高校毕业生的，给予1年的5项社会保险补贴。对毕业2年内的普通高校毕业生初始创办的科技型小型微型企业，自工商注册登记之日起正常运营6个月以上，且吸纳就业3人以上、签订劳动合同、缴纳社会保险费的，按规定给予5000元至1万元补贴。自工商登记注册之日起3年内，在职职工总数20人以下（含20人）的小型微型企业，免征残疾人就业保障金。对当年新招用符合小额担保贷款申请条件的人员达到企业现有在职职工总数30%（超过100人的企业达到15%）以上，且与其签订1年以上劳动合同的劳动密集型小企业，可按规定申请不超过200万元的小额担保贷款，并按规定享受财政贴息。

条文出处：《安徽省人民政府办公厅关于扶持小型微型企业健康发展的实施意见》（皖政办〔2015〕15号）。

（4）大力促进和稳定就业。对不裁员、少裁员的企业给予稳定就业岗位补贴，补贴金额不超过企业及职工上年度实际缴纳失业保险费总额的50%。对化解过剩产能和淘汰落后产能等政策性关闭、破产企业，从失业保险省级调剂金中给予职工安置补贴。2016年，对各类职业院校和技工院校组织当年毕业生在当地就业达到一定比例，并签订1年以上期限劳动合同的，经审核确认，由当地政府给予一次性补贴；对各类公共服务机构和民办职业中介机构介绍技能型人才和职业院校、技工院校、高校毕业生到省内企业就业，并签订1年以上期限劳动合同的，按每人120—250元给予就业创业补贴；劳动者参加就业技能转岗培训，给予200—1300元培训补贴；企业新录用人员并与其签订6个月以上劳动合同，进行上岗前技能培训的，由当地政府给予不低于人均300元补贴；企业开展岗位技能提升培训，按职工培训后取得国家职业资格证书的人数，分别给予相应补贴。

条文出处：《安徽省人民政府关于促进经济持续健康较快发展的意见》（皖政〔2016〕1号）。

（5）扶持非公有制企业做强做大。对新进入全国民营企业“500强”企业，获得中国驰名商标和主导制订国际标准、国家标准、行业标准的企业，省政府予以通报表彰，并给予一次性奖励。

条文出处：《中共安徽省委安徽省人民政府关于大力发展民营经济的意见》（皖发〔2013〕7号）。

（6）鼓励节约集约用地。对建设3层以上标准化生产性厂房的，在保证设施专用的前提下，由同级财政给予一定补助。对租用政府投资多层标准化厂房的小型微型企业，3 年内给予租金优惠。

条文出处：《中共安徽省委安徽省人民政府关于大力发展民营经济的意见》（皖发〔2013〕7 号）。

（7）保障重点项目用地需求。重大项目使用省级预留建设用地计划标准调整为：战略性新兴产业项目总投资 1 亿元及以上，其他符合产业政策的工业项目 5 亿元及以上，其他条件不变，并简化用地审批手续，缩短审批时限。实行建设用地计划预先下达制度，每年一季度按照上年度城镇农用地转用计划 50%、城乡建设用地增减挂钩用地计划 70% 的比例预先下达到各市。对铁路、水利等国家重点基础设施项目占优补优、占水田补水田暂时确有困难的，允许地方政府以承诺方式落实耕地占补平衡任务，并在项目竣工时完成数量相同、质量相当的补充耕地任务。

条文出处：《安徽省人民政府关于促进经济持续健康发展的意见》（皖政〔2015〕51 号）。

（8）建立鼓励创业的保障机制。领取失业保险金期间自主创业的人员，可一次性领取未领的失业保险金、代缴的医疗保险费，创业成功后可领取一次性创业补贴。最低生活保障对象自主创业的，视其生产经营和家庭收入情况，可给予 3 个月的救助缓退期。新创业失败人员以个人身份续缴社会保险费的，根据其创业纳税情况给予一定的社会保险补贴。

条文出处：《安徽省人民政府办公厅关于全面推进大众创业万众创新的实施意见》（皖政办〔2016〕6 号）。

（9）支持创建企业品牌。获得国家级、省级、市级品牌的，分别由省政府、市政府、县级政府给予资金奖励；对自主品牌出口的，由同级政府予以资金奖励。实施品牌质押贷款和专利、知识产权入股等制度，解决融资难的问题。

条文出处：《中共安徽省委办公厅安徽省人民政府办公厅关于印发〈战略性新兴产业集聚发展工程实施方案〉等的通知》（皖办发〔2015〕61 号）。

第二节　国家、安徽省出台的促进非公有制经济发展的政策措施实施效果

一、调研情况说明

2014 年度安徽省哲学社会规划一般项目：安徽省非公有制经济活力综合评

价与提升研究（AHSKY2014D43）项目下来后，项目成员小规模调研开展了很多次，同时利用每年的寒暑假深入安徽省各个市的代表性非公有制企业发放调查问卷并与企业主要领导座谈，了解企业的发展过程及其发展中遇到的突出问题。调研结束后，及时整理分析调研数据。

2017 年度安徽省领导圈定课题：安徽非公经济发展研究（SLDQDKT17 - 17）项目下来后，项目成员小规模调研开展了很多次，全体成员及 9 名硕士研究生参加的大规模集中调研有三次：2017 年 6 月 15 日到 6 月 21 日，深入蚌埠市的安徽丰原集团有限公司、安徽五建公司、华润雪花啤酒蚌埠公司、安徽苏晟贸易公司、安徽皖酒集团等 30 多家非公企业代表发放调查问卷并与企业主要领导座谈，了解企业的发展过程及其发展中遇到的突出问题。2017 年 7 月 20 日到 7 月 28 日，深入合肥市的安徽国购投资集团、安徽省文一投资控股集团、合肥华泰集团股份有限公司、安徽华力建设集团有限公司等 40 多家非公企业代表发放调查问卷并与企业主要领导座谈，搜集企业发展历程及其经营中遇到的难题及国家、省、市出台的促进非公经济政策执行落实情况和实施效果。2017 年 8 月 25 日到 8 月 31 日，深入芜湖市的广东美的集团芜湖制冷设备有限公司、安徽亚夏实业股份有限公司、安徽鑫科新材料股份有限公司、安徽伟星置业有限公司、芜湖东旭光电装备技术有限公司、芜湖恒信内饰制造有限公司、耐世特凌云驱动系统（芜湖）有限公司、长信科技等 50 多家非公企业代表发放调查问卷并与企业主要领导座谈，深入了解企业的发展现状及经营中存在的突出问题。

调研期间我们向调研企业发放了 150 份问卷，经主要负责人填写后，全部回收，经整理有效问卷为 147 份，并对调研问卷进行了整理分析。

2018 年蚌埠市社会科学规划重点项目：新时代蚌埠激发民营经济发展活力对策研究（BB17B001）项目下来后，项目成员小规模调研开展了很多次，全体成员及 4 名硕士研究生参加的大规模集中调研有三次：2018 年 6 月 15 日到 6 月 21 日，深入蚌埠市丰原集团有限公司、安徽五建公司、华润雪花啤酒蚌埠公司、大富科技、凯盛集团、豪威科技等 20 家民营企业代表发放调查问卷并与企业主要领导座谈，了解企业的发展过程及其发展中遇到的突出问题。2018 年 7 月 20 日到 7 月 28 日，深入安徽五建公司、安徽皖酒集团、安达节能科技有限公司、晟光科技股份有限公司、泰富重装、高科能源、安徽豪威商用显示科技有限公司等 25 家民营企业代表发放调查问卷并与企业主要领导座谈，搜集企业发展历程及其经营中遇到的难题及国家、省、市出台的促进民营经济政策执行落实情况和实施效果。2018 年 8 月 25 日到 8 月 31 日，深入蚌埠市丰原集团、安徽苏晟贸易公司、安徽皖酒集团、意义环保设备有限公司、城市药业有限责任公司、天宇机械工具有限公司、三环电子科技有限公司、浩中机械、强力重工、昊方机电、汇精模具等25家民营企业代表发放调查问卷并与企业主要领导座谈，深入了解企业的发展现状及经营中存在的突出问题。

二、调研结果分析

将近几年深入安徽省各个市调研期间向每个市代表性非公有制企业发放的全部问卷，进行分类整理并进行科学分析。

（一）企业类型与规模

在本次调研的非公有制企业中，个人独资企业占15%，私营企业占46%，外资企业占12%，中外合资企业占13%，混合所有制企业占14%（见图9-1）。其中，大型企业占15%；中型企业占26%；小型企业居多，占48%；余下部分为微型企业，占11%（见图9-2）。

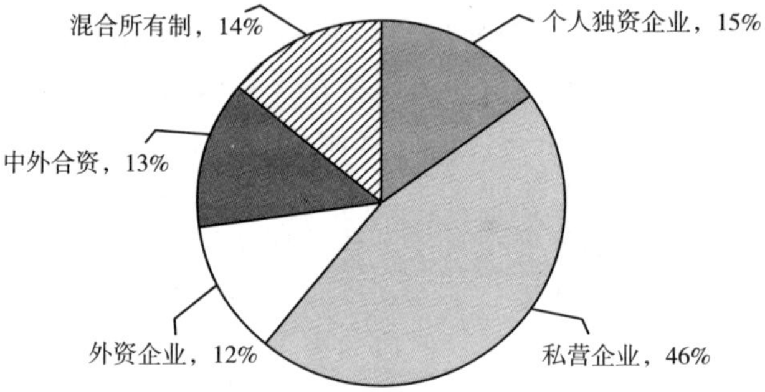

图9-1 调研企业类型

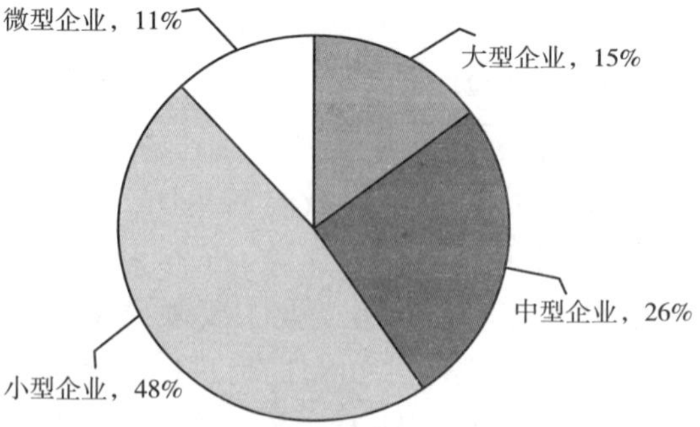

图9-2 企业规模

（二）对相关法律、政策的了解程度

在国家、安徽省、蚌埠市出台的促进民营经济发展的相关法律、政策了解方面，非常了解的企业占16%，比较了解的企业占64%，较不了解的企业占13%，不了解的企业占7%（见图9－3）。从数据分析结果可以看出，仍有部分企业不是很了解国家、安徽省、蚌埠市出台的促进民营经济发展的相关法律、政策。这就要求蚌埠市各级政府应加大相关政策宣传落实力度，更重要的是，企业自身应积极了解并深入学习相关政策。

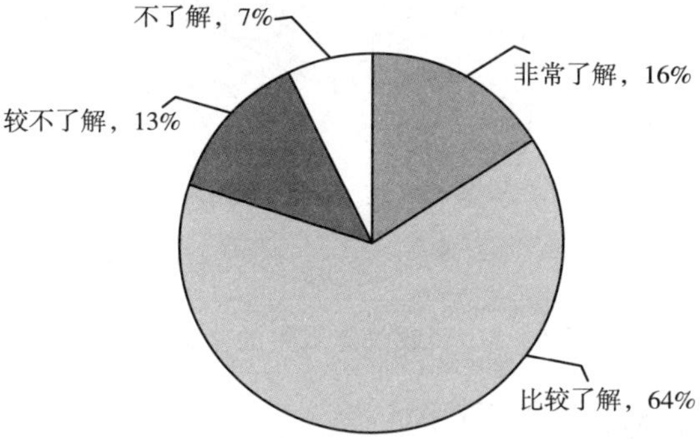

图9－3　对相关政策的了解程度

（三）相关政策实施影响分析

从图9－4可以看出，在被调查企业中，认为税收优惠政策为企业发展带来积极影响的占22%，认为财政补贴措施、贷款援助措施和融资政策对企业发展具有积极影响的各占19%。另外，还有21%的被调查企业认为创新政策也促进了企业发展。

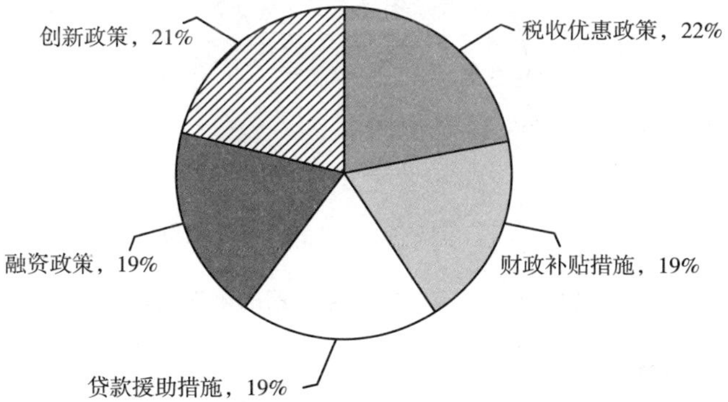

图9－4　各项政策实施影响分析

1. 税收优惠政策

从图 9－5 可以看出，在被调查企业中，有 18% 的企业认为税收优惠政策全部得到落实，67% 的企业认为该政策较大部分得到落实，只有 15% 的企业认为税收优惠政策较小部分得到落实。总体看来，很多企业认为税收优惠政策基本得到了落实，但仍不排除存在较少落实的可能。

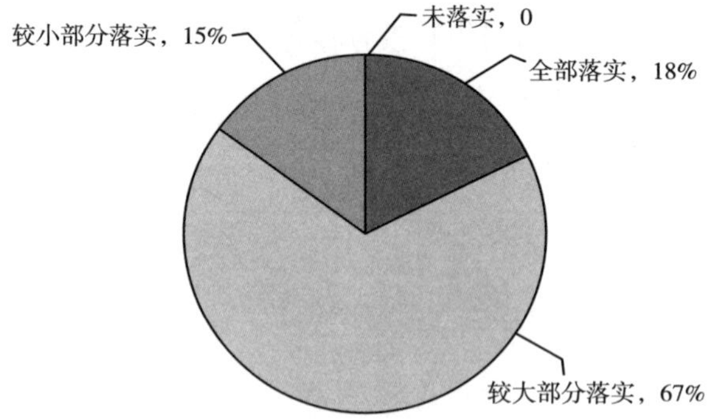

图 9－5 税收优惠政策的落实程度

2. 财政补贴优惠政策

从图 9－6 可以看出，在被调查企业中，有 22% 的企业认为财政补贴优惠政策全部得到落实，65% 的企业认为该政策较大部分得到落实，只有 13% 的企业认为财政补贴优惠政策较小部分得到落实。总体看来，财政优惠政策的落实程度较高，惠及面较广。

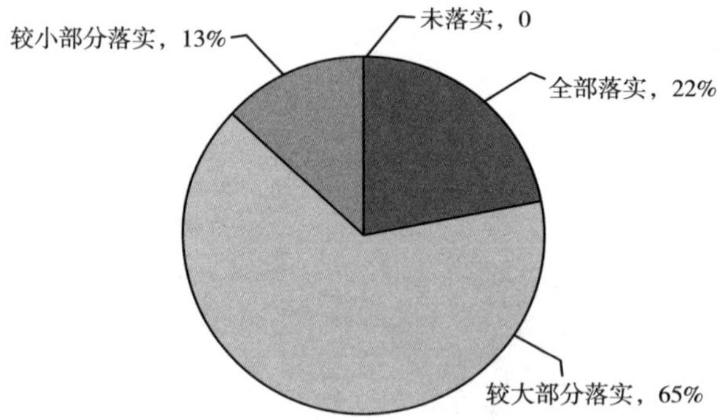

图 9－6 财政补贴优惠政策的落实程度

3. 贷款援助措施

从图 9－7 可以看出，在被调查企业中，认为贷款援助措施全部得到落实的企业占比为 12%，认为该措施较大部分得到落实的企业占比为 34%，认为贷款援助措施较小部分得到落实的企业达到了 54%。总体看来，贷款援助措施仍需要进一步加大政策实施力度，保证更多的企业真正获益。

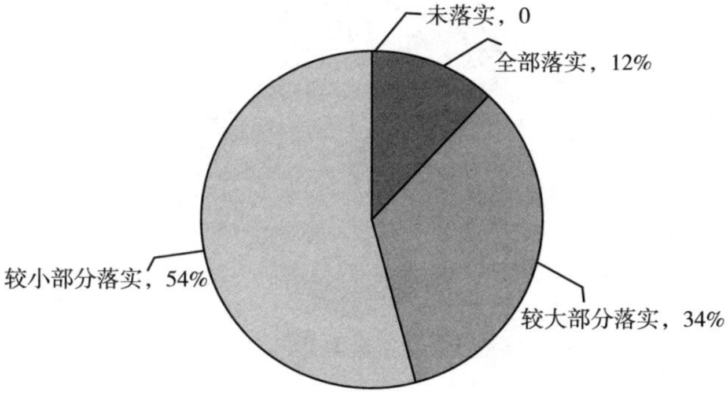

图 9-7　贷款援助措施的落实程度

4. 融资政策

从图 9-8 可以看出，在被调查企业中，认为融资政策措施全部得到落实的企业占比为 6%，认为该措施较大部分得到落实的企业占比为 51%，认为融资政策措施较小部分得到落实的企业占比为 43%。调查数据表明，融资政策的实施力度仍有待加强，落实程度仍有待提高。

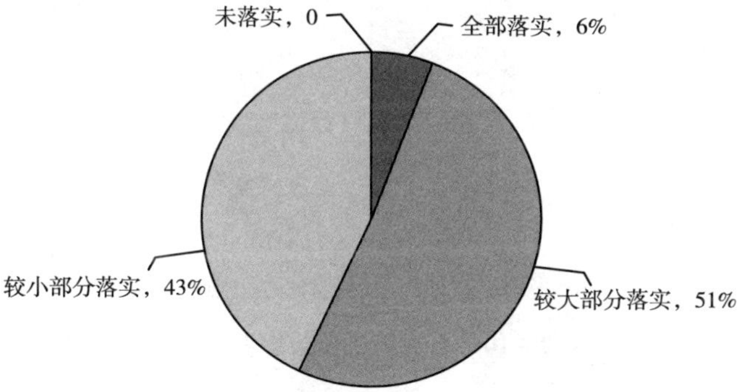

图 9-8　融资政策的落实程度

5. 创新政策

在对企业创新最具吸引力的政府政策方面，减免税收政策占到了 62%，科技开发专项贷款政策占比为 21%，知识产权政策占比为 8%，科技人员奖励政策占比为 6%，其他占比为 3%（见图 9-9）。减免税收政策可以节省企业纳税支出，带动企业自主创新的积极性，最受民营企业欢迎。

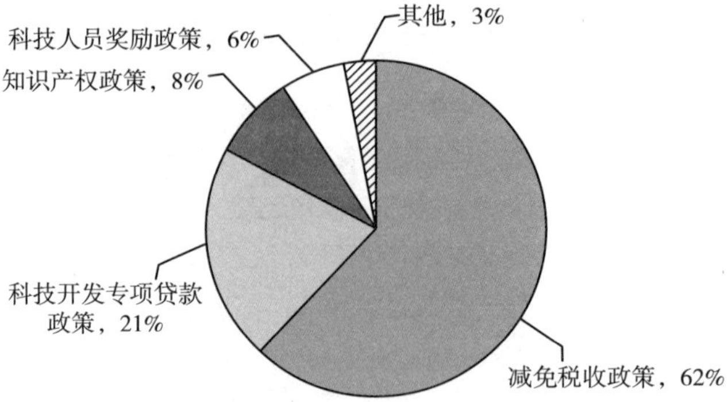

图 9－9　对企业创新最具吸引力的政府政策

另外，在调查影响企业创新的主要因素时，38% 的企业认为资金缺乏大大影响了自身创新，35% 的企业认为研发费用高是影响创新的主要因素，认为缺乏技术人员和科研所占地位不高是影响创新主要因素的企业分别为 21% 和 6%（见图 9－10）。总体看来，研发费用居高而企业又缺乏相应的资金支持，是目前制约蚌埠市民营企业创新的重大障碍。

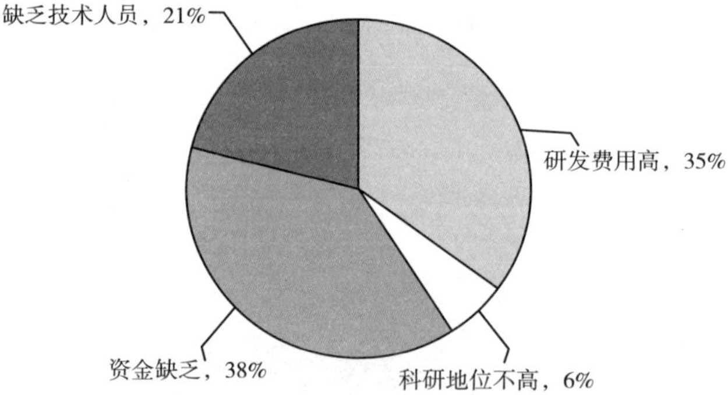

图 9－10　影响企业创新的主要因素

6. 政府承诺

从图 9－11 可以看出，在被调查企业中，认为政府承诺全部得到落实的企业占比为 16%，认为政府承诺较大部分得到落实的企业占比为 79%，认为政府承诺较小部分得到落实的企业占比为 5%。总体看来，政府承诺基本得到了落实，民营企业确实真正感受到了政府的关怀，受到了相关政策的指引。

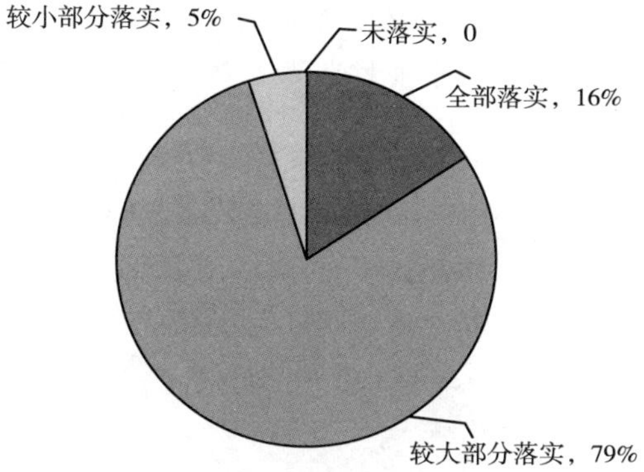

图 9-11 政府承诺的落实程度

（四）政策落实不到位的原因

从图 9-12 可以看出，在被调查企业中，45% 的企业认为相关政策的可操作性不强是政策落实不到位的主要原因，31% 的企业认为政策执行过程存在问题从而影响了政策的落实程度，21% 的企业认为是政策的制定水准不高影响了政策的落实效果，其他原因占比 3%（见图 9-12）。

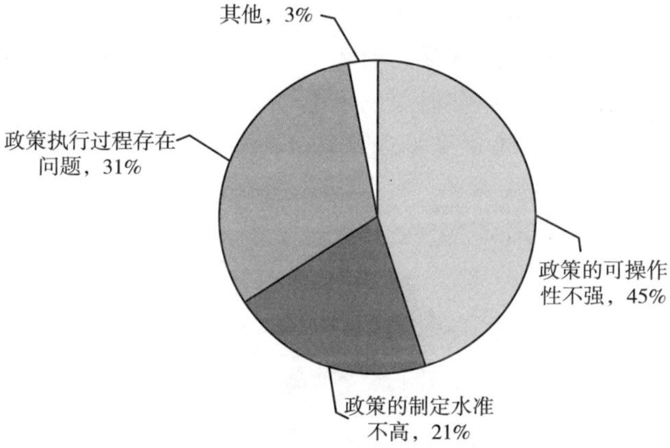

图 9-12 政策落实不到位的原因

（五）最为有效的相关政策

1. 最为有效的税收优惠政策

在被调研企业中，全部企业都认为税收优惠政策确实对企业产生了积极影响。其中，41% 的企业认为扩大小型微利企业所得税优惠范围等相关政策对自身发展最为有效，23% 的企业认为延长税收优惠政策执行期限最能促进自身发展，

19%的企业认为扩大中小企业专项资金规模是最为有效的税收优惠政策，余下部分为对符合条件的企业免征行政事业性收费、提高纳税咨询服务质量和其他，分别占7%、6%和4%（见图9-13）。

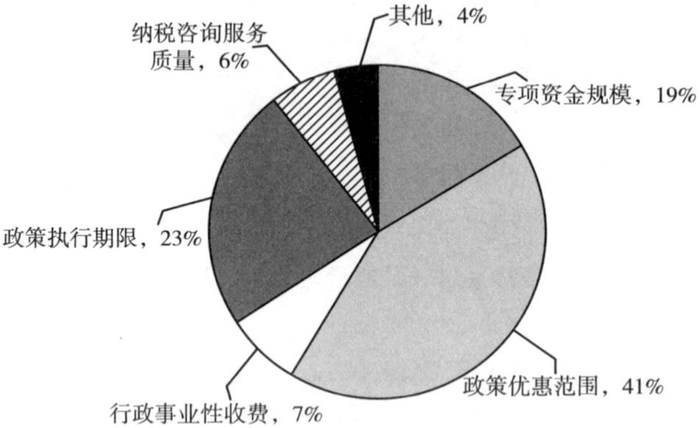

图9-13　最为有效的税收优惠政策

2. 最为有效的财政补贴措施

在被调研企业中，绝大多数企业都认为财政补贴措施对企业产生了积极影响，只有3家企业认为财政补贴措施并没有为企业带来积极影响。其中，43%的企业认为加大企业贷款贴息支持最为有效，建立贷款风险补偿基金、对于用工难的企业按标准给予职业介绍补贴以及对新增贷款给予奖励和补贴所占比重基本相当，分别占21%、18%和18%（见图9-14）。

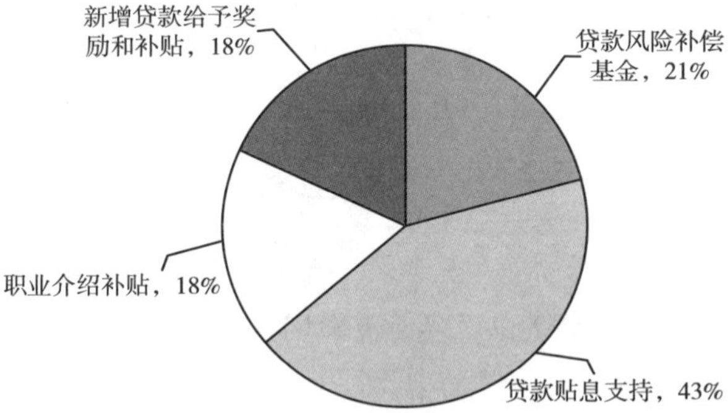

图9-14　最为有效的财政补贴措施

3. 最为有效的贷款援助措施

在被调研企业中，绝大多数企业都认为贷款援助措施对企业产生了积极影响，只有4家企业认为贷款援助措施对企业的影响不显著。其中，43%的企业认为重点扶持贷款担保等专项资金最为有效，22%的企业支持提高贷款审批效率，16%的企业认为完善授信业务制度是最有效的贷款援助措施，14%的企业认为适当扩大小企业贷款审批权限最有效，其他占比为5%（见图9－15）。

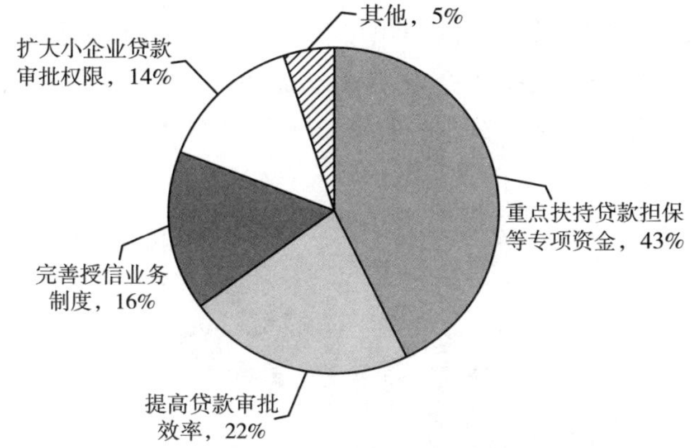

图9－15　最为有效的贷款援助措施

4. 最为有效的融资政策

在被调研企业中，绝大多数企业都认为有效融资政策对企业发展至关重要，只有3家企业认为融资政策对企业发展没有多大影响。其中，31%的企业认为落实支持中小企业发展的金融政策是最有效的融资政策，26%的企业认为加大信贷支持力度是最有效的融资政策，16%的企业支持从资本市场融资，14%的企业认为最有效的融资政策是促进中小企业担保业发展，另外还有11%的企业认为加快信用体系建设最为有效，其他占比2%（见图9－16）。

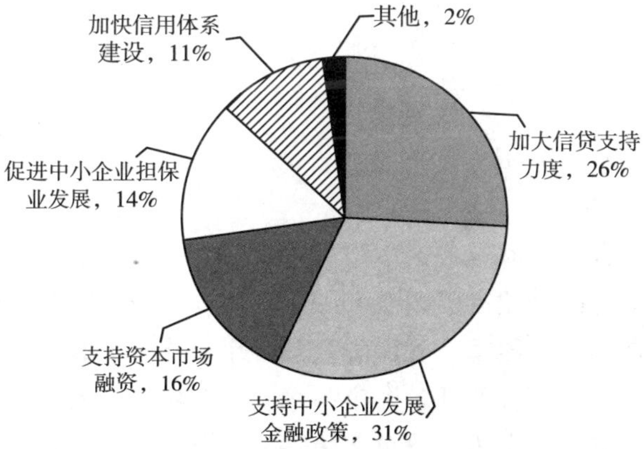

图9－16　最为有效的融资政策

5. 最为有效的创新政策

在被调研企业中，绝大多数企业都认为创新政策有助于企业转型升级，提高产品品质，只有3家企业认为创新政策对企业影响不显著。其中，42%的企业认为重点扶持人才培训、技术创新等专项资金是最有效的创新政策，30%的企业认为与开发新技术、新产品等有关的费用可在计算应纳税所得时加计扣除是最有效的创新政策，19%的企业支持小企业创业基地建设，7%的企业认为最有效的创新政策是降低创新创业门槛，其他占比为2%（见图9-17）。

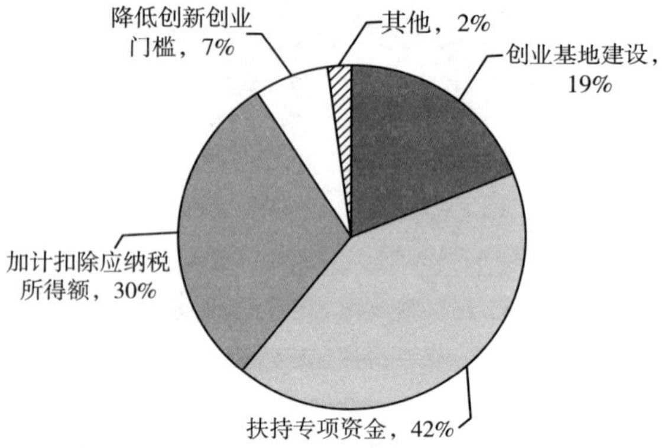

图9-17　最为有效的创新政策

第三节　国家、安徽省出台的促进非公有制经济发展的政策措施实施效果偏差分析

一、政策宣传不到位

在国家、安徽省及安徽省各个市出台的促进非公有制经济发展的相关政策了解方面，不是很了解的企业占了20%（见图9-3）。从数据分析结果可以看出，仍有部分企业不是很了解国家、安徽省及其各个市出台的促进非公有制经济发展的相关政策。这表明安徽省及其各个市各级政府政策宣传还不到位，今后安徽省及其各个市各级政府应加大相关政策宣传落实力度，更重要的是，企业自身应积极了解并深入学习相关政策。

二、政策落实欠佳

在被调查对象中，认为各项税收优惠政策落实或部分落实的占 85%；认为就业补贴、出口补贴等财政补贴措施落实或部分落实的占 87%；认为贷款担保等贷款援助措施落实或部分落实的 88%；认为风险投资、鼓励直接融资等其他融资政策落实或部分落实的占 57%；认为政府有关部门在服务程序、内容等方面的承诺落实或部分落实的占 95%。

三、企业成本偏高

首先，企业用工难、用工贵。在被调查对象中，有 83% 的企业人才流失现象严重，企业用工难、用工贵比较普遍。安徽省及其各个市各级政府在改善非公有制企业用人方面的政策措施还有待进一步优化完善。其次，融资难、融资贵依然存在。调研中认为贷款援助措施全部得到落实的企业只占 12%，还有 88% 的企业认为贷款援助措施还有很大的提升空间。在被调查企业中，认为融资政策措施全部得到落实的企业占 6%，认为该措施较大部分得到落实的企业占 51%，认为融资政策措施较小部分得到落实的企业占 43%。

四、创新政策有待完善

虽然近几年安徽省及其各个市级政府加大了对非公有制企业创新投入力度，如在税收优惠、财政补贴、贷款援助、融资优惠、创新支持等方面都给予了极大支持，但在这些政策执行过程中也出现一些偏差。在被调查企业中，有 18% 的企业认为税收优惠政策全部得到落实，67% 的企业认为该政策较大部分得到落实，只有 15% 的企业认为税收优惠政策较小部分得到落实；有 22% 的企业认为财政补贴优惠政策全部得到落实，65% 的企业认为该政策较大部分得到落实，只有 13% 的企业认为财政补贴优惠政策较小部分得到落实；认为贷款援助措施全部得到落实的企业占 12%，认为该措施较大部分得到落实的企业占 34%，认为贷款援助措施较小部分得到落实的企业达到了 54%。

第十章　进一步激发提升安徽省非公有制经济活力的相关对策建议

根据计算出来的安徽省及其各个地区非公有制经济活力演变趋势与存在的突出问题，并结合安徽省及其各个地区经济发展实际，提出一些科学合理、易于操作的对策措施，进一步激发新时代安徽省及其各个地区非公有制经济活力，进一步完善优化安徽所有制结构，更好更快地发展安徽经济，提升全省经济实力与竞争力。而且安徽省非公有制发展面临新时代转型升级发展，为非公有制经济参与新动能培育提供了机遇。为此，安徽省非公有制经济应坚决实施“四大发展战略”、充分遵循“五大发展”理念、着重突出“六大发展路径”、加快推进“九项措施”以进一步激发新时代安徽省非公有制发展活力。

第一节　新时代安徽省非公有制经济发展战略

一、坚决实施“四大发展战略”

（一）高质量发展战略

我国经济发展进入新时代的基本特征就是“我国经济已由高速增长阶段转向高质量发展阶段”，且“推动高质量发展是当前和今后一个时期确定发展思路、制定经济政策、实施宏观调控的根本要求”。因此，安徽省非公有制企业要向高质量发展转变，加快转型升级，进一步提升其发展质量。例如，近年来，蚌埠市先后培育了获安徽省工业精品的皖酒集团“皖牌”天青百年皖酒系列白酒，江淮粮油的冉龙营养稻米油、高谷维素稻米油、谷维调和油等 3 项产品获安徽省新产品称号，天麒面业获安徽省质量奖企业，东博米业、蒂王集团、欣盛饲料等 8 家企业获省企业技术中心称号，兄弟粮油、童师傅食品、红花食品等 8 家企业获省“专精特新”企业称号，这些非公有制企业都是安徽省非公有制企业高质量发展的典型。

（二）创新发展战略

创新是引领经济发展的第一动力。安徽省各级政府要进一步加大力度鼓励非公有制企业积极参与科技创新，鼓励支持非公有制企业开展院企合作、校企合作，进一步深化产学研协同创新体系，积极淘汰落后产能，大力实施技术改造与升级，有效提升非公有制企业新产品研发能力与市场竞争力，为安徽省非公有制企业发展注入新的活力。为了加快蚌埠非公有制企业创新发展进程，蚌埠市2016年创建了创业大学和创业学院各1所，拥有省级以上研发平台142家，其中国家级10家；累计创建省级以上新型工业产业化示范基地8个，其中国家级2家、省级以上企业技术中心71家，国家级2家、省级以上小微企业创业基地7个，国家级1个、省级产业集群专业镇10个。

（三）人才发展战略

人才资源是第一资源，更应该是促进安徽省非公有制经济发展的核心，经济优势的背后往往是人才的优势。安徽省各级政府应牢固树立“以人为本”的发展理念，进一步完善劳动力市场，充分调动各行各业不同层次人才的创业致富热情与激情，积极营造“大众创业，万众创新”的良好氛围，形成人才与经济相互作用、相互促进的发展模式，助推安徽省非公有制经济发展。如今蚌埠市人才金港、人才特区、人力资源产业园、孔雀计划、人才交流大会等人才公共服务平台已开始发挥作用，蚌埠市快速形成了“政策上多优待、物质上多倾斜、生活上多照顾、政治上多关注、精神上多抚慰”的人才生态系统，已成为皖北人才高地。

（四）品牌发展战略

品牌，不仅是企业的标识，更是一种传递信任、品位与追求的载体。品牌容量大，凝聚力强，特别是成为驰名商标的品牌，生命力强大，繁殖和扩展能力非凡。安徽省各级政府应依托非公有制企业的产业优势，制订品牌发展规划和扶持政策，积极打造区域知名品牌。对于现有知名品牌，仍要扶持激励其进一步做大做强；同时，还要加强具有市场潜力的品牌培育。例如，2016年蚌埠市非公有制企业拥有省级以上名牌产品84件、省著名商标160件，中国驰名商标7件，品牌经济比重达40.93%，成为全省3个品牌经济统计测算试点市之一，蚌埠市非公有制企业品牌经济效应逐渐显现。同时，鼓励非公有制企业积极“走出去”，加快安徽省非公有制企业商标国际化进程，使用自主商标拓展国际市场。

第二节 新时代安徽省非公有制经济发展理念

一、加快非公有制企业创新发展

各级政府要大力营造良好发展环境，强化服务意识，健全比较完善的科技创新体系与激励机制，激励科研人员投身研发与科技创新。建立比较完善的科技创业、服务中介、投融资平台，优化公共科技服务机构，构建现代创新平台体系，深入开展产学研合作与成果转化，切实提升非公有制企业自主创新能力与活力。积极鼓励非公有制企业建立自己的研发机构，参与承担重大科技项目攻关、产学研合作项目及重点实验室、工程（技术）研究中心与企业技术中心建设，构建一批生产力促进中心、科技企业孵化器和公共技术服务平台，为非公有制企业提供产品设计、技术研发、技术培训与新技术推广等服务。鼓励有条件的非公有制企业积极主导和参与地方标准、行业标准、国家标准乃至国际标准修订工作。

二、加快非公有制企业协调发展

（1）非公有制企业要加快产业结构升级。推动“三重一创”建设，采取“基金 + 基地”模式，把政府资源、市场机制和社会资金有效嫁接，加快推进战略性新兴产业集聚发展基地建设。大力推进“制造强省”建设，深入推进“互联网 + 制造”，加快运用新技术新业态新模式改造提升传统产业，发展高端制造、智能制造、绿色制造等。（2）提升产业协作配套能力。安徽省委省政府规定对于专业化程度较高的非公有制企业与大企业签订配套合同，提供贷款担保和贴息支持。鼓励非公有制企业积极参与企业兼并、联合、重组、控股与相互参股，提升其整体实力与竞争力。（3）鼓励支持非公有制企业进入园区发展。非公有制企业入驻经济开发区、工业园区等工业集中区发展可以置换原使用土地；对投资新建厂房，当地政府给予相应补贴。

三、加快非公有制企业绿色发展

（1）坚持生态优先发展理念。以老工业企业退市进园、传统产业改造提升、企业优化重组等为重点，落实《城区老工业企业搬迁改造实施方案》，优先政策支持、优先要素保障，完成中粮生化、丰原集团、八一化工、天润化工、佳先化工等重点生物化工企业退市进园，“十三五”末基本实现城区老工业区34户老工业企业搬迁改造。（2）支持非公有制企业加强技术改造，大力实施“工业绿动力”计划。充分利用安徽省支持企业技术改造升级政策，引导存量企业综合运用新技术、新工艺、新设备改造升级，加快传统产业改造提升，在全省非公有制企业大力推广应用高效环保设施，减少“三废”等有害物排放，提高资源利用效率。（3）要加大力度推进非公有制企业节能减排，加快发展循环经济、低碳经济。按相关规定给予生产符合国家鼓励的资源综合利用产品、使用列入环境保护与节能节水专用设备税收优惠目录设备以及列入节能减排税收优惠目录的项目等的中小企业税收减免。（4）健全节能工作长效机制。强化节能目标责任考核，将安徽省节能目标任务分解到各市、区、县。强化重点企业用能管理，严控高耗能行业用电过快增长。落实节能环保“五个一百”专项行动，建设一批绿色工厂、绿色园区，持续提升资源综合利用率，走绿色、循环、低碳发展之路，提升非公有制企业竞争力。

四、加快非公有制企业开放发展

（1）政府应加大财政补助力度支持非公有制企业参加相关展览展销活动以进一步拓展其国内市场。鼓励支持有条件的非公有制企业积极参与农机、家电、汽车、摩托车下乡和家电、汽车以旧换新等业务。（2）支持有条件的非公有制企业到境外开展并购等投资业务，拓展国际市场。安徽省非公有制企业应借助国家实施的“一带一路”倡议，积极参与“一带一路”发展，从事境外技术合作与交流、投资、工程承包、劳务合作、境外展览展销与其他进出口业务。（3）鼓励支持安徽省非公有制企业在海外建立发展基地。安徽省应鼓励支持有实力的非公有制企业到国外设立分支机构、研发中心等，为非公有制企业提供境外投资的政策咨询、法律服务、信息交流等服务，激发带动更多的非公有制企业走出国门，走向世界。

五、加快非公有制企业共享发展

非公有制企业在确保自身逐步提升市场地位，不断增长经济效益的同时，对社会所需而承担相应义务，即关注和维护民生，改善和提升社会福利水平。主动参与各项公益事业，扶贫济困与赈灾救灾等项活动，是非公有制企业发挥保民生、促稳定、缓解社会矛盾、促进社会和谐、确保人民群众共享改革发展成果的伟大实践，也是感恩时代、报效祖国的价值取向和社会责任意识的升华。例如，2016 年，合肥市工商联发起“百企帮百村”精准扶贫行动，187 家会员企业和商协会积极参与，分别与合肥、阜阳、六安、淮南等地的 142 个贫困村结对帮扶；合肥市工商联还首创“三线并举、六型共扶”的市场化产业扶贫新模式。又如，蚌埠市非公有制企业“百企帮百村”精准扶贫行动启动以来，通过开展产业扶贫、就业扶贫、公益扶贫等方式，助力精准扶贫。截至 2017 年 10 月，蚌埠市进入台账管理系统参与帮扶本地企业、商（协）会达 92 家，共投入资金 551 万元，受益贫困人数 3562 名。

第三节　新时代安徽省非公有制经济发展路径

一、产业高端化发展

随着国际国内产业转型升级步伐的逐步加快及国内主要矛盾的转化，安徽省及各市非公有制企业应结合自身优势瞄准产业链中高端，如蚌埠市非公有制企业发挥驻蚌科研院所、大专院校等优势，积极构建技术和产业、金融和资本、平台和企业、制度和政策等创新体系，加快蚌埠市非公有制经济向中高端发展。例如，蚌埠市的安徽豪威商用显示科技有限公司的 75 英寸智能互交一体机、中电科仪器仪表有限公司的依爱消防家用二代系统、蚌埠市吉祥客智能科技有限公司的裸眼 3D 显示机、凯盛光伏材料有限公司全线打通中国薄膜太阳能产业链、安徽兴宇轨道装备有限公司的轨道施工装备及泰富重装等民企是蚌埠市产业高端发展的典型，提升了蚌埠市制造业质量与效益。

二、创业创新发展

积极响应“大众创业、万众创新”号召，不断深化体制机制改革，落实优惠政策，完善公共服务体系，营造优越的“双创”发展环境，激发更多社会成员参与创新创业，提升非公有制经济发展质量。例如，蚌埠市非公有制企业应利用蚌埠市拥有的浮法玻璃新技术国家重点实验室、国家发酵技术工程研究中心等国家级研发平台 10 个，省级以上研发平台 164 个，及蚌埠市高新区在全国 157 家国家高新区中排名第 42 位，高新技术企业数达 236 家，全社会研发投入达 31.6 亿元等众多优势积极参与创新创业，提升企业自身科技水平与产品品质。

三、“专精特新”发展

牢固树立“做专才能做精、做精才能做强、做强才能做久”的发展理念，积极引导全省非公有制企业走专业化、精细化、特色化、新颖化发展之路，打造多行业“单打冠军”“配套专家”，增强安徽省非公有制企业经济实力，提升其竞争新优势。例如，2018 年上半年，蚌埠市“专精特新”企业累计完成产值 301.82 亿元，同比增长 15.5%，高于全部规上工业 3.3%，对规上工业增速贡献率达 27.7%，有力地促进了蚌埠市工业经济持续平稳较快增长。

四、集聚集约发展

充分发挥安徽省各类园区、产业集群在产业转型升级、资源集约利用、功能集合构建的作用，在大企业引领发展下，加大对安徽省非公有制企业发展的配套与支持力度，进一步推动安徽省非公有制企业由小规模、分散化向专业化、集群式发展。例如，蚌埠市在淮上区蚌埠工业园打造高端医药产业园，在三县和淮上区打造食品加工产业园，在三县打造秸秆资源综合利用环保产业园。谋划淮河以南三个城区发展园区平台，开展联合招商，形成新的产业集群。这些都有效促进了蚌埠市非公有制企业集聚集约发展。

五、开放合作发展

认真把握国家实施的“一带一路”“长江经济带”“中原经济区”“中国制造 2025”“互联网 +”“国际产能转移合作”等重大机遇，引导安徽省非公有制企业积极利用国内、国外两大市场与两大资源，深化招商引资力度，提升安徽省非公有制企业国际化经营、管理水平。例如，2018 世界制造业大会和国际徽商大会期间，蚌埠市共签约 83 个项目，总投资 902 亿元；其中，非公有制企业合作签约 9 个项目，项目数居安徽省第 3 位，总投资 320 亿元，投资额居安徽省第 1 位，进一步加快了蚌埠市非公有制企业开放合作步伐。

六、智能、绿色发展

认清当前经济社会发展实际，经济进入新时代及资源约束加剧等，安徽省非公有制企业应加快推进生产智能化、信息化进程，积极打造一批智能制造示范车间、数字化示范生产线。例如，蚌埠市2018年正利用国家中小企业创业创新示范中心、省制造业创新中心等100余个创新平台，投入15亿元推动21家企业进行智能工厂或数字化车间改造，累计新增机器人400余台。同时，蚌埠市大力推广“种养加”一体化模式，进一步培育丰原集团、现代牧业、大成食品等一批农产品深加工龙头企业，以及丰原集团、雪郎科技、天润公司、绿朋实业等规模以上生物基新材料产业企业成为蚌埠市生物基材料产业细分行业龙头。同时，要加快落后产能淘汰升级，大力推广节能、环保技术，走绿色发展之路。

第四节 新时代安徽省非公有制经济发展措施

一、狠抓政策落实，进一步提升非公有制企业获得感

近几年中央、安徽省及安徽省各个市出台了多项减税降费、支持实体经济发展的政策，要用足用好中央、安徽省及安徽省各个市出台的各项政策措施，确保政策落地生效，切实降低非公有制企业成本，进一步提升其获得感。与此同时，加快建设减轻企业负担综合平台，建立健全企业负担信息反馈、调查评价和收费清单调整公示机制，及时查处通报涉企乱收费行为。将各市、区、县有关部门降低实体经济企业成本工作落实情况，纳入各市、区委综合考核内容。深入开展精准帮扶企业活动，对有市场、有效益、有就业、有税收、无污染但暂时有困难的企业，分类制订帮扶方案，协调解决企业发展难题，推动非公有制企业发展壮大。

二、鼓励非公有制企业发展新兴产业，参与新动能培育

安徽省正扎实推进“十大创新工程”。大力支持驻皖科研院所创新发展，用好专项资金，推进科技成果就地转化。例如，蚌埠市以蚌埠玻璃研究院为龙头，打造硅基材料和新型显示创新基地，争创国家制造业创新中心。支持中国兵器214所等转制改企，加快中国电科41所系列化光纤熔接机、安瑞科星型压缩机等“军转民”“民参军”项目建设，争创国家军民融合新型工业化示范基地。推动显示触控一体化模组、车用MEMS元器件制造及应用、5G通讯及太赫兹测试仪器等落地开工。引导支持浮法玻璃新技术等国家重点实验室提升技术攻关能力，

加快实施航空装备用光电信号一体化传输模块、高硬宽谱增透型超薄光伏玻璃等省科技重大专项。为此，安徽省非公有制企业要积极参与上述新动能培育。同时要深入推进“互联网+制造”，加快运用新技术、新业态、新模式改造提升传统产业，发展高端制造、智能制造、绿色制造、精品制造、服务型制造。非公有制企业要坚持创新创造供给，供给引领需求，把产品创新作为科技创新的出发点和落脚点，积极培育新动能，提升其市场竞争力。

三、加快非公有制企业创新发展，建立创新型领军企业

创新创业是未来我国国民经济发展最重要的新引擎。而安徽省非公有制企业创新创业活力与能力比较欠缺，还有一些非公有制企业在传统产业与过剩产业展开同质化竞争，战略性新兴产业与现代服务业发展不足。为了进一步激发非公有制企业创新活力，应做好以下几个方面工作：首先，各级政府要大力营造良好发展环境，强化服务意识，健全比较完善的科技创新体系与激励机制，激励科研人员投身研发与科技创新。其次，建立比较完善的科技创业、服务中介、投融资平台，优化公共科技服务机构，构建现代创新平台体系，深入开展产学研合作与成果转化，切实提升非公有制企业自主创新能力与活力。最后，积极鼓励非公有制企业建立自己的研发机构，参与承担重大科技项目攻关、产学研合作项目及重点实验室、工程（技术）研究中心与企业技术中心建设，构建一批生产力促进中心、科技企业孵化器和公共技术服务平台，为非公有制企业提供产品设计、技术研发、技术培训与新技术推广等服务。安徽省正持续深化与清华大学、中科院上硅所、深圳先研院、机械研究总院和中国电科集团、南京传动院共建相关创新平台。例如，蚌埠市建成了中科院（蚌埠）科技成果交易转化孵化中心、绿色谷创新中心，培育、支持电磁离合器、电子测试技术等技术研发平台升格为国家级。加快推进卡尔森国际科技产业园建设。推动华东光电集成电器件研究所与清华大学组建国家高端芯片创新联盟和实体企业。支持各类创新工厂、创客空间、虚拟创新创业社区发展。为了进一步加快安徽省非公有制企业创新发展，还应做好以下工作：完善创新型市配套政策，落实高新技术企业所得税优惠、研发费用加计扣除等普惠性政策；继续开展“创新创业”系列交流、培训、对接活动；加快构建产学研用协同创新体系，开展行业性、区域性产学研对接活动；实施“互联网+制造”行动计划，积极争取国家智能制造试点示范项目，推进数字化、智能化改造；实施“专精特新”培育计划；鼓励非公有制企业组建自己的研发机构，参与承担重大科技项目攻关、产学研合作项目及重点实验室、工程（技术）研究中心与企业技术中心建设，构建一批生产力促进中心、科技

企业孵化器和公共技术服务平台；鼓励有条件的非公有制企业积极主导和参与地方标准、行业标准、国家标准乃至国际标准修订工作。

四、提升非公有制企业管理水平，建立现代企业

随着企业的进一步发展，企业的科学管理越来越重要，而安徽省非公有制企业管理水平总体来说还比较低。为了进一步提升安徽省非公有制企业管理水平，应注意以下几个方面：首先，完善非公有制企业的管理制度。非公有制企业应结合自身实际按照法律法规构建规范的个人独资、合伙制或公司制企业，适应市场经济的发展积极转变非公有制企业的股权结构，从封闭式向开放式转变，完善企业法人治理结构，构建完备的现代企业制度。其次，加强培训非公有制企业经营者与员工的力度。各地应积极构建政府引导、社会支持与企业自主相结合的培训机制，把非公有制企业经营者与员工培训纳入当地人才培训整体规划。充分发挥安徽省大专院校、职业学校、各类培训机构的作用，重点培训相关法律法规、产业政策、经营管理、职业技能和技术应用等内容。积极推广国家职业资格证书制度，激励在职职工参加各类职业技能鉴定。最后，加快推进非公有制企业信息化进程。安徽省非公有制企业应适应全球经济的网络化、信息化发展趋势，加快推进其信息化进程，积极利用信息技术提高其管理、研发、制造与服务水平，提升其市场占有率与售前售后服务水平。另外，安徽省信息化建设专项资金也应大力支持非公有制企业信息化建设，支持电商服务商给予非公有制企业提供电商业务培训与应用指导。

五、拓宽非公有制企业投融资渠道，延伸其参与领域

为了进一步解决安徽省非公有制企业融资难等问题，应注意以下几个方面：第一，加大对非公有制企业信贷支持力度。金融机构要进一步完善对非公有制企业的金融支持政策，适时创新金融产品与服务方式。政府应将金融机构发放非公有制企业贷款的总量、增速列入考核金融机构范围。有条件的县级分支机构可以扩大非公有制企业贷款审批权限，提高贷款审批效率。第二，落实支持非公有制企业发展的金融政策。支持非公有制企业采取多种方式进行融资，如应收账款、承包合同、仓单、股权和知识产权等进行抵押或质押，鼓励支持金融机构、小额贷款公司发放小额信用贷款。利用现代信息化优势，构建政府主导、市场运作、服务社会的信用评价机构。结合安徽省经济发展实际降低融资租赁公司准入门槛，积极开展融资租赁业务，创新融资租赁形式。第三，鼓励非公有制企业从资

本市场直接融资。安徽省采取了很多措施鼓励非公有制企业从资本市场直接融资，如建立非公有制企业上市资源库，每年重点培育辅导一批成长型非公有制企业；将拟上市企业补缴的企业所得税地方留成部分全额奖励给企业；省及当地财政分别给成功上市企业补贴上市费用的10%；省及当地财政分别给成功实施债券融资企业补贴发行费用的10%等。第四，构建多层次中小企业担保机构与贷款担保基金，给非公有制企业提供更多的担保支持。另外，政府应组建信用度较高的再担保机构，激发担保机构的积极性以便扩大对中非公有制企业信用担保规模。第五，结合安徽省供给侧结构性改革的实际，积极鼓励非公有制企业资本以参股、重组等多种方式参与能源、电信、电力等垄断行业混合所有制改革，进一步推动非公有制企业资本积极投资发展高端服务业以及医疗、教育、保障性住房建设等。

六、进一步优化非公有制企业发展环境，重塑其投资信心

安徽省非公有制企业发展环境总体上是比较好的，但在有些地方仍然存在比较突出的发展环境问题，这不利于安徽省非公有制企业进一步发展。首先，待遇要同等。各地要从思想上根除以往形成的"双重标准""有色眼镜"看待非公有制企业的惯性思维，努力构建多种所有制共同发展、依法平等使用资源、公平参与市场竞争、法律面前人人平等的体制机制环境。开展非公有制经济环境优化年活动，利用新媒体宣传促进民间投资、扶持小微企业发展等系列政策，努力构建多种所有制共同发展、依法平等使用资源、公平参与市场竞争的体制机制环境。协调推进"放管服"，进一步取消和下放行政审批事项。其次，切实做好减负降压工作。各地要及时公布并落实"责任清单""权力清单""涉企收费清单"等"三大清单"，认真贯彻落实支持非公有制企业发展的优惠税费政策，切实减轻企业负担。贯彻落实注册资本认缴登记制与工商先照后证登记制，完善企业设立、变更、投资"一表申请、一口受理、一章审批、四证联办"服务模式。充分发挥安徽省非公有制企业"走出去"支撑体系功能，贯彻执行海关、检验检疫"一次申报、一次查验、一次放行"，加快通关便利化进程，降低企业发展外向型经济的时间与资金成本。再次，进一步优化法治环境。规范行政机关、司法机关的权力边界及公共权力运行的各个环节，确保执法机关依法行政、公正司法。各地要加大政策法律法规的宣传与落实力度，确保非公有制企业了解政策、掌握政策、用好政策。建立对涉及产权纠纷的中小企业维权援助机制，提振企业家信心。大力促进民间投资企稳回升，推广PPP模式。最后，营造新型政商关系。"官""商"交往要有道，相敬如宾，要分清彼此，要明确公私界限。企业家在商言商，领导企业依法经营，"取材有道"。

七、加快军民融合发展，提升非公有制企业科技实力

第一，安徽省要结合自身优势，加快军民产业融合。以电子信息、新材料、武器装备等为主导产业，构建“军转民”和“民参军”双向发展军民融合格局。如蚌埠市进一步推动昊方机电、双环电子等龙头民企参军生产，4G、5G通信检测仪器、0.15mm超薄触控玻璃等优势产品向军品市场延伸，非公有制企业申请“军工四证”资质数量年均增长30%以上，民品占军民融合产业的88%以上。双环集团等军民融合企业为“神舟”飞船、“长征”系列火箭、载人航天、“探月”等国家重点工程提供服务，军民融合版图延伸至航空、航天、舰船、军工电子、核工业等重要领域。第二，军民科研平台共享。积极打造国防科技工业自动化测试技术研究中心、国家电子仪器产品质量监督检验中心等国家级研发平台及省级企业技术中心。第三，军民高端人才互通。蚌埠市依托玻璃工业设计院、中电科第40所、41所等国家科研单位和安徽北方芯动联科省级高层次科技人才创新创业团队等招才引智，全市现有诺贝尔奖得主工作站1个，引进国家“千人计划”13人，安徽省“百人计划”8人，“115”创新团队18支，国家级博士后工作站6家，约1/3引智项目人员从事军民融合相关领域。

八、加快非公有制企业转型升级

第一，支持非公有制企业加强技术改造。安徽省已经安排专项资金用于重点支持运用新技术、新设备、新工艺、新材料的非公有制经济与中小企业的技改项目。规定企业技改项目竣工验收合格的，从项目投产之日起，国家项目3年内、省重点项目2年内新增效益所得税的省、市留成部分，全部返还企业用于技改。第二，要加大力度推进非公有制企业节能减排。随着资源环境约束进一步加剧，安徽省非公有制企业要加快绿色发展、低碳发展，安徽省政府加大了对非公有制企业的资金支持用于其清洁生产、节能减排、节能降耗、资源循环利用等。按相关规定给予生产符合国家鼓励的资源综合利用产品、使用列入环境保护与节能节水专用设备税收优惠目录设备以及列入节能减排税收优惠目录的项目等中小企业税收减免。第三，提升产业协作配套能力。安徽省委省政府规定对于专业化程度较高的非公有制企业和中小企业与大企业签订配套合同，提供贷款担保和贴息支持；对大企业本土配套率达到40%或本土配套率年增速达到10%以上给予表彰奖励。第四，鼓励非公有制企业积极参与企业联合兼并重组。鼓励非公有制企业和中小企业积极参与企业兼并、联合、重组、控股与相互参股，提升非公有制企

业整体实力与竞争力。安徽省规定按财政部、国家税务总局《关于企业兼并重组业务企业所得税处理若干问题的通知》（财税〔2009〕59 号）、《关于企业改制管理费用若干契税政策的通知》（财税〔2008〕175 号）对企业兼并重组涉及的债务重组收益、资产评估增值、土地房屋权属转移等给予税收优惠。第五，支持非公有制企业进入园区发展。为了实现规模经济，进一步做大做强非公有制经济，安徽省优先支持非公有制企业进入经国家和省认定的各类园区、产业集群专业镇发展，安徽省技术改造专项资金、中小企业发展专项资金、产业技术研究与开发专项资金等给予资金支持。非公有制企业入驻经济开发区、工业园区等工业集中区发展可以置换原使用土地；对投资新建厂房，当地政府给予补贴。

九、鼓励非公有制企业发展外向型经济

随着国际国内经济环境的变化，尤其是国内正在大力实施的供给侧结构性改革，安徽省非公有制企业应结合自身优势，充分利用国际与国内两种资源，积极开拓国际与国内两大市场，加快推进其发展外向型经济进程。第一，政府应加大财政补助等力度支持非公有制企业参加相关展览展销活动以进一步拓展非公有制企业国内市场。鼓励支持有条件的非公有制企业积极参与农机、家电、汽车、摩托车下乡和家电、汽车以旧换新等业务。尤其是安徽省中小企业发展专项资金重点支持销售渠道稳定、市场占有率高的非公有制企业。第二，支持有条件的非公有制企业到境外开展并购等投资业务，拓展国际市场。安徽省非公有制企业应响应国家实施的“一带一路”倡议，积极参与“一带一路”发展，从事境外技术合作与交流、投资、工程承包、劳务合作、境外展览展销与其他进出口业务，充分利用国际市场与国际资源来提升其经济实力与竞争力。第三，鼓励支持安徽省非公有制企业在海外建立发展基地。安徽省应采取切实措施鼓励支持有实力的非公有制企业到国外设立分支机构、研发中心等，为非公有制企业提供境外投资的政策咨询、法律服务、信息交流等服务，激发带动更多的非公企业走出国门，走向世界。

第十一章 结　　论

第一，科学界定了经济活力、非公有制经济、民营经济、制度、制度变迁等科学内涵以及相关理论基础。

第二，非公有制经济规模日益壮大；非公有制经济对社会经济的贡献不断提升，“稳定器”作用凸显；非公有制经济发展环境不断优化；非公有制企业创新能力提升，“倍增器”作用凸显；非公有制产业集群规模不断增大等。从以上各方面系统分析了安徽省非公有制经济发展活力演变，从中可以看出安徽省非公有制经济取得的巨大成就。严格推进政策落实落地，进一步提升了企业获得感；加快推进创业创新发展，进一步增强了市场主体活力；积极推进创新金融服务，进一步拓展了企业融资渠道；加快推进公共平台建设，进一步夯实为企服务基础；积极推进扩大开放合作，“走出去”“引进来”协同发展；认真推进完善协同联动机制，进一步凝聚了发展合力；全面深化改革，进一步优化营商环境；加强帮扶指导力度，进一步培育“专精特新”等。从以上各方面分析安徽省省非公有制经济快速发展的经验。非公经济发展符合生产力标准；政府“有为”与“不为”有机结合；非公有制企业自身方面：非公有制企业不断提升自我；非公企业加快产业优化，走专业化、多元化、国际化之路；非公有制企业更加注重经济与社会、环境等协调发展；非公企业充分利用国内国际“两种资源”与“两大市场”等。从以上各方面深入分析安徽省非公有制经济活力演变机理。并以安徽中鼎控股（集团）股份有限公司为典型案例分析安徽省非公有制经济活力演变及面临的问题。

第三，非公企业数量比较；非公企业规模（注册资本）比较；非公企业吸纳就业比较；非公企业产业结构比较；非公经济增加值比较；非公经济纳税比较；非公经济固定资产投资比较；非公经济进出口贸易比较等。从以上八大方面全面分析安徽省与中部地区其他省份非公有制经济活力差异。

第四，深入分析了供给侧结构性改革背景下安徽省非公有制经济发展制约因素以及供给侧结构性改革背景下安徽省非公有制经济面临难得的发展机遇。供给侧结构性改革可进一步提高非公有制经济的全要素生产率；供给侧结构性改革有助于非公有制经济更好地实现供需平衡；供给侧结构性改革为非公有制经济发展提供良好的制度环境；供给侧结构性改革有助于非公有制经济加快转变发展方式等。从以上各方面分析供给侧结构性改革对非公有制经济的影响机制。去产能方面，为非公有制经济参与培育新动能提供了机遇：处置“僵尸”企业、适时化解过剩产能实现企业脱困、深化国资国企改革、优化国有资本布局；降成本方面，有助于进一步降低非公有制企业成本，提升其经济效益：切实降低制度性交易成本、降低人工成本、进一步降低企业税费负担、降低企业财务成本、降低电力价格、降低物流成本；补短板方面，尤其在提升企业创新能力方面，有助于提升非公有制经济的发展质量：全省系统推进全面创新改革试验、大力发展战略性新兴产业、加大力度提升企业创新能力、支持企业技术改造和设备更新、激励大众创业万众创新；去杠杆方面，有助于进一步降低非公有制企业风险，提升其抗风险能力：切实扩大企业直接融资规模、有效防范和化解金融风险等。从以上各方面系统分析供给侧结构性改革背景下安徽省非公有制经济面临的机遇。从企业规模有待扩大、竞争力不强、融资难问题仍然比较突出、创新能力有限、资源约束进一步加剧、发展环境亟待优化等方面深入分析供给侧结构性改革背景下安徽省非公有制经济面临的挑战。

第五，经济活力综合评价指标体系构建与测度方法选择。从科学性原则，复合量纲原则，完备性原则，可操作性原则，简洁、独立原则，稳定性原则等方面分析经济活力综合评价指标体系的构建原则。深入分析了构建经济活力综合评价指标体系应注意的相关问题：设计指标的科学基础、主观指标的选取与测量、完善性与社会需求性的矛盾如何协调等。理论分析构建经济活力综合评价指标（体系）的选择标准：选择典型代表性强的核心指标与指标计算尽量避免主观性。从经济成长性、经济创新性、经济协调性、经济绿色性、经济开放性、经济共享性、制度变迁等七大方面构建非公有制经济活力指标体系。科学全面地设定了经济成长性、经济创新性、经济协调性、经济绿色性、经济开放性、经济共享性、制度变迁等七大方面的各个具体指标。从单指标法与综合指标法、综合指数法的权重设置与综合方法选择、分析指标处理三方面分析经济活力综合评价指标体系测度方法选择。

第六，近年来安徽非公有制经济活力的总体评价。当经济成长性比较高时，经济活力就能得到极大释放；若经济创新性比较高，经济主体创新热情高涨，就有助于提升经济活力；若经济协调发展，产业结构优化，就能提升其经济活力；经济发展中若能科学处理好人口、资源、环境的关系以实现绿色发展，就有助于提升经济活力；若经济开放度比较高，就有利于提升其经济活力；若经济主体能共享经济成果，则可激发其积极性、主动性与创造性，提升经济发展活力；科学完善的制度与制度设计以及适时的制度变迁是经济发展或增长的重要因素，也是提升经济活力的关键等。从以上七个方面来构建经济活力数理模型。从非公有制经济活力指数构建、经济活力指数测度方法、近年来安徽省非公有制经济活力指数实证分析三个方面总体评价近年来安徽非公有制经济活力。

第七，近年来安徽各个地区非公有制经济活力评价。从探索性空间数据分析的指标选择、安徽省各个地区非公有制经济活力的探索性空间数据分析两个方面进行安徽省各个地区非公有制经济活力的探索性空间数据分析。从指标体系构建与评价方法选择、安徽省各个地区非公有制经济活力指数空间分析两个方面分析安徽省各个地区非公有制经济活力指数空间差异。以芜湖市与蚌埠市为两个典型案例，全面分析这两个市非公有制经济活力演变及存在的问题等，从中可以发展它们各自的优势与劣势。

第八，国家、安徽省、安徽省各个市近年来出台的促进非公有制经济发展的政策措施实施效果与偏差分析。

第九，结合安徽省经济社会发展实际，为促进非公有制经济更好、更快、更优发展，安徽省非公有制经济应坚决实施“四大发展战略”、充分遵循“五大发展”理念、着重突出“六大发展路径”、加快推进“九项措施”，进一步深化安徽省非公有制经济发展，优化安徽省所有制结构，完善其基本经济制度。

本书的结论如下：

（1）近年来安徽省非公有制经济取得的巨大成就及存在的某些突出问题。

（2）供给侧结构性改革背景下安徽省非公有制经济面临的难得发展机遇及挑战。

（3）经过对安徽省及安徽省 16 个市近年来非公有制经济发展活力进行科学评价，测算结果表明，2005—2017 年安徽省非公有制经济发展指数呈现上升态势，由 2005 年的 0.328 上升到 2017 年的 1.364。安徽省非公有制经济发展指数演变趋势与制度变迁指数变化趋势基本一致，这表明 2005—2017 年安徽省非公有制经济发展变化主要体现在制度变迁方面，但这并不表明安徽省提供的加快民营经济发展的相关制度与制度安排已处于极佳状态，只要它相对于原有的制度水平有了很大进步，就会带来其综合评价值的提高。其他 6 个方面指数也对安徽省非公有制经济发展指数值的提高发挥了重要作用，它们在 2005—2017 年同样处于上升态势。

（4）经过对安徽省与中部地区其他省份非公有制经济发展活力的对比分析，以及对安徽省 16 个市非公有制经济发展活力指数测算与比较，再加上以芜湖市、蚌埠市为两个典型案例进行分析，可以发现安徽省非公有制经济发展活力与中部地区其他省份非公有制经济发展活力差异明显，安徽省各个市的非公有制经济发展活力差异也非常突出。

（5）经过对近年来国家、安徽省及其各个市出台的促进非公有制经济发展的政策措施实施效果与偏差分析，可以发现：一方面，这些政策措施实施提升了安徽省非公有制经济发展活力；另一方面，这些政策措施在实施过程中也出现某些偏差，需要进一步纠偏以便更好地促进安徽省非公有制经济规范、快速、健康地发展。

附　　录

调查问卷

2010—2018 年度安徽省及安徽省各个市非公有制企业数据采集表

尊敬的各企业、法人单位：

您好！为了了解安徽省及安徽省各个市非公有制企业的发展状况、注资性质、财务状况、就业人员状况等方面，我们组织发放了此次调查问卷，调查年度为 2010 年 1 月 1 日至 2018 年 9 月 30 日，除非企业方面特别说明，请不要有缺项，并建议由企业人力资源部门填写。

非常感谢您的配合！

联系人：　　　　电话：

一、政策执行基本情况的问卷调查

1. 您所在企业的类型（　　）

A. 公有制企业　B. 个人独资企业　C. 私营企业　D. 外资企业

E. 中外合资　F. 混合所有制

2. 您所在企业的规模（　　）

A. 大型（从业人员 2000 人以上，营业收入 3 亿元以上，资产总额 4 亿元以上）

B. 中型（从业人员 2000 人以下，营业收入 3 亿元以下，资产总额 4 亿元以下）

C. 小型（从业人员 10—30 人以上，营业收入 60 万—600 万元，资产总额 50 万—2000 万元）

D. 微型（小于以上标准）

3. 您所在企业的法律地位（　　）

①法人企业　A. 有限责任公司　B. 股份有限公司　C. 其他

②非法人企业　A. 个人独资企业　B. 合伙企业　C. 其他

4. 请选择您了解的相关政策［可多选］（　　）

A.《关于进一步促进非公有制经济和中小企业加快发展的实施意见》（皖政〔2010〕93 号）

B.《关于落实大力发展民营经济意见有关政策措施分工的通知》（皖政办〔2013〕7 号）

C.《中共安徽省委安徽省人民政府关于大力发展民营经济的意见》（皖发〔2013〕7 号）

D.《关于调整全省民营经济综合考核基础指标的通知》（皖政办秘〔2015〕46 号）

5. 您对《中共安徽省委安徽省人民政府关于大力发展民营经济的意见》（皖发〔2013〕7 号）的了解程度（　　）

A. 非常了解　　B. 比较了解　　C. 较不了解　　D. 不了解

6. 您认为各项税收优惠政策的落实程度（　）

A. 全部落实　　B. 较大部分落实　C. 较小部分落实　D. 未落实

7. 您认为就业补贴、出口补贴等各项财政补贴措施的落实程度（　　）

A. 全部落实　　B. 较大部分落实　C. 较小部分落实　D. 未落实

8. 您认为贷款担保等贷款援助措施的落实程度（　　）

A. 全部落实　　B. 较大部分落实　C. 较小部分落实　D. 未落实

9. 您认为拓宽融资渠道等各项融资政策的落实程度（　　）

A. 全部落实　　B. 较大部分落实　C. 较小部分落实　D. 未落实

10. 您认为政府有关部门在服务程序、内容等方面的承诺的落实程度（　　）

A. 全部落实　　B. 较大部分落实　C. 较小部分落实　D. 未落实

11. 您认为对本企业自主创新最具吸引力的政府政策是（　　）

A. 减免税收政策　　B. 科技开发专项贷款政策

C. 科技人员奖励政策　　D. 知识产权政策

E. 其他［请具体注明］____________

12. 2016 年度企业引进新员工人数（　　）

A. 1—5 人　　B. 5—10 人　　C. 10—15 人　　D. 15 人以上

13. 您认为影响本企业创新的主要因素是（　　）

A. 研发费用过高和大批量生产转化期过长

B. 科技研发在企业战略中地位不高

C. 缺乏资金

D. 缺乏技术人员

E. 其他［请具体注明］____________________

14. 您认为政策落实不到位的原因［可多选］（　　）
A. 政策本身的可操作性不强
B. 政策本身的制定水准不高
C. 政策执行过程中存在问题
E. 其他［请具体注明］____________________
15. 您认为应从哪些方面增强相关政策执行力［可多选］（　）
A. 增强政策的可操作性
B. 打通政策执行过程中的阻碍
C. 营造高效实干的政策执行环境
D. 建立政策执行的信息服务与监控机制
E. 其他［请具体注明］____________________

二、政策对企业影响的问卷调查

1. 您认为税收优惠政策实施后是否对企业产生了积极影响（　　）
A. 是　　　　　　B. 不是
若是，您认为以下哪种具体政策最为有效（　　）
A. 扩大中小企业专项资金规模
B. 扩大小型微利企业所得税优惠相关政策
C. 对符合条件的企业免征行政事业性收费
D. 延长税收优惠政策执行期限
E. 提高纳税咨询服务质量
F. 其他［请具体注明］____________________
2. 您认为财政补贴措施实施后是否对企业产生了积极影响（　　）
A. 是　　　　　　B. 不是
若是，您认为以下哪种具体政策最为有效（　　）
A. 建立贷款风险补偿基金
B. 加大企业贷款贴息支持
C. 对于用工难的企业按标准给予职业介绍补贴
D. 对新增贷款给予奖励和补贴
E. 其他［请具体注明］____________________
3. 您认为贷款援助措施实施后是否对企业产生了积极影响（　　）
A. 是　　　　　　B. 不是
若是，您认为以下哪种具体政策最为有效（　　）
A. 重点扶持贷款担保等专项资金

B. 提高贷款审批效率
C. 完善授信业务制度
D. 适当扩大小企业贷款审批权限
E. 其他［请具体注明］＿＿＿＿＿＿＿＿＿＿

4. 您认为融资政策实施后是否对企业产生了积极影响（　　）
A. 是　　　　　B. 不是
若是，您认为以下哪种具体政策最为有效（　　）
A. 加大信贷支持力度
B. 落实支持中小企业发展的金融政策
C. 支持中小企业从资本市场融资
D. 促进中小企业担保业发展
E. 加快信用体系建设
F. 其他［请具体注明］＿＿＿＿＿＿＿＿＿＿

5. 您认为创新政策实施后是否对企业产生了积极影响（　　）
A. 是　　　　　B. 不是
若是，您认为以下哪种具体政策最为有效（　　）
A. 支持小企业创业基地建设
B. 重点扶持人才培训、技术创新等专项资金
C. 与开发新技术、新产品等有关的费用可在计算应纳税所得时加计扣除
D. 降低创新创业门槛
E. 其他［请具体注明］＿＿＿＿＿＿＿＿＿＿

6. 企业财务状况

年份	注册资本（万元）	吸纳就业人数（人）	投资支出（万元）	研发投入（万元）	专利申请数（件）	资产（万元）	负债（万元）	所有者权益（万元）
2010								
2011								
2012								
2013								
2014								
2015								
2016								
2017								
2018								

年份	是否进入民营企业500强	经济增加值	税收总额（万元）	进出口总额（万元）	出口额（件）	进口额（万元）	员工总数（人）	员工平均受教育年限（年）	税收优惠（万元）	财政补贴（万元）
2010										
2011										
2012										
2013										
2014										
2015										
2016										
2017										
2018										

三、请回答

1. 本企业的员工在岗总数为：______人

其中：博士学历职工总数______　硕士学历职工总数______

本科及大专学历职工总数______　中专及以下学历职工总数______

2. 本年度项目接受上级部门扶持情况

获国家扶持的项目：______等共____项，支持经费额______（万元）；

获省（区/市）扶持的项目：______等共____项，支持经费额______（万元）；

获行业扶持的项目：______等共____项，支持经费额______（万元）。

在企业发展过程中遇到的最大困难是什么？

3. 2018年度正在申请的项目为：______________________

4. 从业员工的社会保障机制为：______________________

5. 企业内部的创新激励制度：______________________

6. 企业名称（加盖公章）：______________________

法人代码：______________________

工商登记号：______________________

地址：______________　邮政编码：______________

法人代表：______________

填表人：______________　填表人所在部门：______________

填表人电话：______________　填表人 E－mail ______________

衷心感谢您的配合！

参考文献

一、中文文献

（一）中文书籍

［1］马克思、恩格斯：《马克思恩格斯全集》（第4卷），人民出版社1958年版。

［2］马克思、恩格斯：《马克思恩格斯全集》（第7卷），人民出版社1959年版。

［3］马克思、恩格斯：《马克思恩格斯全集》（第26卷），人民出版社1972年版。

［4］列宁：《列宁选集》（第4卷），人民出版社1972年版。

［5］恩格斯：《家庭、私有制和国家的起源》，人民出版社1972年版。

［6］马克思：《资本论》，人民出版社1975年版。

［7］马克思、恩格斯：《马克思恩格斯全集》（第46卷下），人民出版社1980年版。

［8］西斯蒙第：《政治经济学新原理》，商务印书馆1983年版。

［9］中共中央文献研究室：《关于建国以来党的若干历史问题的决议》（注释本），人民出版社1983年版。

［10］马克思、恩格斯：《马克思恩格斯全集》（第48卷），人民出版社1985年版。

［11］许数波：《层次分析发原理》，天津大学出版社1988年版。

［12］亚诺什·科尔奈：《突进与和谐的增长》，经济科学出版社1988年版。

［13］道格拉斯·诺斯：《经济史中的结构与变迁》，上海三联书店1991年版。

［14］H. 钱纳里等：《工业化和经济增长的比较研究》，上海三联书店1991年版。

［15］郭克莎：《中国改革中的经济增长与结构变动》，上海三联书店1993年版。

[16] 曾五一：《总供需平衡统计研究》，中国统计出版社 1994 年版。

[17] 谢千里、罗斯基等：《我国国营工业和集体工业的增长、效率及其趋同化》，社会科学文献出版社 1993 年版。

[18] 道格拉斯·诺思：《制度、制度变迁和经济绩效》，上海人民出版社、上海三联书店 1994 年版。

[19] 彼得·圣吉：《第五项修炼：学习型组织的艺术与实务》，上海三联书店 1994 年版。

[20] 盛洪：《中国的过渡经济学》，上海三联书店、上海人民出版社 1994 年版。

[21] 道格拉斯·C. 诺思：《经济史中的结构与变迁》，陈郁、罗华平等译，上海三联书店、上海人民出版社 1994 年版。

[22] 黄少安：《产权经济学导论》，山东人民出版社 1995 年版。

[23] 王炳林：《中国共产党与私人资本主义》，北京师范大学出版社 1995 年版。

[24] 马克思、恩格斯：《马克思恩格斯选集》（第 3 卷），人民出版社 1995 年版。

[25] 马克思、恩格斯：《马克思恩格斯选集》（第 1 卷），人民出版社 1995 年版。

[26] 马克思、恩格斯：《马克思恩格斯全集》（第 46 卷），人民出版社 1995 年版。

[27] 刘树人、张久达：《中国企业活力定量评价》，中国国际广播出版社 1995 年版。

[28] 王子平、张景成：《企业生命论》，红旗出版社 1996 年版。

[29] V. 奥斯特罗姆、D. 菲尼、H. 皮希特：《制度分析与发展的反思——问题与抉择》，商务印书馆 1996 年版。

[30] 哈耶克：《通往奴役之路》，王明毅等译，中国社会科学出版社 1997 年版。

[31] 刘来福、曾文艺：《数学模型与数学建模》，北京师范大学出版社 1997 年版。

[32] 邱东：《多指标综合评价方法的系统分析》，中国统计出版社 1998 年版。

[33] 张曙光：《中国制度变迁的案例研究》（第二集），中国财政经济出版社 1998 年版。

[34] 尼古莱·J. 福斯、克里斯第安·克努森：《企业万能：面向企业能力

理论》，东北财经大学出版社 1998 年版。

[35] 周扬明、高会宗：《企业活力与动力研究》，地质出版社 1998 年版。

[36] 孔祥毅、王启文：《企业发展动力学引论》，上海人民出版社 1998 年版。

[37] 约瑟夫·E. 斯蒂格利茨：《政府为什么干预经济》，北京中国物资出版社 1998 年版。

[38] 安德鲁·坎贝尔、凯瑟琳·萨默斯·卢斯：《核心能力战略：以核心竞争力为基础的战略》，东北财经大学出版社 1999 年版。

[39] 小艾尔弗雷德·D. 钱德勒：《企业规模经济与范围经济：工业资本主义的原动力》，中国社会科学出版社 1999 年版。

[40] 谭崇台：《发展经济学的新发展》，武汉大学出版社 1999 年版。

[41] 道格拉斯·诺斯、罗伯特·托马斯：《西方世界的兴起》，厉以平、蔡磊译，华夏出版社 1999 年版。

[42] 张冀湘：《企业活力有序论》，经济科学出版社 1999 年版。

[43] 托马斯：《增长的质量》，清华大学出版社 2000 年版。

[44] 杜栋、庞庆华：《现代综合评价方法与案例精选》，清华大学出版社 2000 年版。

[45] 布坎南、马斯格雷夫：《公共财政与公共选择：两种截然不同的国家观》，中国财政经济出版社 2000 年版。

[46] 樊纲、王小鲁：《中国市场化指数：各地区市场化相对进程报告》，经济科学出版社 2000 年版。

[47] 培刚：《发展经济学教程》，经济科学出版社 2001 年版。

[48] 小罗伯特·埃克伦德：《经济理论和方法史》，人民大学出版社 2001 年版。

[49] 周其仁：《产权与制度变迁——中国改革的经验研究》，社会科学文献出版社 2001 年版。

[50] 李维安：《现代企业活力理论与评价》，中国财政经济出版社 2001 年版。

[51] 董明：《政治格局中的私营企业主阶层》，中国经济出版社 2002 年版。

[52] 齐守印：《中国公共经济体制改革与公共经济学论纲》，人民出版社 2002 年版。

[53] 吕豪强：《基于专家评价法的关联规则挖掘》，中国计算机大会 2003 年版。

[54] 刘小玄：《中国转轨过程中的产权和市场》，上海三联书店、上海人民

出版社 2003 年版。

[55] 杰克·J. 弗罗门:《经济演化——探究新制度经济学的理论基础》,李振明等译,经济科学出版社 2003 年版。

[56] 促进非公有制经济发展研究课题组:《中国非公有制经济发展前沿问题研究(2004—2005)》,机械工业出版社 2004 年版。

[57] 库尔特·多普菲:《演化经济学》,贾根良等译,高等教育出版社 2004 年版。

[58] 张军:《制度、组织与中国的经济改革》,上海财经大学出版社 2004 年版。

[59] 尹卫红:《经济分析方法》,商务印书馆 2004 年版。

[60] 何伟:《宁波活力》,宁波出版社 2004 年版。

[61] 倪鹏飞:《中国城市竞争力报告》,社会科学文献出版社 2004 年版。

[62] 于涛方:《城市竞争力》,东南大学出版社 2004 年版。

[63] 道格拉斯·C. 诺思:《经济史上的结构和变革》,厉以平译,商务印书馆 2005 年版。

[64] 严汉平:《国有经济边界及战略调整》,中国经济出版社 2007 年版。

[65] 李生林、王淑芬:《中国民营企业劳动关系》,中国劳动社会保障出版社 2007 年版。

[66] 吴晓波:《激荡三十年:中国企业 1978—2008(上)》,中信出版社 2007 年版。

[67] 丹尼尔·W. 布罗姆利:《经济利益与经济制度——公共政策的理论基础》,上海三联书店、上海人民出版社 2007 年版。

[68] 埃格特森:《经济行为与制度》,商务印书馆 2007 年版。

[69] 单忠东:《民营经济三十年——思考与展望》,经济科学出版社 2009 年版。

[70] 李强:《政策创新与浙江发展》,浙江人民出版社 2009 年版。

[71] 陆学艺:《当代中国社会结构》,社会科学文献出版社 2010 年版。

[72] 张鹏伟、李嫣怡等:《Stata 统计分析与应用》,电子工业出版社 2011 年版。

[73] 汤国安、杨昕等:《ArcGIS 地理信息系统空间实验教程(第二版)》,科学出版社 2012 年版。

[74] 全国工商联:《2011 年中国中小企业调研报告》,中华工商联合出版社 2012 年版。

[75]《中国共产党第十八次全国代表大会文件汇编》,人民出版社 2012 年版。

[76]《中共中央关于全面深化改革若干重大问题的决定》，人民出版社2013年版。

[77] 程承坪：《企业、制度与中国经济改革》，经济科学出版社2013年版。

（二）中文期刊

[78] 白光浩："所有制与经济活力"，载于《北京师范学院学报（社会科学版）》1991年第5期。

[79] 马洪："苏南经济活力之源"，载于《经济管理》1991年第10期。

[80] 贺菊煌："我国资产的估算"，载于《数量经济技术经济研究》1992年第8期。

[81] 李京文、郑友敬等："中国经济增长分析"，载于《中国社会科学》1992年第1期。

[82] 陈建一："最大经济活力和最大经济效果"，载于《管理现代化》1992年第3期。

[83] 柳茂平："公有制形式与大中型企业经济活力"，载于《求是学刊》1993年第2期。

[84] 杨瑞龙："论制度供给"，载于《经济研究》1993年第8期。

[85] 袁嘉新："再论经济增长中的结构效益的测算方法"，载于《数量经济技术经济研究》1993年第12期。

[86] 傅道臣："经济增长中的结构效益及其测算"，载于《数量经济技术经济研究》1993年第12期。

[87] 管元辅："论劳动者和生产资料的结合——关于微观经济活力的思考"，载于《理论月刊》1994年第4期。

[88] 杨瑞龙："论我国制度变迁方式与制度目标的冲突及其协调"，载于《经济研究》1994年第5期。

[89] 张宇燕："利益集团与制度非中性"，载于《改革》1994年第2期。

[90] 胡永泰、海闻等："中国企业改革究竟获得了多大成功"，载于《经济研究》1994年第6期。

[91] 张晓文："国有企业活力影响因素现状及分析"，载于《管理世界》1994年第6期。

[92] 王延中："中小企业与经济活力"，载于《中国工业经济》1995年第10期。

[93] 张维迎："公有制经济中的委托人—代理人关系：理论分析和政策含义"，载于《经济研究》1995年第4期。

[94] 林毅夫："比较优势与发展战略：对'东亚奇迹'的再解释"，载于《中国社会科学》1999 年第 5 期。

[95] 田国强："中国乡镇企业的产权结构及其改革"，载于《经济研究》1995 年第 3 期。

[96] 李稻葵："转型经济中的模糊产权理论"，载于《经济研究》1995 年第 4 期。

[97] 亓名杰："试论国有企业分配关系与企业活力"，载于《中国工业经济》1996 年第 6 期。

[98] 孟庆琳："现代国有企业制度论略——对国有企业活力与企业制度改革的分析"，载于《求是学刊》1997 年第 3 期。

[99] 陈伟："创新是经济活力之源"，载于《时事报告》1997 年第 1 期。

[100] 朱谷生："增强西部经济活力是缩小东西经济差距的根本途径"，载于《曲靖师专学报》1997 年第 1 期。

[101] 陈宽、谢千里等："中国国营工业生产率变动趋势研究"，载于《中国社会科学》1998 年第 4 期。

[102] 杨瑞龙："我国制度变迁方式转换的三阶段论——兼论地方政府的制度创新行为"，载于《经济研究》1998 年第 1 期。

[103] 胡乃武、阎衍："中国经济增长区际差异的制度解析"，载于《经济理论与经济管理》1998 年第 1 期。

[104] 张维迎、栗树和："地区间竞争与中国国有企业的民营化"，载于《经济研究》1998 年第 12 期。

[105] 叶汉生："企业活力的标志是什么"，载于《武汉财会》1998 年第 1 期。

[106] 李翀："我国对外开放程度的度量与比较"，载于《经济研究》1998 年第 1 期。

[107] 何东霞："广东经济体制模式评论"，载于《管理世界》1999 年第 2 期。

[108] 宋子和："对非公有制经济若干理论问题的探索"，载于《广东社会科学》1999 年第 3 期。

[109] 刘福祥："影响国有企业经济活力的原因探析"，载于《矿业研究与开发》1999 年第 3 期。

[110] 樊刚："论体制转轨的动态过程——非国有部门的成长与国有部门的改革"，载于《经济研究》2000 年第 1 期。

[111] 张长生、郑红军："新中国 50 年非公有制经济发展的启示"，载于

《岭南学刊》2000年第3期。

[112] 李晓西、余明："货币政策传导机制与国民经济活力"，载于《金融研究》2000年第7期。

[113] 周黎安："晋升博弈中政府官员的激励与合作——兼论我国地方保护主义和重复建设问题长期存在的原因"，载于《经济研究》2000年第5期。

[114] 周业安："中国制度变迁的演进论解释"，载于《经济研究》2000年第5期。

[115] 萧栋梁："建国以来我国非公有制经济政策的变迁与思考"，载于《求索》2000年第6期。

[116] 胡斌、徐辉："基于模糊数学综合理论的国有企业活力评价应用模型研究"，载于《工业技术经济》2000年第2期。

[117] 杨瑞龙、杨其静："阶梯式的渐进制度变迁模型——在论地方政府在我国制度变迁中的作用"，载于《经济研究》2000年第3期。

[118] 杨元富："国有企业活力分析与政策建议"，载于《经济论坛》2001年第1期。

[119] 童光荣："大力开展技术创新促进经济持续增长"，载于《数量经济技术经济研究》2001年第9期。

[120] 金玉国："宏观制度变迁对转型时期中国经济增长的贡献"，载于《财经科学》2001年第2期。

[121] 李芬："二十世纪五六十年代中国共产党对非公有制经济政策之分析"，载于《党史研究与教学》2001年第1期。

[122] 田奋飞："竞争力与竞争优势：基于资源与能力的逻辑分析"，载于《理论月刊》2001年第6期。

[123] 洪银兴、陈宝敏："'苏南模式'的新发展——兼与'温州模式'比较"，载于《宏观经济研究》2001年第7期。

[124] 董辅礽："温州模式与中国民营经济的发展"，载于《宏观经济研究》，2002年第9期。

[125] 谢健："民营经济发展模式比较"，载于《中国工业经济》2002年第10期。

[126] 易耀秋："温州经济活力的'五线谱'"，载于《前沿》2002年第10期。

[127] 周鲁霞："把加快发展的着力点放在提高经济活力上"，载于《山东经济战略研究》2002年第7期。

[128] 赵放："论技术和制度在经济增长中的关系"，载于《吉林大学学报

(社会科学版)》2002 年第 6 期。

[129] 杨迎昕："试论技术创新中的制度激励"，载于《山东理工大学学报(社会科学版)》2002 年第 5 期。

[130] 潘士远、史晋川："内生经济增长理论：一个文献综述"，载于《经济学（季刊)》2002 年第 4 期。

[131] 浙江省统计局课题组："浙江非公有制经济发展状况及其分析"，载于《浙江社会科学》2002 年第 6 期。

[132] 王树杞、王琦："进一步推进我国非公有制经济发展的对策"，载于《经济纵横》2002 年第 11 期。

[133] 顾远、向崇学："中小企业—创造经济活力的源泉"，载于《商业研究》2002 年第 6 期。

[134] 衡孝庆："党的非公有制经济政策研究述评"，载于《石油大学学报(社会科学版)》2002 年第 2 期。

[135] 林毅夫："自生能力、经济转型与新古典经济学的反思"，载于《经济研究》2002 年第 12 期。

[136] 杨开忠、陶然、刘明兴："解除管制、分权与中国经济转轨"，载于《中国社会科学》2003 年第 3 期。

[137] 方丽槐、桂平雄："放手发展非公经济激发农垦经济活力"，载于《中国农垦经济》2003 年第 4 期。

[138] 陈文玲、王飞："浙江非公有制经济发展与制度创新"，载于《经济社会体制比较》2003 年第 6 期。

[139] 傅晓霞、吴利学："制度变迁对中国经济增长贡献的实证分析"，载于《内蒙古财经学院学报》2003 年第 1 期。

[140] 刘传江、周玲："制度变迁与经济增长方式转变：可持续发展视角的考察"，载于《武汉大学学报（哲学社会科学版)》2003 年第 4 期。

[141] 田秋生："甘肃非公有制经济发展滞后的原因与加快发展的对策建议——与浙江的对比分析"，载于《兰州大学学报（社会科学版)》2003 年第 11 期。

[142] 刘元春："经济制度改革还是产业结构升级——论中国经济增长的核心源泉及其未来改革的重心"，载于《中国工业经济》2003 年第 9 期。

[143] 非公有制经济发展问题与对策研究课题组："制度、市场与非公有制经济"，载于《经济社会体制比较》2004 年第 3 期。

[144] 王斌："对非公有制经济的再认识"，载于《学术交流》2004 年第 2 期。

[145] 黄少安："关于制度变迁的三个假说及其验证"，载于《中国社会科学》2004年第4期。

[146] 刘海英等："人力资本'均化'与中国经济增长质量关系研究"，载于《管理世界》2004年第11期。

[147] 陆铭、陈钊："城市化城市倾向的经济政策与城乡收入差距"，载于《经济研究》2004年第6期。

[148] 卢锋、姚洋："金融压抑下的法治、金融发展和经济增长"，载于《中国社会科学》2004年第1期。

[149] 周鸣磐："大力发展混合所有制经济，增强公有制经济活力——混合所有制经济的理论与实践研讨会综述"，载于《探索与争鸣》2004年第8期。

[150] 陈孝新："几种综合评价方法的实证比较"，载于《江西财经大学学报》2004年第3期。

[151] 楼海淼、孙秋碧："基于因子分析的我国各省经济活力评价研究"，载于《福州大学学报（哲学社会科学版）》2005年第3期。

[152] 陈文理："地方政府管理模式的制度创新及其作用——珠江三角洲模式、苏南模式和温州模式的比较"，载于《武汉大学学报（人文科学版）》2005年第1期。

[153] 张军、金煜："中国的金融深化和生产率关系的再检测：1987—2001"，载于《经济研究》2005年第11期。

[154] 吴国平："优化非公有制经济发展的政策与法治环境"，载于《山东工商学院学报》2005年第4期。

[155] 隋映辉："最具经济活力城市的形成与发展"，载于《中共青岛市委党校》、《青岛行政学院学报》2005年第1期。

[156] 黄少安、孙圣民、宫明波："中国土地产权制度对农业经济增长的影响——对1949—1978年中国大陆农业生产效率的实证分析"，载于《中国社会科学》2005年第3期。

[157] 张春："论经济活力与人的主体性"，载于《中国市场》2005年第8期。

[158] 张荣昌："经济活力：源于政企关系的良性互动——以宁波市为例"，载于《经济丛刊》2005年第2期。

[159] 柴敏波："货币政策传导机制与国民经济活力"，载于《浙江万里学院学报》2005年第3期。

[160] 徐善长："非公有制经济发展中的制度创新"，载于《经济研究参考》2006年第64期。

[161] 金碚："科学发展观与经济增长方式转变"，载于《中国工业经济》2006 年第 5 期。

[162] 潘慧峰："制度变迁与内生经济增长"，载于《南开经济研究》2006 年第 2 期。

[163] 沈利生等："增加值率下降意味着什么"，载于《经济研究》2006 年第 3 期。

[164] 涂红："贸易开放、制度变迁与经济增长——基于不同国家规模和发展水平的比较分析"，载于《南开学报（哲学社会科学版)》2006 年第 3 期。

[165] 孟丽："促进非公有制经济发展的财政政策研究"，载于《甘肃行政学院学报》2006 年第 2 期。

[166] 陈顺、陈才："东北地区民营经济发展路径及空间组织形式"，载于《地域研究与开发》2006 年第 1 期。

[167] 李成瑞："关于我国目前公私经济比重的初步估算"，载于《探索》2006 年第 4 期。

[168] 郑玉歆："全要素生产率的再认识——用 TPF 分析经济增长质量存在的若干局限"，载于《数量经济技术经济研究》2007 年第 9 期。

[169] 程传兴："论我国非公有制经济存在和发展原因的多样性"，载于《中州学刊》2007 年第 1 期。

[170] 孙发平、马洪波、王兰英："增强青海经济活力问题研究"，载于《青海民族研究》2007 第 3 期。

[171] 洪名勇、施国庆："农地产权制度与农业经济增长——基于 1949—2004 年贵州省的实证分析"，载于《制度经济学研究》2007 年第 1 期。

[172] 陆晓丽、郭万山："城市经济活力的综合评价指标体系"，载于《统计与决策》2007 年第 6 期。

[173] 胡晓登、黄丹："垄断行业'市场准入'与贵州非公有制经济跨越式发展"，载于《贵州社会科学》2007 年第 2 期。

[174] 杨志祥："非公有制经济的知识产权发展战略"，载于《改革与战略》2007 年第 2 期。

[175] 金延杰："中国城市经济活力评价"，载于《地理科学》2007 年第 1 期。

[176] 施春荣："绍兴民营经济活力探讨"，载于《中国集体经济》2008 年第 6 期。

[177] 李富强、董直庆、王林辉："制度主导、要素贡献和我国经济增长动力的分类检验"，载于《经济研究》2008 年第 4 期。

[178] 蒋伏心："经济增长方式转变：内涵的讨论与路径的选择"，载于《经济学家》2008 年第 3 期。

[179] 张炳光："国企持续发展才能增强国有经济活力、控制力、影响力"，载于《福州大学学报（哲学社会科学版）》2008 年第 3 期。

[180] 刘震伟、张正博："国有经济活力、控制力、影响力的指标构架及其分析——以上海国有经济为例"，载于《上海市经济管理干部学院学报》2008 年第 6 期。

[181] 钞小静、任保平："中国的经济转型与经济增长质量：基于 TFP 贡献的考察"，载于《当代经济科学》2008 年第 4 期。

[182] 吴光玲："新时期非公有制经济发展问题研究"，载于《经济与社会发展》2008 年第 3 期。

[183] 魏凤娟："我国非公有制经济发展环境问题研究"，载于《中国集体经济》2008 年第 3 期。

[184] 刘文革、高伟："制度变迁的度量与中国经济增长"，载于《经济学家》2008 年第 6 期。

[185] 邵军、徐康宁："制度质量、外资进入与增长效应"，载于《世界经济》2008 年第 7 期。

[186] 郭飞："深化中国所有制结构改革的若干思考"，载于《中国社会科学》2008 年第 3 期。

[187] 邵帅、齐中英："西部地区的能源开发与经济增长——基于"资源诅咒"的假说的实证研究"，载于《经济研究》2008 年第 4 期。

[188] 武力："略论新中国 60 年经济发展与制度变迁的互动"，载于《中国经济史研究》2009 年第 3 期。

[189] 刘传岩："非公有制经济发展的制度和政策性障碍及对策分析"，载于《中央社会主义学院学报》2009 年第 2 期。

[190] 宁坚、唐建民、李光金："民营企业的发展路径分析"，载于《理论动态》2009 年第 10 期。

[191] 杨友才："制度变迁、路径依赖与经济增长：一个数理模型分析"，载于《制度经济学研究》2010 年第 2 期。

[192] 陈丹丹、任保平："制度变迁与经济增长质量：理论分析与计量检验"，载于《当代财经》2010 年第 1 期。

[193] 胡晓珍："制度作用于经济增长的途径及其量化研究"，载于《华中科技大学学报（社会科学版）》2010 年第 5 期。

[194] 许经勇："转变经济发展方式与发展非公有制经济"，载于《福建论

坛（人文社会科学版)》2010 年第 3 期。

[195] 陈承明、韦艳：“论基本经济制度与划清两个根本界限”，载于《当代经济研究》2010 年第 3 期。

[196] 张锐：“知识产权：中国企业的困与解”，载于《中国企业文化》2010 年第 11 期。

[197] 任保平：“制度变迁与经济增长质量：理论分析与计量检验”，载于《当代财经》2010 年第 1 期。

[198] 宗寒：“正确认识国有经济的地位和作用”，载于《学术月刊》2010 年第 8 期。

[199] 王佳菲：“现代市场经济条件下我国国有经济历史使命的再认识”，载于《马克思主义研究》2011 年第 9 期。

[200] 陈伟达：“论市场经济条件下的公有制及其功能范围”，载于《当代经济研究》2011 年第 6 期。

[201] 靳涛：“中国经济增长与制度变迁的互动关系研究——基于新中国 60 年经济发展经验的视角”，载于《厦门大学学报（哲学社会科学版)》2011 年第 4 期。

[202] 欧阳峣：“后发大国的制度创新、改革开放与经济增长”，载于《财政研究》2011 年第 6 期。

[203] 梁慧颖、司建业、杨征、樊璟：“山西省非公有制经济体制现状及改革创新研究”，载于《科技情报开发与经济》2011 年第 22 期。

[204] 钞小静、任保平：“中国经济增长质量的时序变化与地区差异分析”，载于《经济研究》2011 年第 4 期。

[205] 付才辉：“经济增长的微观制度基础”，载于《制度经济学研究》2011 年第 2 期。

[206] 刘国光：“关于社会主义初级阶段基本经济制度若干问题的思考”，载于《经济学动态》2011 年第 7 期。

[207] 陈永杰：“改革开放以来经济制度表述四次变化——基本经济制度科学表述研究（一～四)”，载于《经济研究参考》2012 年第 55 期。

[208] 曹雁翎：“基于区域经济活力提升的人才活跃度研究”，载于《改革与战略》2012 年第 4 期。

[209] 胡大立、彭永昌：“江西非公有制经济与东部非公有制经济发展差距分析”，载于《江西财经大学学报》2012 年第 6 期。

[210] 魏婕、任保平：“我国各地区经济增长质量的测度及其排序”，载于《经济学动态》2012 年第 4 期。

[211] 林跃锋："我国非公有制经济发展与社会主义基本经济制度完善关系研究"，载于《科学社会主义》2012 年第 4 期。

[212] 高尚全："改革攻坚必须打破垄断"，载于《中国民营科技与经济》2012 年第 6—7 期。.

[213] 郭苏文、黄汉民："中国地区经济增长不平衡的制度质量解释"，载于《统计与决策》2012 年第 2 期。

[214] 汤长安、欧阳峣："发展中大国制度变迁、技术进步与经济增长"，载于《大国经济研究》2012 年第 4 期。

[215] 宁坚："邓小平非公有制经济思想的科学内涵及其时代价值"，载于《四川大学学报（哲学社会科学版）》2012 年第 3 期。

[216] 马汴京："集体工业经济、内生制度与经济增长——基于 120 个大中城市的经验研究"，载于《制度经济学研究》2012 年第 1 期。

[217] 刘吕科、张定胜、邹恒甫："制度变迁、人口压力与经济增长——理论与中国的经验研究"，载于《制度经济学研究》2012 年第 4 期。

[218] 杨新铭、杨春学："对中国经济所有制结构现状的一种定量估算"，载于《经济学动态》2012 年第 10 期。

[219] 刘树成："不可忽视 GDP——当代中国经济走势分析"，载于《新华文摘》2012 年第 19 期。

[220] 赵华荃："关于公有制主体地位的量化分析和评价"，载于《当代经济研究》2012 年第 3 期。

[221] 刘越："我国公有制经济占主体地位之'质'的分析"，载于《马克思主义研究》2012 年第 8 期。

[222] 刘越："改革开放以来我国多种所有制经济共同发展的绩效演化分析"，载于《哈尔滨商业大学学报（社会科学版）》2013 年第 1 期。

[223] 李鸿忠："支持非公有制经济健康发展"，载于《求是》2013 年第 23 期。

[224] 钱巨炎："推动非公有制经济转型升级的财税政策研究"，载于《财政研究》2013 年第 8 期。

[225] 周新军："党的非公有制经济政策回顾与展望"，载于《党政干部学刊》2013 年第 11 期。

[226] 蒲宇飞："完善动态混合所有制结构焕发经济活力"，载于《经济问题》2013 年第 11 期。

[227] 财政部国际司调研组："北欧福利国家如何保持经济活力"，载于《中国财政》2013 年第 17 期。

［228］周莉蓉："西藏非公有制经济发展的作用、特征及对策建议"，载于《西藏研究》2013 年第 1 期。

［229］刘越："改革开放以来我国公有制经济占主体的'量'的演化分析"，载于《贵州社会科学》2013 年第 2 期。

［230］中华民营企业课题组："我国民营经济发展状况和经营环境问题研究"，载于《经济研究参考》2013 年第 44 期。

［231］贾康："中国需要以改革为核心的新供给经济学"，载于《地方财政研究》2013 年第 2 期。

［232］程承坪："国有企业性质新论：基于交易费用的视角"，载于《社会科学辑刊》2013 年第 1 期。

［233］国家发展改革委经济体制与管理研究所课题组："围绕处理好政府与市场的关系深化改革"，载于《宏观经济管理》2013 年第 8 期。

［234］黄泽海、何灵："非公有制经济与城镇化搞合协调发展的实证分析——对武陵山片区怀化市的个案分析"，载于《经济师》2013 年第 11 期。

［235］白永秀、王颂吉："我国经济体制改革核心重构：政府与市场关系"，载于《改革》2013 年第 7 期。

［236］刘玉江、能建国："改革开放三十五年来非公有制经济发展的回顾与启示"，载于《中央社会主义学院学报》2013 年第 2 期。

［237］郑默杰："激发非公有制经济的活力和创造力"，载于《理论视野》2013 年第 12 期。

［238］王非、胡航："贵州省非公有制经济产业结构研究"，载于《贵州社会科学》2013 年第 12 期。

［239］林毅夫："政府与市场的关系"，载于《中国高校社会科学》2014 年第 1 期。

［240］裴长洪："中国公有制主体地位的量化估算及其发展趋势"，载于《中国社会科学》2014 年第 1 期。

［241］奚金才、周利海："我国非公有制经济保护不足的宪政思考"，载于《特区经济》2014 年第 9 期。

［242］王钦敏："全面深化改革与非公有制经济发展"，载于《人民论坛》2014 年第 6 期。

［243］江苏省工商联课题组："加快发展混合所有制经济充分释放民营经济发展活力——关于我省混合所有制经济发展情况的调查"，载于《江苏社会主义学院学报》2014 年第 6 期。

［244］郭铁民："进一步释放福建省民营经济活力的思考"，载于《福建论

坛·人文社会科学版》2014 年第 10 期。

[245] 袁志坚、刘 波："提升黑龙江省非公有制经济发展活力和创造力研究"，载于《统计与咨询》2014 年第 5 期。

[246] 任淑荣："非公有制经济在我国发展的历史脉络及实践意义"，载于《商业时代》2014 年第 23 期。

[247] 卢彦萍："'新常态'下黑龙江省非公有制经济运行分析"，载于《统计与咨询》2014 年第 6 期。

[248] 邓良："产业转型期新型企业家培育问题研究——基于广东省非公有制经济'创二代'现状调查与培育引领问题的研究"，载于《经济体制改革》2014 年第 2 期。

[249] 张爱萍："中国非公有制经济发展的功能定位嬗变及述评"，载于《经济研究导刊》2014 年第 22 期。

[250] 刘现伟："加快推进公有制经济与非公有制经济协同发展"，载于《宏观经济管理》2014 年第 3 期。

[251] 齐虹："历史哲学视野下非公有制经济发展的逻辑路径研究"，载于《兰州学刊》2014 年第 6 期。

[252] 董明："政府、市场、企业及其边界——对推进我国非公有制经济更好发展的若干省思"，载于《湖北省社会主义学院学报》2014 年第 1 期。

[253] 应焕红："非公有制经济平等使用生产要素研究"，载于《学习论坛》2014 年第 4 期。

[254] 程承坪、艾青益："破除所有制界限焕发经济活力"，载于《当代经济管理》2014 年第 8 期。

[255] 蒋多佳："激发非公有制经济活力与创造力探析"，载于《现代经济信息》2014 年第 8 期。

[256] 侯荣涛："经济活力评价体系构建及对福田区实证分析"，载于《经济师》2015 年第 6 期。

[257] 王淑珍："激发沈阳民营经济活力和创造力的对策"，载于《辽宁经济管理干部学院，辽宁经济职业技术学院学报》2015 年第 3 期。

[258] 楚序平："增强活力、提高效率是国有企业改革的中心任务"，载于《政治经济学评论》2015 年第 6 期。

[259] 左峰："井冈山根据地经济活力探源：制度变迁视角"，载于《齐鲁师范学院学报》2015 年第 2 期。

[260] 王文俊："国内外典型非公有制经济发展模式的实践及启示"，载于《当代经济管理》2015 年第 12 期。

[261] 仇保兴："深度城镇化——'十三五'期间增强我国经济活力和可持续发展能力的重要策略"，载于《城市发展研究》2015 年第 7 期。

[262] 金碚："我国经济发展新常态研究"，载于《中国工业经济》2015 年第 1 期。

[263] 李雨珊："中国非公有制经济及其发展逻辑——基于 2010—2015 年研究的分析"，载于《广西民族大学学报（哲学社会科学版）》2016 年第 4 期。

[264] 刘波、卢彦萍："'十二五'时期黑龙江省非公有制经济发展成效、问题与对策"，载于《统计与咨询》2016 年第 6 期。

[265] 马莉："四川省经济区经济活力评价"，载于《四川职业技术学院学报》2015 年第 2 期。

[266] 宋智慧："非公有制经济发展法治环境的现状与优化"，载于《沈阳师范大学学报》2016 年第 2 期。

[267] 任兴洲："供给侧结构性改革与商品交易市场的转型发展"，载于《中国流通经济》2016 年第 6 期。

[268] 吴敬琏："以供给侧改革应对'四降一升'挑战"，载于《中国经贸导刊》2016 年第 3 期。

[269] 逄锦聚："经济发展新常态中的主要矛盾和供给侧结构性改革"，载于《政治经济学评论》2016 年第 2 期。

[270] 洪银兴："准确认识供给侧结构性改革的目标和任务"，载于《中国工业经济》2016 年第 6 期。

[271] 谢地、郁秋艳："用马克思主义政治经济学指导供给侧结构性改革"，载于《马克思主义与现实》2016 年第 1 期。

[272] 冯志峰："供给侧结构性改革的理论逻辑与实践路径"，载于《经济问题》2016 年第 2 期。

[273] 朱继东："非公有制经济领域意识形态工作问题及对策"，载于《红旗文稿》2016 年第 7 期。

[274] 李翀："论供给侧改革的理论依据和政策选择"，载于《经济社会体制比较》2016 年第 1 期。

[275] 范必："供给侧改革应着重打破供给约束"，载于《宏观经济管理》2016 年第 6 期。

[276] 郑京平："对中国供给侧结构性改革的几点认识"，载于《开放导报》2016 年第 2 期。

[277] 丁任重："关于供给侧结构性改革的政治经济学分析"，载于《经济学家》2016 年第 3 期。

[278] 谷玉良、任树正："非公有制经济人士意识形态状况调查——基于武汉市非公有制经济人士的问卷调查"，载于《长江论坛》2016年第1期。

[279] 赵丽、张森林："论我国非公有制经济发展的外部环境创新"，载于《技术经济与管理研究》2016年第5期。

[280] 王保忠、何炼成、李忠民、刘阳："我国非公有制经济发展质量提升路径与对策研究"，载于《经济纵横》2016年第10期。

[281] 邵光学、王锡森："供给侧结构性改革研究述评"，载于《经济学家》2016年第12期。

[282] 张东旭："供给侧结构性改革中改善金融错配"，载于《中国党政干部论坛》2016年第6期。

[283] 迟福林："'十三五'：以经济转型为主线的结构性改革"，载于《上海大学学报（社会科学版）》2016年第2期。

[284] 金碚："总需求调控与供给侧改革的理论逻辑和有效实施"，载于《经济管理》2016年第5期。

[285] 刘伟、蔡志洲："经济增长新常态与供给侧结构性改革"，载于《求是学刊》2016年第1期。

[286] 沈坤荣："供给侧结构性改革是经济治理思路的重大调整"，载于《南京社会科学》2016年第2期。

[287] 杨丽君、邵军："新常态下德国工业4.0对我国供给侧改革的启示"，载于《现代经济探讨》2016年第4期。

（三）中文报纸

[288] 连玉明："影响中国城市竞争力的十个关键因素"，《新经济导刊》，2002年7月20日。

[289] 杨开忠："2003中国31省市区新经济实力排行榜"，《经济日报》，2003年8月15日。

[290] 樊纲："财产性生产要素分布不合理造成分配不公"，《中华工商时报》，2003年1月30日。

[291] 姜山："创新是民营经济活力的源泉"，《中国改革报》，2008年1月25日。

[292] 刘迎秋："人力资本：新时期最重要的经济活力源泉"，《人民日报》，2008年9月23日。

[293] 陈清泰："超越争议 公平竞争"，《人民日报》，2012年6月4日。

[294] 沈竹士："对民企、国企平等分配生产要素"，《文汇报》，2012年3

月9日。

[295] 陈清泰："关于进一步解放生产力的思考"，《北京日报》，2013年7月22日。

[296] 白天亮："国企4种路径实现混合所有制"，《人民日报》，2013年12月20日。

[297] 周述杰："如何激发非公有制经济活力和创造力"，《中华工商时报》，2014年1月15日。

[298] 吴乐、惠宁："着力增强国有企业活力和竞争力"，《光明日报》，2014年4月5日。

[299] 江山："激发国有企业内在活力"，《人民日报》，2014年7月2日。

[300] 王一鸣："经济下行压力加大的原因主要不是周期性的，而是结构性的，应当通过供给侧改革重塑发展动力"，《人民日报》，2015年12月28日。

[301] 李稻葵："'十三五'时期需要什么样的供给侧改革"，《人民政协报》，2015年12月8日。

[302] 刘世锦："供给侧改革需打通要素流动通道"，《经济日报》，2016年1月11日。

[303] 王一鸣、陈昌盛、李承健："正确理解供给侧结构性改革"，《人民日报》，2016年3月29日。

[304] 贾康："以制度供给为龙头释放供给体系要素潜力"，《中国证券报》，2016年3月30日。

二、英文文献

[305] Penrose, E. T., 1972, The Theory of the Growth of the Firm (originally Published 1959), Oxford: BasilB1ackwell.

[306] Michael E. Porter, 1980, Competitive Strategy: Techniques for Analyzing Industries and Competitors, The Free Press, N. Y.

[307] Rumelt, R. P, 1984, Towards a Strstegic Theory of the Firm, in R. B. Lamb (ed.): Competitive strategic Management, Englewood Cliffs, NJ: Prentice – Hall.

[308] Chandler, A. D., 1991, Scale and Scope: The Dynamics of Industrial Capitalism, Cambridge, Mass: The Belknap Press of Harvard University Press.

[309] Grossman, G. and Helpman, E., 1991, Innovation and Growth in the Global Economy, Cambridge, Mass: MIT Press.

[310] M. Hammer &J. Champy., 1993, Reengineering the Corporation, New

York: Harper Business.

[311] Hamel, Gary and A. Heene., 1994, Competence - based Competition, New York: John Wiley & Sons Ltd.

[312] Edith Penrose., 1995, The Theory of the growth of the firm, Oxford university press.

[313] The World Bank., 1997, Bureaucrats in Business, Washington, DC: World Bank.

[314] Robin Marris., 1998, Managerial Capitalism in Rstrospect, Macmillan Press.

[315] Glaeser, E. L., 2000, The new economics of urban and regional growth, In The Oxford handbook of economic geography, ed. Gordon Clark, Meric Gertler, and Maryann Feldman, Oxford: Oxford University Press.

[316] Thelen, Kathleen., 2004, How Institutions Evolve; the Political Economy of Skills in Germany, Britain, the United States, and Japan, New York: Cambridge University Press.

[317] Coase, R., 1960, "The Problem of Social Cost", Journal of Law and Economics, Vol. 3 (October), pp. 1 - 44.

[318] Lipset, Seymour Martin., 1960, "Some Social Requisites of Democracy; Economic Development and Political Legitimacy", American Political Science Review, Vol. 53, pp. 69 - 105.

[319] Uzawa, Hirofumi., 1965, "Optimal Technical Change in an Aggregative Model of Economic Growth", Review of International Economics, Vol. 6, pp. 18 - 31.

[320] Lippman, S. A. and Rumelt, R. P., 1982, "Uncertain Imitability: An Analysis of Interfirm Differences in Efficiency under Competition", The Bell Journal of Economics, Vol. 13, pp. 418 - 439.

[321] Wernerfelt, B., 1984, "A Resource - based View of the Firm", Strategic Management Journal, Vol. 5, pp. 171 - 180.

[322] Brian Cane., 1984, "The vitality of institutions", Higher Education, August, Vol. 13 (4), pp. 451 - 459.

[323] Cope, Robert G., 1985, "Six Management Propositions For Economic Vitality In The Pacific Basin: A World Ocean Perspective", Asia Pacific Journal of Management, January, Vol. 2 (2), pp. 81 - 95.

[324] Barney, J. B., 1986, "Strategic Factor Markets: Expectations, luck, and Business Strategies", Management Science, Vol. 32, pp. 1231 - 1241.

[325] Dierickx, I. and Cool, K. , 1989, "Asset Stock Accumulation and Sustainability of Competitive Advantage", Management Science, Vol. 35, pp. 1504 - 1514.

[326] Prahalad, C. K. and Hamel, G. , 1990, "The Core Competence of the Corporation", Harvard Business Review, Vol. 66, pp. 79 - 91.

[327] M. Hanmmer. , 1990, "Reengineering Work: Dont Automate, But Obliterate", Harvard Business Review, Vol. July - August, pp. 104 - 112.

[328] P. Romer. , 1990, "Endogenous Technological Change", Journal of Political Econom, Vol. October, pp. 71 - 102.

[329] Barro, R, J. , 1990, "Government Spending in a Simple Model of Endogenous Growth", Journal of Political Economy, Vol. 99, pp. 103 - 125.

[330] Barney, J. B. , 1991, "Firm Resources and Sustained Competitive Advantage", Journal of Management, Vol. 17, pp. 99 - 120.

[331] Aghion, Philippe and Howitt, Peter. , 1992, "A Model of Growth through Creative Destruction", Econometrica, March, Vol. 60, pp. 323 - 351.

[332] Hall, R. , 1992, "The Strategic Analysis of Intangible Resources", Strategic Management Journal, Vol. 13, pp. 135 - 144.

[333] Stalk, G. , EVans, P. and Schulman, L. E. , 1992, "Competing On Capabilities: The New Rules of Corporate Strategy", Harvard Business Review, Vol. March - April, pp. 57 - 69.

[334] Hall, R. , 1993, "A Framework Linking Intangible Resources and Competencies to Sustainable Competitive Advantage", Strategic Management Journal, Vol. 14, pp. 607 - 618.

[335] M. H. eyer &J. M. Utterback. , 1993, "The Product Family and the Dynamics of Core Capability", Sloan Management Review, Vol. Spring, pp. 29 - 47.

[336] Xuli Han, Songren Li. , 1994, "The differential dynamic model of enterprise economic development and its computational methods", Journal of Central South University of Technology, November, Vol. 1 (1), pp. 87 - 90.

[337] Weitzman, Martin, and Xu, Chenggang. , 1994, "Chinese Township and Village Enterprises as Vaguely Defined Cooperative", Journal of Comparative Economics, Vol. 18 (2), pp. 121 - 145.

[338] Knack, S. and P. Keefer. , 1995, "Institutions and Economic Performance: Cross - country Tests Using Alternative Institutional Measures", Economics and Politics, Vol. 7 (3), pp. 207 - 227.

[339] Faig, M., 1995, "A simple economy with human capital: Transitional dynamics, technology shocks and fiscal policies", Journal of Macroeconomics, Vol. 17 (3), pp. 421 - 446.

[340] Glaeser, E. L., J. A. Sheinkman, and A. Sheirer, 1995, "Economic growth in a cross - section of cities", Journal of Monetary Economics, Vol. 36, pp. 117 - 143.

[341] Gottlieb, P. D., 1960, "Residential amenities, firm location and economic development", Urban Studies, Vol. 32, pp. 1413 - 1436.

[342] D. J. Teece, G, Pisano A. Shuen., 1997, "Dynamic Capabilities and Strategic Management", StrategicManagement Journal, Vol. 18 (7), pp. 509 - 533.

[343] A. Guillamón, J. Navarro, J. M. Ruiz., 1998, "Nonparametric estimator for mean residual life and vitality function", Statistical Papers, July, Vol. 39 (3), pp. 263 - 276.

[344] Qian and Roland., 1998, "Federalism and the Soft Budget Constraint", American Economic Review, December, Vol. 88 (5), pp. 1143 - 1162.

[345] Duncan, B. and Henderson, V., 1999, "A theory of urban growth", Journal of Political Economy, Vol. 107 (2), pp. 252 - 284.

[346] Still, Ben'Simmonds, David., 2000, "Parking restraint policy and urban vitality", Transport Reviews, July, Vol. 20 (3), pp. 291 - 316.

[347] Rodrik, Dani., 2000, "Institutions for High - quality Growth: what They are and How to Acquire Them", Studies in Comparative International Development, Vol. 35, pp. 3 - 31.

[348] Jorgenson, Dale W. Stiroh, Kevin J., 2000, "Raising the Speed Limit: U. S. Economic Growth in the Information Age", Brookings Papers on Economic Activity, 1, pp. 125 - 235.

[349] Barney, J., 2001, "Firm Resource and Sustained Competitive Advantage", Journal of Management, Vol. 17 (1), pp. 99 - 120.

[350] Freire - Serén, M. J., 2002, "On the relationship between human capital and economic growth", Applied Economics Letters, Vol. 9, pp. 805 - 808.

[351] Acemoglu, Daron, Simon Johenson and James A., 2002, "Robinson, Reversal of Fortune: Geography and Institutions in the Making of the Modern World Income Distribution", Quarterly Journal of Economics, Vol. 118, pp. 1231 - 1294.

[352] Acemoglu, Daron, Simon Johenson and James A. Robinson, 2002, "The Rise of Europe: Atlantic Trade, Institutional Chanage and Economic Growth", NBER

Working Paper, pp. 78 – 93.

[353] Thomas H. Jeavons., 2003, "The vitality and independence of religious organizations", Society, January – February, Vol. 40 (2), pp. 27 – 36.

[354] Bernard Lietaer, Stephen De Meulenaere., 2003, "Sustaining cultural vitality in a globalizing world: the Balinese example", International Journal of Social Economics, Vol. 30 (9), pp. 967 – 984.

[355] Assane, D. and Grammy, A., 2003, "Institutional Framework and Economic Development: International Evidence", Journal of Applied Econimics, Vol. 35, pp. 1811 – 1817.

[356] Bee, Ed., 2004, "Small business vitality & economic development", Economic Development Journal, Vol. 3 (3), pp. 7 – 15.

[357] Brink, Alexander, Eurich, Johannes., 2006, "Recognition Based upon the Vitality Criterion: A Key to Sustainable Economic Success", Journal of Business Ethics, August, Vol. 67 (2), pp. 155 – 164.

[358] PK Wong and YP Ho., 2007, "Knowledge Sources of Innovation in A Small Open Economy: The Case of Singapore", Scientometrics, Vol. 2, pp. 223 – 249.

[359] Serguei Alex. Oushakine., 2007, "Vitality rediscovered: theorizing post – Soviet ethnicity in Russian social sciences", Studies in East European Thought, September, Vol. 59 (3), pp. 171 – 193.

[360] Bruin, Marilyn J., Crull, Sue R, Shelley, Mack C. Laux, Sharon' Memken, Jean' Niemeyer, Shirley' White, B. J., 2009, "Evidence of a Housing Decision Chain in Rural Community Vitality", Rural Sociology, March, Vol. 74 (1), pp. 113 – 137.

[361] W. Steve Smith., 2009, "Vitality in business: executing a new strategy at Unilever", Journal of Business Strategy, Vol. 30 (4), pp. 31 – 41.

[362] Rivera, Lionel., 2010, "Economic Conomic Vitality Linked to Water", ColoradoBiz, November, Vol. 37 (11), pp. 1 – 10.

[363] Peteraf, M. A., 2010, "The Cornerstones of Competitive Ad – vantage: A Resource – Based View", Strategic ManagementJournal, Vol. 14, pp. 179 – 191.

[364] J. Bruce Gilstrap, Jaron Harvey, Milorad M. Novicevic, M. Ronald Buckley., 2011, "Research vitality as sustained excellence: what keeps the plates spinning?", Career Development International, Vol. 16 (6), pp. 616 – 644.

[365] Shalamu Abudu, Sevinc Yeliz Cevik, Salim Bawazir, James Phillip

King, Cui Chunliang. , 2011, "Vitality of ancient karez systems in arid lands: a case study in Turpan region of China", Water History, December, Vol. 3 (3), pp. 213 - 225.

[366] March, Alan, Rijal, Yogita, Wilkinson, Sara, Firidin Özgür, Ebru. , 2012, "Measuring Building Adaptability and Street Vitality", Planning Practice & Research, October, Vol. 27 (5), pp. 531 - 552.

[367] Stephen M. McCauley, Jennie C. , 2012, "Stephens. Green energy clusters and socio - technical transitions: analysis of a sustainable energy cluster for regional economic development in Central Massachusetts, USA", Sustainability Science, July, Vol. 7 (2), pp. 213 - 225.

[368] Konopnicki, Patrick M. , 2012, "The Economic Vitality Formula of Success", Techniques: Connecting Education and Careers, Vol. 87 (2), pp. 36 - 39.

[369] Felicia A. Huppert, Timothy T. C. So. , 2013, "Flourishing Across Europe: Application of a New Conceptual Framework for Defining Well - Being", Social Indicators Research, February, Vol. 110 (3), pp. 837 - 861.

[370] Wake, Cameron, Grimm, Curt, Thorn, Aleandra. , 2014, "Blending Natural Resources & Economic Development", Business NH Magazine, December, Vol. 31 (12), pp. 80 - 81.